CHANTAL SCHINKELS

DE IT GIRL

Hoe overleef je een door mannen gedomineerde werkvloer

VANDUUREN
MANAGEMENT

Meer lezen?

Ben je geïnspireerd door dit boek en wil je meer weten over de boeken van Van Duuren Management?
Kijk dan op onze website: **www.vanduurenmanagement.nl**, meld je aan voor onze nieuwsbrief en ontvang regelmatig informatie over de nieuwste boeken, kortingsacties, events en boekpresentaties. Bovendien krijg je toegang tot de digitale versie van dit boek op Yindo.nl. Zo heb je altijd het boek bij de hand!

Zo werkt het:

1. Ga naar **www.vanduurenmanagement.nl**
2. Klik op **Registreer**
3. Vul de code in: MAN-1260-9

Volg ons ook op:

ISBN: 978 90 8965 563 9
NUR: 801
Thema: KJMV2, VSC
Trefwoord: vrouwen in techniek, carrière-ontwikkeling

Vormgeving omslag: Blikgoed, Haarlem
Vormgeving binnenwerk: Villa Y, Henxel
Auteursbegeleiding: Eefje Gerits, Den Bosch
Redactie: Josien Moerman, Vertaal en redactiebureau Am Rhein, Zwolle
Foto auteur: Mitsuko Fliervoet Photography
Drukwerk: Balmedia, Schiedam

1e druk augustus 2021, 2e druk mei 2022

When you walk through a storm
Hold your head up high
And don't be afraid of the dark

At the end of a storm
There's a golden sky
And the sweet silver song of a lark

Walk on through the wind
Walk on through the rain
Though your dreams be tossed and blown

Walk on, walk on
With hope in your heart
And you'll never walk alone

RICHARD RODGERS *en* OSCAR HAMMERSTEIN II
(gezongen door Lee Towers)

Inhoudsopgave

Voorwoord

'Dus je bent lid van een schaakclub, werkt in de IT en bent nu bezig om je vliegbrevet te halen?' vroeg mijn vlieginstructeur mij tijdens mijn tweede vliegles in het najaar van 2020. Mijn moeder leerde mij ooit dat je over feiten niet kunt liegen, dus ik besloot instemmend te knikken en gebruik te maken van de stilte die ik daarna bewust liet vallen. Hij snapte alleen de stille hint niet en bitste er gelijk een volgende tenenkrommende vraag achteraan: 'Maar doe je dan ook meisjesachtige dingen?' Mijn verontwaardiging kon écht niet groter...

Direct na de vliegles heb ik de definitie van 'meisjesachtig' opgezocht op internet (uiteraard via DuckDuckGo in plaats van Google, want ik geef wel degelijk iets om mijn privacy). Kleine annotatie voor de mensen die mij nog nooit hebben ontmoet: ik ga door het leven met roodgelakte nagels, hakken (hoe hoger hoe beter), jurkjes, rokjes en lippenstift. En ooit heb ik gezworen nimmer te buigen voor een kort, 'pittig' kapsel, dus ik draag mijn lange lokken met weelde! Ik vroeg mij dan ook af wat er niet 'meisjesachtig' is aan mij (behalve dat ik inmiddels de respectabele leeftijd van 46 heb bereikt). Diverse zoekresultaten met de zoekterm 'meisje' en 'meisjesachtig' leverden het volgende antwoord op:
'Kleedt en gedraagt zich zeer meisjesachtig; gedraagt zich op prototypisch meisjesachtige wijze, bijvoorbeeld door roze jurken te dragen en veel make-up en door meisjesachtige hobby's als ballet te hebben.'

Bijzonder, want volgens menige definitie kleed ik mij wel meisjesachtig, maar het feit dat ik niet op ballet zit of geen idee heb hoe ik de haren van een barbie moet kammen, is dus reden om mij als niet-meisjesachtig weg te zetten? Om eerlijk te zijn zit ik daar TO-TAAL niet mee. Ik heb er meer lol in om antwoord te geven op de vraag hoeveel PK's er in mijn übersnelle auto zitten, of uit te leggen wat de afstand is die ik nodig heb op de startbaan om met mijn vliegtuig niet in de bomen terecht te komen na een *take off*. Dan maar niet 'meisjesachtig'. Maar mag ik gelijk even je aandacht vragen? Wil je alsjeblieft niet meer de noodklok luiden op de jaarlijkse Internationale Vrouwendag omdat je vindt dat [*vul hier een zelfverzonnen excuus in*] terwijl je de keuze had om een verschil te maken? En dat maakt dit boek zo interessant. Voor de een herkenbaar en voor de ander een groot mysterie. Maar al met al: stof tot nadenken en stof tot een volgend gesprek.

Mocht je je afvragen: 'Waar gaat het heen met dit verhaal?', in de aanloop naar de publicatie van dit boek heb ik het genoegen gehad om meerdere keren met de auteur te mogen spreken. Tijdens lange gesprekken (waar ik onwijs van genoot!) hebben we het vaak gehad over hoe het is om als (enige) vrouw te werken in een IT-omgeving. En zo bespraken we nog heel veel andere onderwerpen, zoals de vooroordelen waar je tegenaan loopt, de mensen die je niet serieus nemen, de andere vrouwen die niet geloven in *sisterhood* en de jaarlijkse lijstjes waar je – blijkbaar – automatisch op komt te staan omdat je weet hoe je als vrouw een stekker in een stopcontact steekt. Tijdens mijn gesprekken met Chantal besefte ik ineens: we kunnen het over zoveel dingen hebben, maar het echte werk begint bij degenen die het daadwerkelijk aandurven om het verschil te maken. En wat dat 'verschil' is? Dat lees je in dit prachtige boek!

Lieve, lieve, LIEVE Chantal! Dankjewel dat je de vinger op de zere plek durft te leggen en daarmee voor anderen een brug bouwt. Je bent voor mij een onuitputtelijke bron van inspiratie.

Voor toen. Voor nu. Voor dan.

Mary-Jo de Leeuw, *techexpert*

INLEIDING

Waarom moeten we in een door mannen gedomineerde omgeving overleven?

Technologie is overal om je heen. Tegenwoordig is er voor alles wel een app te vinden. Je kunt maaltijden bestellen, vervoer en overnachtingen regelen. Je kunt online je voeding bijhouden, je menstruatie of je slaappatroon. Je kunt de nieuwste mode thuis passen, sportlessen volgen of een nieuwe baan zoeken. Je kunt contact onderhouden met mensen over de hele wereld of gepest worden door mensen over de hele wereld. Je kunt binnenkijken in te koop staande huizen en de sores meemaken van (on)bekende Nederlanders. Nederlanders maken gemiddeld ruim anderhalf uur per dag gebruik van sociale media[1] en brengen dagelijks gemiddeld 2 uur en 28 minuten op hun telefoon door. Nederland behoort tot de kopgroep van Europese landen als het gaat om huishoudens met toegang tot internet. Het internet is inmiddels zo verweven met ons leven dat zelfs de behoeftepiramide van Maslow is aangepast aan de nieuwe standaarden.

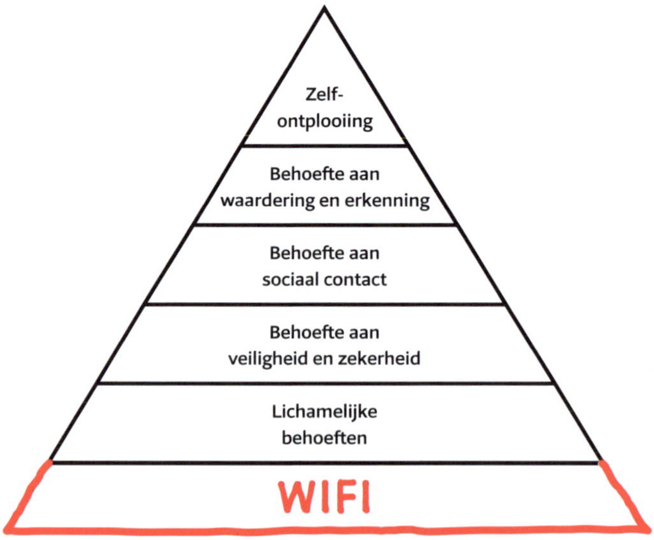

Behoeftepiramide van Maslow

Technologie is niet alleen online te vinden, maar overal om ons heen. Technologie zit in smart verlichting, in huishoudelijke apparaten en in een slaaprobot om ons beter te laten slapen. Dat al deze technologie gemaakt wordt door een homogene groep van vooral witte mannen, vinden we acceptabel. Ook al vragen vrouwen in het ziekenhuis om een vrouwelijke gynaecoloog, ze vinden het blijkbaar wel oké dat een app voor de voortplanting door mannen in elkaar wordt gezet.

Hoog tijd dus dat het aantal vrouwen in de techniek toeneemt. Maar dat lukt niet echt: slechts 14% van de werknemers in de IT in Nederland is vrouw.[2] Bovendien stokt door vooroordelen en vriendjespolitiek de doorstroming van vrouwen naar een volgende managementpositie, waardoor de kans groot is dat een vrouw de techindustrie verlaat. En dat is doodzonde voor de organisatie, voor de vrouw in kwestie en heel jammer van het geld dat in haar opleiding geïnvesteerd is.

Mannencultuur in tech

Wat als Steve Jobs, Mark Zuckerberg of Bill Gates vrouwen waren geweest? Zouden Apple, Facebook en Microsoft dan net zo succesvol zijn geweest? Waarschijnlijk niet. Kleine kans dat we er überhaupt van zouden hebben gehoord. Slechts 2% van het Nederlandse investeringskapitaal gaat naar vrouwelijke founders van start-ups. Slechts 11,9% van de founders is vrouw, terwijl 94% van de investeerders mannen zijn.[3]

Technische innovaties hebben veel impact op de maatschappij. En als deze innovaties worden bedacht door mannen, zal daar vaak een product uitrollen dat met name geschikt is voor mannen. De techwereld kenmerkt zich door een mannencultuur op de werkvloer. Dat houdt niet alleen in dat mannen worden verwelkomd met koelkasten vol speciaalbier of tafelvoetbaltafels, maar komt ook naar voren tijdens uitjes, onderlinge gesprekken en rituelen. Ook al ontwikkelen ze een product voor vrouwen, soms hebben mannen echt geen idee wat vrouwen nodig hebben. Dit blijkt bijvoorbeeld uit het verhaal van een stel mannelijke ruimtevaartontwikkelaars. Ze vroegen aan Sally Ride, de eerste Amerikaanse vrouw in de ruimte, met hoeveel tampons ze rekening moesten houden. Ze dachten zelf aan honderd stuks – voor een reis van een week.[4] (Je zou bijna doodgebloed zijn als je zoveel tampons nodig zou hebben.) Dit voorbeeld heeft niets met techniek zelf te maken, maar is wel tekenend voor de cultuur in veel techbedrijven.

Nu is zo'n 'inschattingsfout' in het geval van tampons natuurlijk te overzien. Maar wat als het gevaarlijk wordt om de weg op te gaan, omdat vrouwelijke eigenschappen niet zijn meegenomen in een algoritme voor zelfsturende auto's? Of als je kansen op een nieuwe baan verminderen omdat je vanwege een algoritme nooit door de selectieprocedure komt?

Als (enige) vrouw werkzaam in de tech was ik in eerste instantie benieuwd hoe je toch carrière kon maken in een door mannen gedomineerde omgeving. Ik was zelf tegen een aantal zaken aan gelopen en ik dacht dat je met een aantal tips al heel ver kon komen. Toen ik verder onderzoek ging doen en met veel succesvolle vrouwen sprak over carrière maken in de techsector, kwam ik erachter dat we ten onrechte al jaren denken dat het aan de vrouw ligt. Natuurlijk kan elke vrouw bepaalde trucjes gebruiken, zodat mannelijke collega's niet meer om haar heen kunnen, maar uiteindelijk is de huidige staat van de tech het resultaat van een verziekt systeem. Om dat verziekte systeem beter te begrijpen ben ik niet alleen in de geschiedenis van de tech gedoken, maar ook in de geschiedenis van Nederland. Hoewel we misschien denken dat Nederland een progressief land is, is dat op de werkvloer niet terug te zien.

Ik weet inmiddels hoeveel pijn het doet als je beseft dat je door iets waar je niets aan kunt doen (je gender), minder kansen of een lager salaris krijgt. Het voelt alsof je gedumpt wordt; je hart breekt en het doet lichamelijk pijn omdat je blijkbaar niet goed genoeg bent. Soms worden jou bepaalde dingen gevraagd, juist omdat je een vrouw bent (notulen maken, koffiezetten, bloemetje bestellen voor een zieke collega bijvoorbeeld). Het is heftig om te beseffen dat het ook in Nederland uitmaakt of je een man of een vrouw bent.

De drie pilaren

We denken nog steeds dat het vanzelf wel goed komt als we de vrouw 'fixen'. Maar als we echt verschil willen maken, moeten we ons richten op drie pilaren:

1. **De vrouw.** Zij moet gebruikmaken van trucjes om op die ladder te blijven staan en de stap naar boven te maken. Daarnaast moet ze niet alleen gaan samenwerken met mannen, maar ook met andere vrouwen.
2. **De man.** Hij moet zich bewust worden van de onbewuste vooroordelen en gaan samenwerken met vrouwen in plaats van zich te blijven bewegen in zijn huidige netwerk.
3. **Het systeem.** Vrouwen en mannen moeten samen strijden om het huidige systeem aan te passen aan de huidige maatschappij en niet die van twee eeuwen geleden.

Ik ben ervan overtuigd dat verandering pas mogelijk is wanneer we ons bewust zijn van het verziekte systeem. Dat is ook de reden dat dit boek vol staat met feiten, wetenschappelijke onderzoeken en waargebeurde verhalen. Pas dan ga je namelijk beseffen hoe groot het probleem momenteel is. Dit boek heeft misschien de focus op de techindustrie, maar had net zo goed over een andere door mannen gedomineerde sector kunnen gaan.

Bovenstaande drie pilaren zie je ook terug in het boek. In deel 1 begin ik met het huidige systeem. We kijken naar de opkomst van de tech en hoe de sector is veranderd van een vrouwenberoep naar een *man cave*. (Ja, je leest het goed.) De manier waarop in Nederland het werken geregeld is, staat centraal in hoofdstuk 2. Je leest bijvoorbeeld waarom tot 1956 vrouwen geen bankrekening mochten hebben, maar ook krijg je meer informatie over de feministische golven in Nederland – stuk voor stuk belangrijke momenten voor de werkende vrouw. Dat die werkende vrouw steeds vaker voor een techopleiding kiest, is terug te vinden in de statistieken. Alleen verlaten vrouwen de techwerkvloer veel sneller of ze komen er nooit terecht. Dankzij de lekkende pijplijn is het ondanks alle inspanningen van organisaties nog steeds dweilen met de kraan open.

Als je maar hard genoeg werkt

Op mijn vijftiende riep ik tegen iedereen die het wilde horen dat ik de eerste vrouwelijke minister-president van Nederland wilde worden. Ik geloofde dat deze baan voor mij mogelijk was als ik er maar hard genoeg voor zou werken. Ik kom uit een grote, echt Rotterdamse familie en mijn neefjes, nichtjes en ik behoren tot de eerste generatie die een studie kon volgen. Toen ik begon aan de Hogeschool Rotterdam, zag ik wat voor impact het op je kansen heeft als jij in je familie een van de eersten bent die gaan studeren. Je kunt namelijk niet terugvallen op een groot netwerk, iets wat mijn medestudenten wel konden. Stages of afstudeeropdrachten werden geregeld door hun vader of door een vriend van de familie. Zo kwam ik erachter dat je niet met heel hard werken alleen minister-president kunt worden. Niet alleen je geslacht, maar ook de plaats waar je wieg heeft gestaan, heeft hier invloed op.

Toch zien we dat veel vrouwen niet het volledige werkpotentieel benutten. Deel 2 staat in het teken van de vrouw. Wat kun je als vrouw nog doen om ervoor te zorgen dat mensen niet meer om je heen kunnen? Hoe kun je het best reageren op bepaalde typen mannen en waarom zouden vrouwen meer met andere vrouwen moeten samenwerken? In deel 2 krijg je een handleiding *Hoe word ik succesvol op een door mannen gedomineerde werkvloer?*.

De lekkende pijplijn is niet direct verholpen als vrouwen met de tips uit deel 2 aan de slag gaan. Om dit wel te bereiken zijn twee zaken enorm belangrijk. We moeten ervoor zorgen dat mannen zich bewust worden van de huidige stand van zaken én we moeten de werkcultuur in de tech veranderen. Het aanbieden van technische opleidingen door de techbedrijven zelf leidt niet tot het gewenste resultaat zolang er een giftige werkomgeving heerst. Dat vrouwen die de opleiding hebben gevolgd, niet worden aangenomen door onbewuste vooroordelen in het aannamebeleid is een andere barrière.

Omdat de techindustrie verantwoordelijk is voor de technische ontwikkelingen van morgen, zijn diversiteit en inclusie in de techwereld van groot belang. Zolang vrouwen en mensen met een biculturele achtergrond de toegang tot de goedbetaalde techsector wordt ontzegd, houden we bovendien de financiële onafhankelijkheid en kansenongelijkheid in stand.

If you tolerate this then your children will be next.
MANIC STREET PREACHERS

Zonder cijfers is het verschil maar moeilijk te begrijpen en te erkennen. Wist je bijvoorbeeld dat er in Nederland meer CEO's met de naam Peter zijn dan vrouwelijke CEO's bij beursgenoteerde bedrijven?[5]

Hoe nu verder?

Het onderwerp diversiteit en inclusie in de tech gaat niet alleen om de verhouding man-vrouw, het gaat veel verder dan dat. Het gaat erom dat iedereen zich daar prettig en welkom zou moeten voelen, zodat de technische innovaties die deze groep maakt ook weer een grotere groep mensen aanspreken. Het is zaak dat we op een veilige manier technologie kunnen gebruiken en dat we de menselijke maat in de technologie niet vergeten.

> **Innovatie is dat alleen als een nieuwe technologie of vernieuwd product ook echt wordt geadopteerd door de gebruiker en geaccepteerd door de maatschappij, verkocht wordt dus. En daar heb je een divers team voor nodig, omdat die nieuwe producten of technologie dan een stuk robuuster, gevalideerd vanuit verschillende perspectieven, uit het ontwerp- en ontwikkelproces komen.**
> MADELON VAN OOSTROM, *senior researcher & lecturer Innovatie aan de Hanze Hogeschool*

Wat kun jij doen? Kijk verder dan je bubbel. Verzamel niet alleen mensen om je heen die net als jij denken, maar ga ook in discussie met mensen die dat niet doen. Neem niet altijd mensen aan die op je lijken, maar kijk verder dan dat. Kijk eens wie iets aan het team kan toevoegen. Stop met vriendjespolitiek en zorg voor eerlijke (interne) sollicitatieprocedures. Maar het allerbelangrijkste is dat jij als vrouw in de tech blijft werken. Zorg ervoor dat een vrouw in de tech de nieuwe IT girl wordt, iemand naar wie wordt opgekeken en die wordt gezien als rolmodel. Werk samen met vrouwen en mannen die geloven in dit verhaal. Verlaat een giftige werkomgeving, maar keer de tech niet de rug toe. We hebben je namelijk hard nodig!

It's that quality possessed by some which draws all others with magnetic force. With 'IT' you win all men if you are a woman – and all women if you are a man. 'IT' can be a quality of the mind as well as a physical attraction.
ELINOR GLYN, *Roman- en scenarioschrijver in 1924*[6]

Disclaimer: in dit boek heb ik het vaak over mannen en vrouwen. Deze woorden heb ik gebruikt in de breedste zin van het woord. Ik heb het dan over mannen en vrouwen met een biculturele achtergrond en mensen die zich identificeren als man of vrouw. Voor de mensen die zich niet kunnen herkennen in een bepaald gender, hoop ik dat de verhalen wel herkenbaar zijn. Dit boek is geschreven met de beste intenties en bedoelingen. Mocht ik onverhoopt iemand hebben gekwetst, dan bied ik mijn oprechte excuses aan. Alle verhalen in dit boek zijn waargebeurd. Soms is mij gevraagd de namen aan te passen.

DEEL 1

Voordat je het ziet

Voordat je het ziet, denk je misschien dat het aan jou ligt en dat je aan jezelf moet werken totdat je compleet veranderd bent. Voordat je het ziet, heb je misschien het idee dat je andere vrouwen als concurrentie moet zien, want dat ben je gewend: vrouwen zijn jaloers en als ze hulp aanbieden, zit er altijd een addertje onder het gras. Voordat je het ziet, denk je misschien dat je op de werkvloer *one of the guys* moet zijn om erbij te horen. Voordat je het ziet, denk je misschien dat het normaal is dat juist jij naar een klant wordt gestuurd om hem te paaien.

Als je in een door mannen gedomineerde omgeving werkt, gaan dingen net even anders. Je bent in de minderheid en daar komen een ander beeld en andere verwachtingen bij kijken. Dat hoeft niet per se erg te zijn. Bovendien: als het niet bevalt, ga je toch gewoon op zoek naar iets anders? Alleen heeft dat in de tech een grotere impact. Doordat vrouwen op de werkvloer uitvallen, worden technologische innovaties gemaakt door een homogene groep, bestaande uit mannen. Dat is niet alleen gevaarlijk voor de huidige samenleving, maar ook desastreus voor de toekomst.

Dat vrouwen op de huidige techwerkvloer in de minderheid zijn, is geen toeval. Het is een resultaat van onze geschiedenis, gevormd door periodes waarin niemand ooit had gehoord van een mobiele telefoon of internet. De ene vrouw heeft meer last van die minderheidspositie dan de andere.

Misschien denk je: wat een gezeik! Dit gaat helemaal niet over mij, want ik ben beter/ambitieuzer/slimmer (vul maar in) dan die ander. Misschien denk je dat het wel 'even' op te lossen is door een vrouwenquotum. Heel logisch hoor! Ik geef toe dat ik er een paar jaar geleden exact hetzelfde in stond. We hebben toch in artikel 1 van onze grondwet staan dat iedereen in Nederland in gelijke gevallen gelijk behandeld wordt? In Nederland hebben we dat toch supergoed geregeld? Dus waarom al dat gedoe? Toch gaat dit ook over jou – en over Nederland, waar zaken misschien toch minder goed geregeld zijn dan velen in eerste instantie denken.

> **Als je zelf nergens last van hebt, maar van een ander denkt: 'Wat zeur jij nou?', dan ben je waarschijnlijk gewoon bevoorrecht.**
> ROSEMARIE BUIKEMA, *hoogleraar aan de Universiteit Utrecht*[1]

Om echt te begrijpen waarom de tech ook in ons land een scheve man-vrouwverhouding kent, moeten we niet alleen kijken naar de geschiedenis van Nederland, maar moeten we ook terug naar het begin van het computertijdperk. Om het volledige plaatje te zien, moeten we beter begrijpen waarom vrouwen afzien van een technische studie of waarom ze in een later stadium de technische werkvloer verlaten.

In de komende hoofdstukken neem ik je mee in mijn eigen onderzoek om te begrijpen waarom vrouwen nog steeds minder verdienen en nog steeds worden gezien als de marketingdame in plaats van als de briljante *developer*. Je leert meer over jouw eigen onbewuste vooroordelen. Daarnaast zul je zien dat we in Nederland misschien heel graag vooroplopen in technische innovatie, maar aan de andere kant een enorm arbeidspotentieel laten liggen.

Wel een waarschuwing vooraf:

> **The trouble is that once you see it, you can't unsee it. And once you've seen it, keeping quiet, saying nothing, becomes as political an act as speaking out. There's no innocence. Either way, you're accountable.**
> ARUNDHATI ROY, *schrijfster en politiek activiste*

1

Waar zijn de vrouwen in de tech?

Stel je voor dat je in een zelfrijdende auto zit en de herkenningssoftware laat de auto wel stoppen voor een overstekende kat (omdat er een kattenliefhebber in het ontwikkelteam zat), maar niet voor een hond. Dat zou bizar zijn. Toch gebruiken we bijvoorbeeld wel gezichtsherkenning die niet bij vrouwelijke artsen werkt en die donkere vrouwen niet van mannen onderscheidt. De reden? Het ontbreken van diversiteit in de tech.

Technologie heeft steeds meer impact op onze samenleving, maar veel innovaties worden bedacht en gemaakt door westerse (witte) mannen. Daarin schuilt een groot gevaar. Niet alleen voor de toekomst van de technische ontwikkeling, maar ook voor de samenleving. Waarom is werken in de tech automatisch verbonden met mannen? Hoe is deze stereotypering ontstaan en wat zijn de gevaren ervan? Wat gebeurt er als we er niets aan doen?

1.1 Van computergirls naar computernerds

Waaraan denk je als ik het heb over een developer? Of een dataspecialist? Een user experience expert? Is dat anders dan wanneer ik het heb over een hr-manager, een marketingmedewerker of een customer service manager? Grote kans dat je bij het eerste rijtje meteen een man voor je ziet en bij het tweede een vrouw. We beschouwen de techwereld nog altijd als een mannenwereld. Je zou het niet zeggen als je vandaag naar de deelnemers van een gemiddeld tech-event kijkt, maar in het verleden hebben vrouwen vaak een sleutelrol gespeeld bij belangrijke innovaties. Deze paragraaf bevat in vogelvlucht een overzicht.

Geen modellen maar uitvinders

In 1843 schreef Ada Lovelace het eerste computerprogramma voor de *Analytical Engine* (de eerste digitale computer) van Charles Babbage.[1]

Tijdens de Tweede Wereldoorlog, in 1942, vond Hedy Lamarr de frequentie-hoppingtechnologie uit. Lamarr was vooral bekend als actrice en speelde samen met Clark Gable in films. Door haar eerste man, die vliegtuigen bouwde en onderzoek naar besturingssystemen deed, raakte ze geïnteresseerd in radiocommunicatie. Ze wist uiteindelijk een communicatiemethode te ontwikkelen die door frequentieverspringing ongevoelig werd gemaakt voor storing van buitenaf. Deze uitvinding zorgde er later weer voor dat wireless signalen zoals wifi en bluetooth mogelijk werden. Maar doordat ze een vrouw was, werd ze niet direct serieus genomen. Het duurde tot 1962 voordat haar uitvinding ook echt in gebruik werd genomen.[2]

Achter het ontwerp van een van de eerste elektronische computers, ENIAC, zaten zes vrouwen. Kay McNulty, Jean Bartik, Betty Holberton, Marlyn Wescoff, Frances Spence en Ruth Lichterman werden ingehuurd als programmeurs. Hoewel hun werk cruciaal was voor het succes van ENIAC, kregen ze er nooit de credits voor. Toen mensen foto's van de ENIAC zagen, dachten ze zelfs dat de zes vrouwen ingehuurde modellen waren.[3]

In 1952 creëerde Grace Hopper 's werelds eerste compiler. Deze compiler zorgde ervoor dat programmeurs gewoon de Engelse taal konden gebruiken in plaats van lastige symbolen, waarna de Engelse woorden werden omgezet in 'code'. Haar programmeerwerk leidde tot de programmeertaal COBOL. Daarnaast bedacht ze ook de bekende woorden *bug* en *debugging*, geïnspireerd op de vele motten die ze uit het apparaat moest verwijderen.[4]

> **It's much easier for most people to write an English statement than it is to use symbols. So I decided data processors ought to be able to write their programs in English, and the computers would translate them into machine code. That was the beginning of COBOL, a computer language for data processors. I could say 'Subtract income tax from pay' instead of trying to write that in octal code or using all kinds of symbols.**
> GRACE HOPPER, *Amerikaans wiskundige, informaticus, natuurkundige en admiraal bij de U.S. Navy*[5]

En vergeet Mary Jackson, Katherine Johnson en Dorothy Vaughan niet: zwarte vrouwen die in het Langley Memorial Aeronautical Laboratory in Virginia dag in dag uit getallen zaten te kraken om NASA te helpen de achterstand op de Russen in te lopen.[6]

Nog geen mensenleven geleden was er een gedroomde man-vrouwverhouding in de tech. Als ik om mij heen kijk, vraag ik mij af wat er de afgelopen decennia gebeurd is. Waarom is programmeren tegenwoordig een echte mannenbaan? Waar zijn de vrouwen gebleven?

Programmeurs waren ooit vrouwen

In de jaren 50 zagen veel mensen programmeren als een natuurlijke carrièrekeuze voor slimme jonge vrouwen. Van de programmeurs bestond 30 tot 50% uit vrouwen.[7]

> **In een artikel in *The Cosmopolitan Magazine* in 1967, getiteld 'The Computer Girls', beschreef het tijdschrift programmeren als een betere baan voor vrouwen dan vele andere professionele carrières. Zoals computerwetenschapper dr. Grace Hopper tegen een verslaggever zei, was programmeren 'net als het plannen van een diner. Je moet vooruit plannen en alles zo plannen dat het klaar is wanneer je het nodig hebt. [...] Vrouwen zijn *naturals* in computerprogrammering.'**
>
> NATHAN ENSMENGER, *historicus*[8]

De opmars van mannen, die in de jaren 60 inzette, heeft vooral te maken met de wijze waarop er destijds naar het vak werd gekeken. Volgens historicus Nathan Ensmenger dachten toenmalige managers dat programmeren een administratieve functie was. Het echte 'breinwerk' zat in het maken van de hardware. Daarvoor werden mannelijke ingenieurs aangenomen. Toen bleek dat programmeren toch niet zo makkelijk was, werden vrouwen niet langer geschikt bevonden. Aan de ene kant ontmoedigden de managers hen om dit vak nog langer uit te oefenen en aan de andere kant leidden ze mannen op tot computerprogrammeurs. Daarnaast pasten ze hun eerdere beeld aan: ze beschouwden programmeren voortaan als een 'typisch mannelijke activiteit', net als schaken en wiskunde.

Daarnaast werd ook bewust campagne gevoerd om vrouwen te weren. Er werden beroepsverenigingen voor mannen opgericht en er kwamen actieve advertentiecampagnes waarin vrouwen in verband werden gebracht met menselijke fouten en inefficiëntie, vanwege hun 'natuurlijke neiging om veel te praten en te roddelen'. Bij het werven van personeel werden speciale tools ingezet, die voornamelijk uit wiskundige puzzels bestonden. Het was in die tijd niet vanzelfsprekend dat vrouwen net zoveel wiskundige kennis hadden als mannen.[9] Uit de biografie van Dame Stephanie 'Steve' Shirley, een Britse pionier in de informatietechnologie, blijkt bijvoorbeeld dat ze graag wiskunde wilde studeren. Alleen werd dat in de jaren 50 uitsluitend op jongensscholen gedoceerd.[10]

Nu zijn programmeurs vooral mannen

Na de mannenlobby vanaf de jaren 60 kreeg het vak een steeds mannelijker uitstraling en vanaf de jaren 70 werden mannen als Steve Jobs en Bill Gates als helden ontvangen. Steeds meer mannen begonnen met programmeren en het respect en bijbehorende salaris namen toe. Toch bleef het aantal vrouwen dat informatica ging studeren, met name door de grote vraag naar programmeurs, stijgen. Na 1984 nam het aantal vrouwelijke programmeurs heel snel af, niet omdat vrouwen minder bekwaam zouden zijn, maar door een combinatie van marketing, popcultuur, de komst van de personal computer en verdere stereotypering, zoals het beeld dat alleen jongens interesse hebben in techniek. In de jaren 80 kwamen de eerste personal computers als 'speelgoed' op de markt. De marketing was vooral gericht op mannen en jongens.[11]

> **This idea that computers are for boys became a narrative. It became the story we told ourselves about the computing revolution. It helped define who geeks were, and it created techie culture.**
>
> STEVE HENN, *Content Strategy Lead bij Google*[12]

Er ontstond een stereotiepe mannelijke nerd door films en series als *Weird Science*, waarin onhandige nerds hun technische kennis gebruikten om problemen op te lossen en hun virtuele droomvrouw Lisa te creëren. Daarnaast lagen spelconsoles alleen op de jongensafdeling van speelgoedwinkels en besloten ouders om – als er een computer werd gekocht – deze op de kamer van de jongens te zetten. Zij hadden daardoor constant toegang, terwijl meisjes, ook al waren ze zelf geïnteresseerd, dit niet hadden.[13]

1.2 Wanneer ben je een 'techie'?

Deze lijn heeft zich voortgezet en op de werkvloer van vandaag zie je het resultaat: de techwereld is een echte mannenwereld geworden. Daarnaast is het werkveld flink verbreed. Het gaat niet meer alleen om het programmeren zelf, maar er zijn ook nieuwe banen ontstaan, zoals online marketeers, consultants, contentmakers, projectmanagers, data-analisten en ux-specialisten. Dat zijn gelukkig steeds vaker vrouwen. De vraag is alleen of deze professionals net zoveel invloed op technische innovatie hebben als de programmeurs zelf. Kijken we als het gaat om de man-vrouwverhouding in de tech alleen naar de 'codeerbanen' en de mensen met een bèta-achtergrond of moeten we het breder zien en is in de huidige samenleving iedereen met een baan bij een techbedrijf een 'techie'? Of is inmiddels elk bedrijf wel een techbedrijf?

Op de campus hebben we een verhouding van 80% mannen en 20% vrouwen. Maar als je alle marketinggerichte functies daarvan afhaalt, kom je nog maar op 15%.
INGELOU STOL, *founder van Female Tech Heroes (een diversiteitsinitiatief van de High Tech Campus Eindhoven, het Silicon Valley van Europa waar 12.000 slimme mensen werken aan de wereld van morgen in meer dan 250 hightechbedrijven)*

Vertekend beeld

Hoe we definiëren wat een vrouw in de tech precies is, is belangrijk in de discussie of er nu wel of niet genoeg vrouwen in de techindustrie te vinden zijn. Om als goede werkgever over te komen wekken veel techbedrijven de indruk dat het percentage bij hen werkzame vrouwen bovengemiddeld is. Maar zodra er echt wordt gekeken naar het aantal vrouwen op de developmentafdeling, vallen ze door de mand. En juist daar neemt het scrumteam de meest cruciale beslissingen (denk aan welke functionaliteiten prioriteit krijgen) en wordt een product of functionaliteit voor de eerste keer getest.

Als je naar de verschillende lijstjes met invloedrijke vrouwen kijkt, wordt evenmin duidelijker wat nu precies een vrouw in de tech is. Zo publiceert het Nederlandse feministische opinieblad *Opzij* elk jaar de top 100 van meest invloedrijke vrouwen. Daarin heeft de techwereld inmiddels ook een plaats veroverd. Van de top 10 meest invloedrijke vrouwen in de tech in 2019 heeft 50% een 'echte' bèta-opleiding gedaan.

> **Imagine your disappointment if only a third of the 'Top Women in Music' were musicians. Similarly, it would be a little weird if an overwhelming majority of the leading women in medicine had never studied science. There are lots of ways to lead and shape an industry, but shouldn't mastering the core of the craft rank near the top?**
> ANNEKE JONG, *coo van Rockets Awesome*[14]

Toch moeten we ook hierbij streven naar een zo inclusief mogelijke definitie van een vrouw werkzaam in de tech. Het ontbreken van een bèta-achtergrond hoeft niet direct te betekenen dat je geen toevoegde waarde hebt. Elke vrouw in de techindustrie is een toevoeging aan het geheel; ze brengt nieuwe inzichten en ervaringen. Uiteindelijk verschillen de ervaringen van vrouwen met of zonder bèta-achtergrond niet zodra ze de werkvloer op komen. Al kan ik mij natuurlijk wel voorstellen dat het voor een vrouw die op een marketingafdeling komt te werken (met veel andere vrouwen om zich heen) anders is dan voor de enige en misschien wel eerste vrouw tussen de mannelijke programmeurs.

> **Ik zie elke vrouw werkzaam in de tech als een schakel in het grote geheel, dus niet alleen vrouwelijke programmeurs. Een goed technisch product afleveren gaat verder dan alleen de code schrijven. Er moet nagedacht worden over bepaalde functionaliteiten. Het is dan het mooist als dit door een divers team kan worden opgepakt.**
> HAIMANTI DEKKER, *developer bij een Webshop*

Het is niet alleen van belang dat mensen begrijpen wat er wordt geprogrammeerd, maar ook dat het resultaat door de hele organisatie wordt gedragen. Je ziet vaak dat developers – omdat ze zo schaars zijn – worden behandeld als koningen. Door het gebruik van veel technisch jargon kunnen ze gemakkelijk hun eigen ideeën erdoorheen krijgen. Pas als organisaties beter beseffen wat er precies gebouwd wordt, kan een product succesvol worden. En dat niet alleen, er moet ook goed worden nagedacht over de functionaliteiten en de impact van bepaalde ideeën. Daarvoor heb je echt geen bèta-achtergrond nodig.

De taal van de techneuten begrijpen veel mensen niet. Het is dus belangrijk dat daar iemand tussen zit die dat kan vertalen.
NIKKY HOFLAND, *managing director van het initiatief TechMeUp*

Momenteel wordt er in Nederland misschien te veel gekeken naar het percentage vrouwen in de techbranche met een bèta-achtergrond. Daarin is misschien ook wel het meest te winnen. Maar voor een eerlijke en toekomstbestendige techwereld zijn ook vrouwelijke bedrijfskundigen, juristen en creatievelingen nodig. Kortom, mensen die vanwege een andere achtergrond anders denken, andere ervaringen binnenbrengen en daardoor voor nieuwe inzichten kunnen zorgen.

1.3 Werken in een mannenwereld

Je moet ze misschien met een vergrootglas zoeken, maar er *zijn* vrouwen aan het werk in de tech. Tegelijkertijd zien we ook heel veel uitval. Hoe komt het dat vrouwen deze bedrijven vaak snel weer verlaten? Waar lopen ze tegenaan? En, misschien wel belangrijker, waarom zouden we massaal in de tech willen werken?

One of the guys

Ik was een jaar of zeven toen ik meeging naar het kinderfeestje van mijn neef. Hij had al zijn vriendjes uitgenodigd. Zoals toen gebruikelijk werd ik daar gewoon tussen gezet. Het mooie is dat je dat op die leeftijd echt geen probleem vindt. Er werd net zo goed aan mij gevraagd of ik mee wilde 'playstationen'. Ik was gewoon *one of the guys*. Datzelfde ervaarde ik toen ik een opleiding volgde waar 90% van de studenten man was.

> **I felt that I had the same opportunities and possibilities as men. I only noticed a difference after university.**
> LAURA DAMIANO, *editor and funding support bij* UMCG

Het gekke is dat dit verandert zodra je de arbeidsmarkt betreedt. Tijdens de studie scoren mannelijke studenten nog vooral hoog op bijvoorbeeld creativiteit en prestatiegerichtheid, maar zodra ze de werkvloer op gaan, blijken ze toch dominanter te zijn en meer bereid te zijn om risico's te nemen. Lukt het tijdens de studiejaren nog om een goede band met je mannelijke studiegenoten te houden, als je gaat werken wordt dit een stukje lastiger. Dan gaan concurrentie en die speciale mannenvriendschap toch een rol spelen.

> **Ik was de enige vrouw op de werkvloer. Het was vanzelfsprekend dat de mannen op vrijdagavond samen uitgingen. Om erbij te horen vroeg ik of ik een keer mee mocht. Ik werd raar aangekeken door mijn collega's, maar toch zette ik door. De avond begon leuk en gezellig toen we in een café wat gingen drinken. Naarmate de avond vorderde, werden er verdere plannen gemaakt. Zo eindigde ik samen met collega's in een stripclub, een omgeving waar ik mij totaal niet prettig voelde. Ik haakte daarom af. Wat mij opviel aan de avond, afgezien van het feit dat we eindigden in een stripclub? Dat er tijdens dit soort spontane bijeenkomsten buiten het werk toch vaak over het werk werd gesproken. Er werden projecten uitgewisseld en beloofd.**
> CHRISTINA, *developer bij een Nederlandse start-up*

Nu denk je misschien: hoe vaak beland je nu in een stripclub? Komt dat echt zo vaak voor? Helaas vaker dan je denkt. De start-upcultuur gaat steeds meer lijken op de 'vroegere' *Wolf of Wallstreet*-cultuur. Pakken ze in de Verenigde Staten in het weekend een vliegtuig om met z'n allen naar Las Vegas te gaan, in Nederland stond het techbedrijf Optiver (gevestigd aan de Amsterdamse Zuidas) onlangs nog in de schijnwerpers. Zo gingen de handelaren na het werk samen met zakenrelaties naar stripclubs en werd overmatig drankgebruik op bedrijfsfeesten niet ontmoedigd. Uit angst om lastiggevallen te worden, zijn de enige twee vrouwelijke medewerkers jaren geleden gestopt met bedrijfsuitjes.[15] Het gevolg is dat ze niet alleen worden uitgesloten van het uitje zelf, maar dat ze ook cruciale informatie missen.

De perfecte rolmodellen

Voor een vrouw in de tech is de kans momenteel enorm klein dat ze vrouwelijke collega's of managers in het bedrijf heeft. Daardoor kan ze in bepaalde situaties moeilijker haar verhaal kwijt of steun zoeken. Maar het allerbelangrijkste is misschien wel dat vrouwelijke rolmodellen in deze branche ontbreken. Waren mannen als Steve Jobs en Bill Gates de perfecte rolmodellen om mannen aan het programmeren te krijgen, vrouwelijke voorbeelden zijn veel moeilijker te vinden. De aanwezigheid van vrouwelijke seniors in het bedrijf helpt ook om jongere vrouwen perspectief te bieden. Dit geeft een positief signaal af. Maar niet alleen seniors zijn geschikt als rolmodellen: elke vrouw die werkt in de techsector kan als voorbeeld dienen.

Alleen al het delen van ervaringen kan helpen. Tijdens de Web Summit van 2019 (de grootste techbeurs, gehouden in Lissabon) was er een aparte *Women in Tech* track. Inmiddels is het besef dat er meer vrouwen in de tech moeten komen en blijven, niet meer beperkt tot een track, maar doorgedrongen tot de hele techbeurs. Tijdens de laatste dag van de Web Summit was ik aanwezig bij de workshop van Lean In. Lean In, opgericht door Sheryl Sandberg, is een initiatief dat vrouwen aanmoedigt hun ambities waar te maken. Maar liefst 250 vrouwen vertelden die middag verschillende verhalen over wat ze dagelijks meemaken, als vrouw werkzaam in een mannencultuur, onder wie Julia.

> **Ik was als eerste vrouw ooit aangenomen bij een start-up. Toen ik een rondleiding kreeg, viel mij meteen iets op. Er waren alleen herentoiletten. Aan een apart damestoilet was (nog) niet gedacht. Zelf vond ik het vrij ongemakkelijk om een toilet te delen met mannen. Toen ik eindelijk over mijn gêne heen was om het te bespreken met mijn mannelijke manager, wuifde hij het weg. Een toilet was immers een toilet, toch?**
>
> JULIA, *front-end developer bij een start-up*

#metoo

Ook ongewenst gedrag komt in de techwereld regelmatig voor. Een jaar voordat #metoo viraal ging op Twitter, kwam uit de Nationale Enquête Arbeidsomstandigheden[16] naar voren dat 6,8% van de vrouwen in de ICT regelmatig tot vaak seksueel ongewenste aandacht van collega's en direct leidinggevenden krijgt. Dat is twee keer zo veel als gemiddeld op de Nederlandse arbeidsmarkt.[17] Navraag bij TNO leert dat seksueel ongewenst gedrag ook na #metoo niet verdwenen is van de IT-werkvloer. Wendela Hooftman, werkzaam bij TNO, geeft aan dat er in 2019 een onverwachte stijging van alle vormen van ongewenst gedrag was. 'De oorzaak is ons niet meteen duidelijk, die kan (ook) het gevolg zijn van een aanpassing in de vragenlijst.' In hoeverre hebben vrouwen last van ongewenst gedrag? Hebben we het dan ook over die typische mannengrappen over seks? Wat kun je het best doen als het je overkomt?

In Nederland valt seksuele intimidatie op de werkvloer onder de Arbowet. Ongewenste seksuele aandacht omvat ook 'opmerkingen en gebaren die als vervelend of bedreigend kunnen worden ervaren en de waardigheid van de ontvanger aantasten'. Het gaat dus echt niet alleen maar om aanranding of verkrachting.[18] Wat opvalt is dat vrouwen seksuele intimidatie vaak een lastig onderwerp vinden om over te praten. Ze houden het doorgaans bij zichzelf, terwijl de kans groot is dat ze er niet alleen in staan – zeker niet als er inmiddels meer vrouwelijke collega's werken.

Er heerst al snel een *boys will be boys*-sfeertje op de werkvloer. Als je als enige vrouw samenwerkt in een team met alleen maar mannen, vergeten mannen vaak dat er een vrouw aanwezig is. Dit leidt soms tot opmerkingen die je liever niet had gehoord. Zo ving ik laatst de opmerking 'spuug moet je verdienen' in een gesprek op, in combinatie met 'geen voorspel en gaan'. Moet je hier als vrouw op reageren, met de kans als zeur gezien te worden? Of is het maar 'mannenpraat'?

ANONIEM

De ene vrouw zou hier misschien direct haar grenzen aangeven, terwijl het voor de andere vrouw een reden is om het bedrijf – of zelfs de gehele branche – te verlaten.

> **Werk je als vrouw met tien mannen op een afdeling, dan moet je allerlei flauwe en seksistische grappen aanhoren. Zeg je er wat van, dan ben je ongesteld of heb je een goede beurt nodig. Dan houd je je mond wel de volgende keer, of je verlaat de ICT. Ik koos voor dat laatste.**
>
> ANONIEM[19]

Misschien denk je nu dat werkzaam zijn in de tech niet heel prettig is, dat je moet werken in een soort bedompte mancave waar het stinkt en mannen je wellustig bekijken. Inmiddels heeft men in veel bedrijven door dat er iets moet veranderen en is men daar ook actief mee bezig. In andere bedrijven wordt ontkend dat het er is en gaan de medewerkers op dezelfde voet verder. Zolang er nog steeds vrouwen zijn die aangeven liever anoniem hun verhaal te willen vertellen, is er iets flink mis. Maar dat wil niet zeggen dat meedenken en -werken aan de technologie van de toekomst voor vrouwen onmogelijk is.

De kansen liggen voor het oprapen

Iedereen die ik voor dit boek heb gesproken, is in de eerste plaats laaiend enthousiast over werken in de techniek. Het geeft een geweldig gevoel dat je samen met een team iets bedenkt en het soms razendsnel kunt testen en implementeren. De leercurve in de tech is supersteil. Problemen waar je aan het begin van je carrière moeite mee had, kun je inmiddels fluitend uitvoeren. Door jouw ideeën en werk kun je bedrijven helpen ontwikkelen en automatiseren. Dat is natuurlijk erg leuk, of je nu man bent of vrouw. En daar komt bij: vrouw zijn heeft in deze sector soms ook voordelen.

> **De combinatie van heel goed zijn in wat je doet en vrouw zijn zorgt er in de tech voor dat je veel beter onthouden en herkend wordt. En dat opent weer deuren naar nieuwe klanten, het winnen van prijzen en enorm veel presentatieaanvragen. Soms zijn dat er zelfs zo veel dat sommige aanvragen elkaar overlappen. Natuurlijk zijn er nadelen, maar ook enorm veel voordelen en we moeten ons best doen om daar gebruik van te maken. Ik gebruik elke kans die ik krijg.**
>
> MELANIE RIEBACK, *CEO van haar bedrijf Radically Open Security*

Dat er gigantisch veel kansen voor het oprapen liggen, blijkt wel uit het feit dat er in de tech – en vooral in de IT – enorm veel vacatures zijn. Bedrijven weten van gekkigheid niet waar ze personeel vandaan moeten halen en kijken zelfs over de landsgrenzen heen. Hoge salarissen, tekenbonussen en dikke leaseauto's moeten mensen verleiden om in de techsector te gaan werken – mannen en vrouwen. Toch is van alle personen die in 2018 in een technisch beroep werkten, maar 13% vrouw. In de ICT is dit 14,3%. Inmiddels ligt het percentage vrouwen die voor een bèta-opleiding kiezen in het hoger onderwijs op een gemiddelde van 18%. (Aan de universiteit gaat het om 27% en in het hbo om 12% van de studenten.)[20] Als je kijkt naar het aandeel bètatechnisch gediplomeerde vrouwen ten opzichte van alle vrouwen met een diploma in het hoger onderwijs (hbo en universiteit), steeg dit percentage van 10% in 2008/2009 naar 17% in 2017/2018. In het mbo kiezen meisjes minder snel voor een bètatechnische opleiding. Van alle meisjes in het mbo koos in 2019/2020 8% voor de bètatechniek. Volgens het VHTO (het expertisecentrum genderdiversiteit in bèta, techniek en IT) was het percentage vrouwen met een bètatechnisch diploma in het schooljaar 2018/2019 in het mbo 12,3%, in het hbo 26,1% en aan de universiteit 38,5%.[21]

Volgens Cocky Booij, oud-directeur van VHTO, vallen er overal waar gekozen kan worden voor de technische sector vrouwen uit. 'Zelfs in de overgang van studie naar beroep zien we ze verdwijnen', zegt ze. Deze 'lekkende pijplijn' zou gedicht moeten worden.[22] Blijkbaar kiezen vrouwen na de studie toch niet voor een technisch beroep en 'verdwijnen' ze naar andere sectoren. Onvoorstelbaar dat we zoveel potentieel laten liggen, terwijl vrouwen zo hard nodig zijn in deze sector.

1.4 We hebben je nodig!

Technische innovaties hebben veel impact op onze maatschappij. Als deze innovaties door westerse (witte) mannen worden bedacht en gemaakt, zal daar vaak een product uit rollen dat met name geschikt is voor (witte) mannen. Immers, nieuwe producten ontwikkelen of verbeteren doet iemand op basis van eigen ervaringen, waarden, normen en interesses. Zo simpel is het, maar het kan grote gevolgen hebben. Want computers kunnen zelf niet denken. We moeten dus zorgen voor een juiste input, zodat we ook een correcte output krijgen. En als we computers zelflerend laten zijn, moet dat gebeuren met correcte datasets. Doen we dat niet, dan liggen gevaren op de loer – niet alleen voor vrouwen, maar ook voor minderheden in onze samenleving.

GEVAAR 1: gemiste kansen bij productontwikkeling

Soms wordt er voor de grap gezegd dat als mannen ongesteld zouden worden, er allang een betere oplossing was geweest dan het maandverband en de tampon. De vraag is: in hoeverre kun je een product ontwerpen als je je niet kunt identificeren met de doelgroep? En dan bedoel ik niet dat producten maar roze worden gemaakt om in de smaak te vallen bij de vrouwelijke doelgroep, maar dat er echt producten worden ontwikkeld waarbij de vrouwelijke maat is gebruikt.

> **Het is belangrijk dat er meer vrouwen in tech werken, omdat het letterlijk gevaarlijk gaat zijn in ons dagelijks leven als de bouwers ervan niet divers zijn, want wat ik bouw heeft invloed op jouw dagelijks leven.**
>
> INEKE SCHEFFERS, *founder GirlCode, lead web developer en solution architect bij de* ANWB[23]

Het is een publiek geheim dat medicijnen niet op vrouwen worden getest, omdat dit te duur zou zijn in verband met de hormoonschommelingen. Zo weten we pas een paar jaar dat een beroerte er bij een vrouw heel anders uitziet dan bij een man.[24] Ook de signalen van een hartinfarct zijn bij een vrouw heel anders. Soms zijn ontwikkelingen niet direct gevaarlijk, maar sluiten ze gewoon niet aan bij de doelgroep.

Er zijn genoeg voorbeelden van *men driven companies* die producten maken (ook) voor vrouwen, maar die niet geschikt blijken voor hen. Van autogordels is bekend dat die voornamelijk met mannelijke dummypoppen worden getest, waar dus het zwaartepunt in het lichaam op een heel andere plek ligt dan bij vrouwen. Met een fatale afloop als gevolg. Of wat dacht je van een *smart bra* start-up met geen enkele vrouw in het team. Helemaal geflopt is een aantal smart passpiegels in New York, waarmee je een preview van de kleding kon bekijken op je eigen lichaam. Ook gemaakt door een 100% mannenteam en het zat technisch gezien zeer sterk in elkaar. Alleen… het team had geen rekening gehouden met de bolling van de spiegel, waardoor klanten hartstikke dik leken. Een 'no go' voor vrouwen (en voor wie wel eigenlijk?). Je begrijpt wel dat die spiegel geen succes was.

ANKE HORSTMAN, *founder van TechGirl*

GEVAAR 2: stereotypering via algoritmes

Het gevaar van stereotypering via algoritmes is misschien minder tastbaar, maar heeft wel de grootste impact. Het kan invloed hebben op verkiezingen, het heeft ervoor gezorgd dat *fake news* een achterban heeft gekregen en leidt zelfs tot profilering op overheidsniveau, denk maar aan de Toeslagenaffaire.

Wat is een algoritme?

Een algoritme is een reeks stappen die een computer kan nemen om iets te voorspellen. Het is een wiskundige formule die ervoor kan zorgen dat je bijvoorbeeld interessante content te zien krijgt. Algoritmes herkennen patronen uit heel veel data. Zo zorgt het algoritme van Facebook ervoor dat als jij een reactie plaatst bij een post over katten, je tijdlijn wordt gevuld met andere content over katten. Het gewenste doel wordt daarmee bereikt, in dit geval: je behoefte aan leuke informatie over katten bevredigen. Het bereiden van een recept om een maaltijd op tafel te krijgen, is ook een voorbeeld van een algoritme. Algoritmes hebben meerdere functies: prioriteren (content op je tijdlijn), classificeren (verschil herkennen tussen kankercellen en gewone cellen), associëren (een geschikte partner aanraden) en filteren (van achtergrondgeluid bij het gebruik van spraakherkenning). Algoritmes worden overal ingezet: bij commerciële bedrijven, maar ook in de zorg of het onderwijs.[25]

Wat je vaak ziet, is dat algoritmes worden gebruikt om bepaalde beslissingen te nemen. Zo kan een supermarkt besluiten om op basis van weersvoorspellingen een actie te doen met bepaalde producten. Maar algoritmes worden ook toegepast bij het doen van voorspellingen. Wie maakt er bijvoorbeeld de grootste kans om crimineel gedrag te vertonen? Deze algoritmes werken op basis van bestaande data.

Zo heb je twee categorieën algoritmes: de ene laat door middel van *machine learning* een algoritme zelf leren, de andere werkt op basis van regels die een programmeur formuleert. Het is belangrijk dat er in beide gevallen gebruik wordt gemaakt van correcte datasets om het algoritme zo eerlijk mogelijk te laten werken.

Algoritmes zijn overal

Niet alleen Facebook maakt gebruik van algoritmes. Op het moment dat Netflix jou suggesties laat zien, gebeurt dat ook op basis van bestaande algoritmes. Zo maken veel meer bedrijven gebruik van algoritmes dan je in eerste instantie misschien zou vermoeden.

Uit onderzoek naar de Toeslagenaffaire, waarbij burgers ten onrechte als fraudeurs werden bestempeld, bleek ook hier het gebruik van algoritmes een rol te hebben gespeeld. De overheid maakt namelijk gebruik van diverse algoritmes om voorspellingen te doen. Ze worden bijvoorbeeld toegepast door de Belastingdienst, maar ook door DUO en het UWV. Discriminatie en profilering liggen op de loer bij gebruik van algoritmes door de landelijke overheid.[26]

Uit eerder onderzoek van de Algemene Rekenkamer naar het gebruik van algoritmes bij de algemene overheid in Nederland bleek dat er weinig wordt ondernomen tegen vooringenomenheid en discriminatie. 'Wanneer bepaalde bevolkingsgroepen afwijkend zijn behandeld in het verleden neemt het algoritme deze discriminatie over' staat in het rapport.[27]

> **Ook bestaat het misverstand dat technologie neutraal is in plaats van een menselijk product dat de vooroordelen, discriminatie en machtsstructuren in onze samenleving niet alleen kan reproduceren, maar zelfs kan versterken.**
> NANI JANSEN REVENTLOW, *oprichter en directeur Digital Freedom Fund*[28]

Als je bedenkt dat bij uitvoeringsinstanties (zoals de Belastingdienst en DUO) maar liefst 90% van de werkzaamheden is geautomatiseerd en men dus blind vaart op deze algoritmes, besef je dat dit heel vervelende gevolgen kan hebben. De Rekenkamer deed daarom ook een aantal aanbevelingen, zoals de burger inzicht geven in de gebruikte algoritmes. Maar het is een utopie om te denken dat mensen zonder technische achtergrond de werking van algoritmes voldoende kunnen begrijpen. Daarnaast was ik erg verbaasd dat nergens in het rapport van de Rekenkamer aanbevelingen te vinden zijn over het belang van diversiteit in de teams die werken met deze algoritmes. Terwijl de overheid dan twee vliegen in één klap slaat: de kans is groter dat stereotypering via algoritmes wordt voorkomen en zij geeft een goed voorbeeld aan de rest van de branche.

Vooroordelen in het algoritme

De basis van een algoritme is een dataset, die op twee manieren met data kan worden gevuld:

1. Je laat data taggen door mensen.
2. Je gebruikt data uit het verleden om tags te maken voor nieuwe data.

Bij de eerste optie worden er handmatig gelabelde afbeeldingen ingevoerd, zoals de tag 'kat' bij een kattenafbeelding. In 2019 werd ontdekt dat de meest fundamentele dataset, ImageNet, taal bevat zoals 'slet' voor vrouwen en racistische beledigingen voor minderheden. ImageNet wordt onder andere gebruikt voor visuele herkenningssoftware. Meer dan veertien miljoen afbeeldingen zijn daarvoor met de hand getagd.[29]

De tweede optie is het gebruik van historische data. Er wordt steeds vaker gekozen voor een algoritme op basis van historische data om vooroordelen vanuit het team zo veel mogelijk terug te dringen. Maar ook dat leidt tot vervuiling en bevooroordelingen in de data. Zo gebruikte Amazon een *recruiting tool* om het aannemen van personeel te vergemakkelijken. Op basis van bepaalde *keywords* kon deze tool makkelijk honderden cv's tegelijk bekijken. De database voor dit algoritme was alleen gevuld met cv's van personen die in het verleden door Amazon waren aangenomen: voornamelijk witte mannen. Oxford University researcher dr. Sandra Wachter: 'Dus als er dan iemand solliciteert die niet aan dat profiel voldoet, wordt die persoon waarschijnlijk uitgefilterd, omdat het algoritme leerde van historische gegevens. Dat gebeurt bij werving en dat gebeurt in principe overal waar we historische gegevens gebruiken. Deze gegevens zijn vertekend.'[30] De kans dat je als vrouw zou worden aangenomen door Amazon werd zo wel heel klein.

Maar het kan altijd nog erger: neem bijvoorbeeld de app Google Images. In 2015 kwam men erachter dat Google foto's met donkergekleurde mensen automatisch de tag 'gorilla' meegaf. Op basis van bestaande data kreeg de foto de bewuste tag toegewezen. Erg pijnlijk, Google bood meteen excuses aan en beloofde het zo snel mogelijk te fixen.[31]

Het gevaar zit in het feit dat veel datasets een *open source* karakter hebben en daarmee voor diverse toepassingen gebruikt kunnen worden. Dit zou dus betekenen dat de ingebakken vooroordelen gebruikt kunnen worden voor gevoelige toepassingen. Het meest verontrustende is dat dit een soort domino-effect heeft en bijna niet te stoppen is. Zelfs als we alle bestaande datasets vernietigen, blijven we nog steeds zitten met historische gegevens waardoor vrouwen en minderheden op achterstand blijven.

Algoritmes zijn niet alleen te vinden bij het gebruik van digitale producten zoals apps en social media, maar ook tastbare producten passen ze toe. Zo wilde een man met een donkere huidskleur gebruikmaken van een zeepdispenser, maar dat lukte niet. Dat bleek te komen doordat zijn donkere hand niet werd herkend.

> **As for the broader problem of algorithmic bias, there are a couple of commonly proposed solutions. One is to make sure teams developing new technologies are racially diverse. If all team members are white, male, or both, it may not occur to them to check how their algorithm handles an image of a black woman. But if there's a black woman in the room, it will probably occur to her.**
> JOY BUOLAMWINI, *computer scientist en researcher aan MIT*[32]

GEVAAR 3: invloed game-industrie

De game-industrie is nog meer een door mannen gedomineerde sector dan de IT-branche als geheel.[33] Met een omzet van 175 miljard dollar is de game-industrie zelfs groter dan Hollywood en de Noord-Amerikaanse sportwereld samen.[34] De content die hier wordt gemaakt, bevat heel vaak geweld en heeft vooral jongvolwassenen als doelgroep. Vrouwen worden in de games voornamelijk neergezet als seksuele objecten of krijgen veel geweld over zich heen. Deze games hebben misschien niet zozeer effect op het dagelijks leven, maar dragen wel bij aan de beeldvorming en stereotypering van vrouwen.

In 1982 bracht Mystique het spel *Custer's Revenge* uit voor de Atari 2600. Aan de ene kant stond het karakter Custer met niets meer dan een hoed, handschoenen, laarzen en een zichtbare erectie. Aan de andere kant van het spel stond een naakte *native* Amerikaanse vrouw, vastgebonden aan een paal. Door het ontwijken van pijlen kon Custer aan het einde de vrouw verkrachten. Met een verkoop van 80.000 exemplaren was de game het grootste succes voor het gamebedrijf.[35]

Nu denk je misschien: maar een spel uit 1982 is nu toch helemaal niet relevant? Maar dat is niet zo, want bepaalde ontwikkelingen van toen werken nog altijd door: de jaren 80 staan bekend als het begin van de tech zoals we die nu nog kennen. Zo kwam bijvoorbeeld de eerste Nintendo uit in 1986. Het spel *Grand Theft Auto V* kwam uit tussen 2013 en 2015. Ook dat bevatte veel scènes met geweld tegen vrouwen. Zo maakten veel spelers er een sport van om prostituees te vermoorden en was ook daar een verkrachtingsscène te vinden.[36] Daarnaast krijgen vrouwen tijdens het spelen van games te maken met ongewenste intimiteiten, bedreigingen en worden ze gepest door zogenaamde trollen die het spel ook spelen.[37]

Toen een aantal vrouwen kritiek leverde op de bestaande games, werd dit niet geaccepteerd. Een golf van vrouwenhaat volgde. Het werd op een gegeven moment zo erg dat er doodsbedreigingen bij deze vrouwen binnenkwamen.[38]

GEVAAR 4: gebruik van de mannelijke maat

Niet alleen het ontwikkelen van algoritmes kan verkeerd gaan als dat wordt gedaan door een homogene groep witte mannen. Als vrouw kun je elke dag tegen zaken aanlopen die gebaseerd zijn op mannelijke maten. In het boek *Invisible Women*[39] van Caroline Criado Perez kom je heel veel voorbeelden tegen. Sommige dingen hebben een relatief lage impact. Denk aan het koukleumen op kantoor, vaak het resultaat van het instellen van de verwarming op een 'mannentemperatuur'. Dit is vervelend, maar niet levensgevaarlijk. Dat wordt het wel als een vrouw een ongeluk krijgt met haar auto omdat de veiligheidsmaatregelen niet gebaseerd zijn op de vrouwelijke maten. Vrouwelijke bestuurders hebben 47% meer kans om serieus gewond te raken bij een auto-ongeluk. Dat komt bijvoorbeeld doordat de riemen staan ingesteld op een gemiddelde mannenmaat.[40]

Sinds kort wordt er eindelijk getest met een vrouwelijke dummy bij crash testen. Deze dummy zit dan wel op de bijrijdersstoel. Wat de impact is op een vrouwenlichaam achter het stuur na een crash weten we nog steeds niet. Wie zich aanmeldt voor een reanimatiecursus moest voorheen altijd oefenen op een mannelijke romp. Door schaamte – omdat je je handen tussen de borsten moet leggen – moeten mensen echt een drempel over om een vrouw te reanimeren. Met alle gevolgen van dien. Tegenwoordig is het eindelijk mogelijk om ook te oefenen met een vrouwelijke romp. De hoop is dat we daarmee eventuele schaamte kunnen wegnemen.

Simone de Beauvoir schreef in 1949: 'De mensheid is dus mannelijk en de man definieert de vrouw niet in zichzelf maar als relatief ten opzichte van hem; ze wordt niet als een autonoom wezen beschouwd. [...] Hij is

'THE SUBJECT'. Hij is 'THE ABSOLUTE'. Zij is 'HET ANDERE.' En dat verschil zie je nog in alles terug. Zeker ook bij *big data*. Het heeft effect op alles. Criado Perez noemt dit *the default male*.

Denk bijvoorbeeld aan mobiele telefoons. Toen deze steeds groter werden, werd het voor vrouwen steeds lastiger om de telefoon met één hand te bedienen. Sommige mensen zeggen grappend dat de smartphones niet groter zullen worden dan ze op dit moment zijn. De reden? Dan worden ze ook te groot voor een mannenhand. Herken je misschien dit: de deur van je auto staat helemaal open, je gaat zitten en je wilt de deur dichtdoen. Helaas kom je lengte tekort, waardoor je uit je auto moet hangen of ervoor kiezen de deur altijd met je mee te nemen zodra je gaat zitten. De reden: ontworpen voor een mannenarm. Mannen kunnen de autodeur zonder problemen sluiten. Omdat makers van gereedschap nog steeds de man als doelgroep zien, ontwerpen ze deze spullen ook voor mannen. Hierdoor zijn ze voor vrouwen lastiger te gebruiken. Het gereedschap roze maken, maakt geen verschil. Uit onderzoek blijkt zelfs dat 87% van de vrouwelijke pianisten nadeel ondervindt bij een standaard piano omdat deze is ontworpen op de spanwijdte van een mannenhand. Ze stuiten niet alleen op moeilijkheden bij het spelen, maar hebben ook meer kans op gezondheidsproblemen[41] zoals blessures aan hun handen. Ook het toilet is onderwerp van discussie. Waarom staan er voor het vrouwentoilet altijd rijen en voor de mannentoiletten niet? Mannen- en vrouwentoiletten op vliegvelden, in theaters en in bioscopen hebben altijd dezelfde oppervlakte. Bovendien is overal hetzelfde aantal toilethokjes te vinden.

Als er ergens gelijkwaardigheid is tussen mannen en vrouwen, dan is dat toilet-gerelateerd.

Het voordeel van een mannentoilet is dat er ook urinoirs zijn. Dat houdt in dat bij de mannentoiletten er per vierkante meter grondoppervlakte meer mensen gebruik kunnen maken van een wc dan bij een vrouwentoilet. Bovendien blijkt uit onderzoek dat het toiletbezoek van vrouwen langer duurt dan dat van mannen. Vrouwen helpen vaak jonge kinderen of mensen met een handicap. Daarnaast moeten ze ook maandverband of een tampon verwisselen. Allemaal oorzaken waardoor vrouwen in de rij moeten staan voor een toilet. En dan moet je ook nog geluk hebben een toilet tegen te komen. Tijdens het uitgaan vind je wel genoeg plaspalen voor mannen, maar is het aantal openbare toiletten voor vrouwen (zeer) beperkt.

De oorzaak van het gebruiken van een 'mannelijke maat' of problemen met algoritmes is de zogenoemde *gender data gap*, schrijft Criado Perez in haar boek. Er ontbreekt belangrijke data. Zolang developmentteams volledig uit mannen bestaan, zal niemand wijzen op deze mannelijke bevooroordeelde data gap. Dat is zelden onwil: mannen zien het simpelweg niet. Het is dus cruciaal dat vrouwen de techwerkvloer betreden.

GEVAAR 5: uitsluiting van de arbeidsmarkt

Er zijn diverse redenen te bedenken om bedrijven aan te moedigen meer vrouwen aan te nemen en ze door te laten stromen naar leidinggevende posities. Zo wordt bijvoorbeeld het zogeheten 'groepsdenken' voorkomen. Hebben de leden van een groep dezelfde achtergrond, dan is de kans klein dat de juiste vragen worden gesteld en er bezwaren op tafel worden gelegd. Vrouwen zijn zich meer bewust van risico's. Daarnaast is elke vrouw in de techsector en in het bijzonder op senior-posities een rolmodel voor andere vrouwen.

De tech is een bloeiende industrie, waar goede salarissen betaald worden en de arbeidsvoorwaarden prima zijn. Toch blijkt uit onderzoek dat het maar liefst honderd jaar gaat duren voordat er gendergelijkheid in alle lagen van de werkvloer te zien zal zijn. (Door de coronapandemie is de verwachting dat het 36 jaar langer zal duren.)[42] Er is een onbewuste voorkeur voor (witte) mannen, waardoor vrouwen en ook minderheden worden uitgesloten van een sector waar de kansen voor het oprapen liggen, een goed salaris verdiend kan worden en waar je nooit uitgeleerd bent. De kansenongelijkheid is duidelijk aanwezig, waardoor bepaalde mensen geen toegang hebben tot een zeer grote en invloedrijke industrie.

Als de geschiedenis ons iets heeft geleerd, is het dat vrouwen nooit weg te denken zijn. Vrouwen zoals Grace Hopper hebben het fundament van de hedendaagse tech gelegd. Dat ze worden buitengesloten bij verdere technische ontwikkeling is te betreuren. Inmiddels zijn de gevaren en het ongemak van deze buitensluiting bekend. Vrouwen die momenteel in de tech werkzaam zijn, hebben voor hun plek moeten vechten. Ondanks verschillende initiatieven gaat de transitie nog heel erg langzaam. Waar iedereen het heeft over de vraag: 'Hoe kunnen we meer vrouwen de tech in krijgen?', moeten we ons misschien eerder afvragen: 'Hoe houden we ze binnen?' Of: 'Hoe krijgen we ze terug?'

2

De jongens tegen de meisjes

Voordat ik met mijn onderzoek voor dit boek begon, dacht ik dat dit diversiteitsprobleem snel en simpel op te lossen was, namelijk door een combinatie van positieve discriminatie, wat aanpassingen bij de vrouwen zelf en een vrouwenquotum. Inmiddels weet ik dat het probleem zo veel verder gaat. Het zit diepgeworteld in onze Nederlandse cultuur. Ik heb een hekel aan het gebruik van modellen, maar het ijsbergmodel van McClelland[1] geeft het wel goed weer. Het zichtbare gedeelte van de ijsberg laat ons gedrag zien, maar onder water – en dus onzichtbaar – liggen onze identiteit, overtuigingen, normen en waarden. En deze pakken in ons schijnbaar progressieve en open, maar toch wel conservatieve Nederland niet heel positief uit voor de vrouw.

Waar komt het verschil tussen mannen en vrouwen vandaan? Is er daadwerkelijk een verschil in de behandeling van mannen en vrouwen? Wat heeft onze geschiedenis ermee te maken? En in hoeverre hebben onze onbewuste vooroordelen invloed op het gebrek aan diversiteit in de techwereld?

2.1 De barricade op

Waar denk jij aan bij het woord feminisme? Ik dacht dan aan ongeschoren oksels en benen, en tuinbroeken. Ook dacht ik aan boze vrouwen en mannenhaters. Het was dus niet direct een woord waarmee ik mij graag zou associëren. Maar zoek je het op in de Van Dale, dan staat er: *fe·mi·nis·me (het; o) 1 het streven naar gelijke rechten voor vrouwen en mannen.* En dan wordt het een ander verhaal (al is het natuurlijk prima als andere mensen wel met ongeschoren oksels en benen rondlopen).

Je staat er misschien niet zo vaak bij stil, maar je moeder, oma en overgrootmoeder hadden vroeger een heel ander leven. Zij hebben bewust of onbewust de weg geplaveid, zodat we als vrouwen staan waar we nu staan. Daar is toewijding en strijd aan voorafgegaan. Momenteel staan we op een soort kantelpunt, waar we soms drastische maatregelen willen invoeren, maar er dan toch achter komen dat deze heilige huisjes een supersterk fundament hebben. Denk bijvoorbeeld aan de discussies over het inmiddels ingevoerde vrouwenquotum. In de strijd voor gelijke rechten tussen man en vrouw denk je misschien direct aan de feministische beweging. Wat is er de afgelopen 150 jaar gebeurd? Welke heilige huisjes zijn al omver- gegooid? Hoe conservatief was Nederland in de vorige eeuw? En wat heeft het feminisme gebracht?

De eerste feministische golf (1870-1920)

Voor de antwoorden op die vragen moeten we naar het einde van de 19e eeuw. Tijdens de eerste feministische golf ging het vooral om gelijke rechten voor vrouwen op het gebied van scholing, arbeid en kiesrecht. In die tijd werden vrouwen op grond van wettelijke regels niet toegelaten tot politiek, werk en school. Ook konden ze geen zelfstandige rechtshandelingen verrichten en hadden ze geen kiesrecht. Vrouwen bleven thuis voor huishoudelijke taken. Het werk van mannen stond in het maatschappelijke middelpunt.[2]

In 1871 werd Aletta Jacobs, nadat ze een brief aan minister Thorbecke had geschreven, als eerste vrouw in Nederland toegelaten tot de universiteit. (In 1636 mocht al eerder een vrouw colleges volgen, maar dat moest toen achter een gordijn om de mannen niet af te leiden.) Later opende Jacobs als eerste vrouwelijke arts een praktijk in Amsterdam. Daar hielp ze vrouwen aan voorbehoedsmiddelen, zodat zij niet ieder jaar zwanger werden. Ook kwam ze er daar achter dat winkelmeisjes vaak lichamelijke klachten hadden, omdat ze de hele dag (gemiddeld zo'n elf uur lang) moesten staan. Dankzij Jacobs kwam er een wet die winkels verplichtte 'zitgelegenheid' voor hun personeel in te richten.[3]

Hetzelfde geldt voor het kiesrecht. Tot 1919 was het in Nederland voor een vrouw niet mogelijk om te stemmen (en tot 1948 in het gehele Koninkrijk der Nederlanden). Ook hier heeft Jacobs een sleutelrol gespeeld. Je als vrouw verkiesbaar stellen was wettelijk gezien in eerste instantie geen probleem. In de grondwet werd inzake het kiesrecht anno 1882 immers gesproken van 'Nederlanders'. Maar toen Jacobs in 1883 een poging waagde, werd dit niet geaccepteerd.[4] In 1887 werd in de nieuwe grondwet voor de zekerheid alleen gesproken over mannelijke ingezetenen van Nederland, zodat het duidelijker was dat alleen mannen zich verkiesbaar konden stellen en naar de stembus mochten.[5] Dankzij stevig pionierswerk van onder anderen Wilhelmina Drucker en Aletta Jacobs konden vrouwen zich vanaf 1918 verkiesbaar stellen. In het voorjaar van 1919 werd het woord 'mannen' weer verwijderd uit de grondwet. In 1922 konden alle vrouwen in Nederland voor het eerst landelijk stemmen. In de Tweede Kamer werden zeven vrouwen gekozen. Eind jaren twintig daalde dat aantal drastisch. Dat kwam vooral door het toenmalige politieke klimaat. De Nederlandse regering probeerde de schuld van de economische crisis en werkloosheid neer te leggen bij de vrouwen met hun eisen voor betaalde arbeid en economische zelfstandigheid.[6]

In die tijd waren vrouwen nog steeds handelingsonbekwaam. Tot 1956 moesten getrouwde vrouwen hun man om geld en toestemming vragen als ze iets wilden kopen. Ze konden geen verzekeringen afsluiten of een eigen bankrekening aanvragen.[7] Vrouwen kregen wel huishoudgeld want, zo omschreef het tijdschrift *Vrij Nederland* in 1949: ... de man kan moeilijk de hele dag thuis blijven om bakker en melkboer te betalen. Hij heeft wel wat beters te doen.[8]

Een andere wet, uit 1924, zorgde er weer voor dat vrouwen op de dag van hun huwelijk werden ontslagen uit overheidsfuncties. Zo konden ze een toegewijd echtgenote, moeder en huisvrouw zijn.[9] Door toedoen van PvdA-kamerlid Corry Tendeloo werden deze twee wetten in 1955 afgeschaft.[10]

De tweede feministische golf (1960-1985)

In 1970 kwam er in Nederland een nieuwe beweging op: de Dolle Mina's. Deze beweging ontstond na een bekend artikel van Joke Smit, getiteld *Het onbehagen bij de vrouw* (1967). 'Baas In Eigen Buik' (BIEB) was een van de motto's van deze beweging, die onder meer pleitte voor abortus en vrijheid voor vrouwen. In 1964 werd bijvoorbeeld de pil in Nederland geïntroduceerd.[11]

Het duurde nog tot 1980 voordat de Wet gelijke behandeling mannen en vrouwen werd doorgevoerd, een wet om discriminatie op basis van geslacht tegen te gaan. De werkgever mag geen onderscheid maken tussen mannen en vrouwen bij het aangaan van een arbeidsovereenkomst. Een onderdeel van deze wet is gelijk loon voor gelijk werk.[12]

De strijd van al deze vrouwen heeft ervoor gezorgd dat het normaal is dat vrouwen een betaalde baan hebben, dat ze kunnen stemmen en zelfstandig beslissingen kunnen nemen. Wel heeft de geschiedenis nog steeds impact op de huidige maatschappij. 65 jaar geleden was het nog normaal dat vrouwen 'eervol' werden ontslagen zodra ze trouwden. Er zijn nog generaties in Nederland die dit hebben meegemaakt, die met deze normen en waarden zijn opgegroeid.

Gelijke rechten en kansen

Het feminisme is complex. Ging het tijdens de eerste golf vooral om gelijke rechten voor de vrouw, inmiddels zijn er feministische stromingen die strijden voor gelijke rechten voor iedereen. Uiteindelijk gaat het om gelijke rechten en kansen voor mannen en vrouwen, op economisch, politiek en sociaal vlak. Vrouwen moeten dezelfde mogelijkheden hebben als mannen en hetzelfde verdienen voor hetzelfde werk. Of je jezelf een feminist noemt doet niet ter zake. Van belang is dat je het onderwerp bespreekbaar kunt maken, thuis en op de werkvloer. Het gaat erom dat de vooroordelen worden besproken en dat mensen gaan samenwerken in plaats van elkaar te beoordelen op de vraag of ze zichzelf wel of geen feminist mogen noemen.

De kennis over de geschiedenis van de vrouw in Nederland moeten we niet bij onszelf houden, maar delen met de mannen, zodat ook zij weten wat vrouwen meemaken in de huidige samenleving. Sommige feministen zeggen dat je pas een echte feminist bent als je meedoet aan demonstraties en je luid en duidelijk laat horen. Maar om verschil te maken hoef je echt niet op de barricade te gaan staan. Een dialoog starten is genoeg.

2.2 Stereotiepe denkbeelden in de opvoeding

Het verschil tussen jongens en meisjes zie je terug in de opvoeding. In opdracht van het Ministerie van OCW heeft het Landelijk Expertisebureau meisjes/vrouwen in bèta/techniek (VHTO) in 2016 een inventarisatie gedaan naar vroege genderstereotypering. Hieruit bleek dat kinderen al op jonge leeftijd worden blootgesteld aan specifieke stereotypering op basis van geslacht.[13] Hoe uit zich dat? En wat voor impact heeft dit op de kansen die kinderen krijgen?

Geen verschillen in het babybrein

'Ze willen het niet', 'ze kunnen het niet' en 'meisjes hebben van nature andere interesses dan jongens' zijn redenen waarom er nog steeds een ondervertegenwoordiging van meisjes is in de zogeheten STEM-opleidingen (*Science, Technology, Engineering and Mathematics*).[14] Uit recent onderzoek[15] blijkt dat er geen aangeboren verschillen in de hersenen van meisjes en jongens zijn. Breinverschillen tussen meisjes en jongens zijn zelfs kleiner dan tussen meisjes en jongens onderling. De ondervertegenwoordiging van meisjes blijkt eerder een gevolg te zijn van omgevingsfactoren en socialisatieprocessen. De Britse wetenschapper Gina Rippon betoogt: 'Verschillen tussen jongens en meisjes zitten niet zozeer in het brein waarmee ze geboren werden, maar in de verwachtingen waarmee we ze grootbrengen.' Oftewel: er is niets in een babybrein dat meisjes voorbestemt om slechte kaartlezers te worden en van jongens slechte multitaskers maakt.[16]

Nooit te laat om te leren

Je hersenen ontwikkelen zich onder andere op basis van je werk of opleiding. Ook hobby's kunnen invloed hebben. Heb je vroeger veel met Lego gespeeld, dan heeft je ruimtelijk inzicht een flinke training gekregen. Het gaat zelfs nog een stapje verder. Ben je opgegroeid in een welvarend land en in een gezin met een hoge sociaal-economische status? Dan is het verschil in ruimtelijk inzicht tussen jongens en meisjes nog groter. In deze gezinnen zie je namelijk meer gendertypische activiteiten. Waar jongens gaan voetballen, gaan meisjes op ballet. Juist die balspelen leveren een aanzienlijke bijdrage aan de ontwikkeling van ruimtelijke vaardigheden.[17] Maar het mooie van het brein is dat het nooit te laat is om te leren. Wanneer meisjes extra oefenen met ruimtelijke oriëntatie, verdwijnen de verschillen in ruimtelijk inzicht.[18]

Invloed van de docenten

Niet alleen activiteiten hebben invloed op de ontwikkeling van het brein, ook docenten. En laten docenten nu niet altijd objectief zijn.

> **Als docenten anonieme wiskundetoetsen nakijken, doen jongens en meisjes het gemiddeld even goed. Maar als leraren toetsen met namen erboven beoordelen, krijgen de jongens stelselmatig hogere cijfers voor wiskunde dan de meisjes. Dus als je het als meisje net zo goed doet als een jongen, krijg je toch een lager cijfer voor wiskunde.**
> IONICA SMEETS, *hoogleraar Wetenschapscommunicatie*[19]

Ik kan mij niet meer herinneren dat mij letterlijk verteld is dat meisjes slecht zijn in wiskunde, maar ik had vroeger wel last van wiskundeangst – hoe leuk en enthousiast mijn docent het ook bracht. Bij het zien van de eerste som van een wiskundeopdracht was ik al bang dat het me nooit zou lukken die op te lossen. Maar als ik dan de bijbehorende oplossing en uitleg kreeg, dacht ik eigenlijk altijd: 'Ah, nu begrijp ik het!' (Totdat ik dan de volgende opdracht kreeg en weer met mijn handen in het haar zat, dat wel.) Het zou zomaar kunnen dat de dit-lukt-mij-nooit-gedachte het resultaat is van jarenlange stereotypering. En die stereotypering begint al op jonge leeftijd.

Meisjes zijn echt heel slim

Voor kinderen zijn de kleuterjaren vormend voor de genderontwikkeling. 'Wanneer kinderen drie jaar oud zijn, beginnen ze al aan hun eigen genderontwikkeling', vertelt onderwijskundige Eva Dierickx. 'Ze worden zich bewust van hun eigen gender, gedragingen, speelgoed, activiteiten en interesses die bij dat geslacht horen.[20] Uit een onderzoek bleek dat zesjarige meisjes minder geneigd zijn te geloven dat meisjes "echt heel slim zijn". Ze begonnen op die leeftijd ook activiteiten te vermijden die naar verluidt bedoeld zijn voor kinderen die echt heel slim zijn.'[21]

Stereotyperende rolmodellen

Ook hebben kinderen al heel vroeg door dat er verschillen zijn tussen mannen en vrouwen. Als je kleuters vraagt om een huizenbouwer te tekenen, tekenen ze dan een man of een vrouw? Uit onderzoek blijkt dat jongens dan voornamelijk een man tekenen. Ondanks dat meisjes soms voor een vrouwelijke huizenbouwer kiezen, worden er over het algemeen meer mannelijke huizenbouwers dan vrouwelijke huizenbouwers getekend. Stereotyperende opmerkingen als: 'Vrouwen kunnen geen uitvinder worden want zij moeten schoonmaken' of de vraag: 'Mag ik ook een meisje tekenen?' geven aan dat meisjes al vroeg leren dat de techniek een wereld is waarin vrouwen niet thuishoren.[22]

Invloed op vervolgonderwijs

We zien dat het aantal kinderen dat op de middelbare school een natuurprofiel kiest, de laatste jaren enorm is gestegen. Op de havo koos 39% van de meisjes in 2019/2020 voor een N-profiel (ten opzichte van 29% in 2009/2010). Van de jongens koos 42% voor een N-profiel. Op het vwo koos 59% van de meisjes en 61% van de jongens in 2019/2020 voor een N-profiel (ten opzichte van 51% van de meisjes in 2009/2010).[23]

Zolang meisjes in bèta, techniek en ICT ondervertegenwoordigd zijn, is het van belang speciale aandacht aan hen te besteden bij alle keuzemomenten.[24] Meisjes hebben dan namelijk niet alleen last van hun eigen genderstereotype, ze worden ook nog eens beïnvloed door stereotypen van leraren, decanen, adviseurs, ouders en vrienden.

> **Zo had een meisje een hoog cijfer voor natuurkunde op haar cijferlijst, maar daarnaast ook een hoger cijfer voor Engels. Desondanks kreeg ze geen advies voor een N-profiel. De verwachting was namelijk dat ze hier veel harder voor moet werken. Het is de vraag of ditzelfde advies ook aan een jongen was gegeven.**
> COCKY BOOIJ, *oud-directeur van VHTO*

Het is positief dat ondanks onbewuste beïnvloeding steeds meer meisjes voor een N-profiel kiezen. Toch stroomt op de havo maar 39% van de meisjes met een N-profiel door naar een bètatechnische vervolgopleiding (bij de jongens is dit 72%). In het vwo is dit 51%, terwijl daar 76% van de jongens doorstroomt naar een bètatechnische vervolgopleiding.[25]

Zweetjongens

In het boek *Het nut van de man* van Maarten Huygen[26] komt Tom Heskes, hoogleraar data science aan de Radboud Universiteit, aan het woord. Hij doet veel moeite om meer vrouwen zijn vak binnen te lokken. 'Mijn vakgebied wordt gedomineerd door mannen en jongens', zegt hij. Naar de studievoorlichting komen relatief veel vrouwen, die zich uiteindelijk niet inschrijven. Een moeder vertelt waarom haar dochter afhaakte. 'Ik zat in een zaaltje met zweetjongens die stonken. Daar wil ik niet in rondlopen', had ze gezegd.

Haimanti Dekker, developer bij een webshop, herkent dit: 'Ik weet nog heel goed dat ik naar een Open Dag ging om meer informatie te krijgen over diverse opleidingen. Al snel vond ik de stand van de desbetreffende bètatechnische opleiding. Helaas zag ik op dat moment alleen jongens de stand bevolken. Voor mij was het een te grote stap om daarop af te stappen. Achteraf gezien kan ik daarom lachen, ik werk immers met alleen mannen in mijn team, maar op dat moment leek het zó niet de plek waar ik zou passen als persoon.' Maaike van der Linden, *corporate recruiter*, geeft zelfs aan: 'Ik merk dat groepsdruk meespeelt bij de beslissing welke vervolgopleiding je kiest. Het volgen van een technische opleiding geeft je meteen het stempeltje NERD.'

Inmiddels is de algemene verhouding tussen jongens en meisjes in alle lagen in balans. In het schooljaar 2018/2019 was 51,4% van studenten in het hoger onderwijs vrouw.[27] Kijk je alleen naar de technische opleidingen, dan verdwijnt deze gezonde balans (12% vrouwen op het HBO[28] en 27% op het wo[29]). Dat hoeft niet direct de reden te zijn dat er weinig vrouwen te vinden zijn op de werkvloer. Een *growth analist* bij Picnic vertelde eens dat ze opgeleid was om algoritmes te maken en te optimaliseren. Toen ze in het marketingteam terechtkwam, zei ze meteen: 'Maar ik weet niets van marketing!' Toch lukte het haar, door scholing en het werk zelf, om zich het vak eigen te maken. Waarom zou dat andersom niet lukken?

2.3 Onbewuste vooroordelen op de werkvloer

We denken vaak dat we in een meritocratische samenleving leven: een samenleving waarin iedereen gelijke kansen krijgt en waarin je wordt beloond op basis van je inzet, niet op basis van waar je wieg stond, je geslacht of huidskleur. Een samenleving waarin iedereen het beste uit zichzelf haalt, waarin alleen je individuele verdiensten je maatschappelijke positie bepalen. Werk je hard en ben je getalenteerd? Dan krijg je veel status en een goed inkomen. Maar hoe waar is dat eigenlijk? Uit onderzoek van *de Volkskrant*[30] blijkt dat wie voor een dubbeltje geboren is, nog steeds geen kwartje wordt. Wie geboren wordt als vrouw in het armste deel van de bevolking, heeft een kans van 6% om het te schoppen tot de best verdienende groep (bij de mannen is dat 17%). Ben je in een rijk gezin geboren, dan stijgt dat percentage naar 22% ten opzichte van 44% bij de mannen. Waar je bent geboren, bepaalt dus de kansen in je leven. Niet alleen vrouwen krijgen te maken met deze kansenongelijkheid, ook migrantenkinderen kijken al jong tegen een inkomenskloof aan. De reden? Onze onbewuste vooroordelen.

Heb jij vooroordelen?

Misschien ken je het volgende verhaal wel. Er is een heftig ongeluk gebeurd waarbij een vader is overleden. Zijn zoon wordt met spoed naar het ziekenhuis gebracht. Vechtend voor zijn leven wordt hij uit de ambulance richting operatiekamer gereden. De dienstdoende chirurg wordt opgepiept en rent de operatiekamer in. Zodra de chirurg ziet wie er op de operatietafel ligt, zegt de chirurg: 'Maar dat is mijn zoon!' Heb je nu kortsluiting in je hoofd? Denk je nu misschien: 'Maar die vader was toch overleden?' Of is het meteen in je opgekomen dat de chirurg de moeder van het kind is?

Ik geef eerlijk toe, ik had die kortsluiting. En ik schaamde me er flink voor. Want hoe was het mogelijk dat ik er toch nog in trapte, na het lezen van al die onderzoeken? En wat betekent dat dan voor al die mensen die zich niet voortdurend bewust zijn van deze vooroordelen, die echt denken dat ze met de beste intenties mensen aannemen, hun promoties of de mooie projecten geven? Terwijl dit nog steeds voornamelijk op basis van deze vooroordelen gebeurt.

Gezocht: liefhebber van IPA bier

Hoe kunnen we ervoor zorgen dat juist de personen worden aangenomen die het team komen versterken op basis van kwaliteiten en andere inzichten, in plaats van dat ze worden gekozen omdat ze lijken op het huidige team en ook nog eens houden van IPA biertjes. Sarah Cooper, werkzaam geweest bij onder andere Yahoo en Google, geeft in haar boek *Succesvol zijn zonder het ego van de heren te kwetsen*[31] op een sarcastische manier tips hoe je je cv genderneutraal kunt maken. Zo schrijft ze dat je initialen moet gebruiken in plaats van je volledige voornaam, dat je woorden als 'gamechanger' moet kiezen en dat je 'X-Treme sports' moet toevoegen aan je hobby's. Gebruik vooral een mannelijk klinkend mailadres, zoals yeahboy23@gmail.com. Deze tips zijn grappig bedoeld, maar laten je wel nadenken over de vraag hoe ver je misschien moet gaan om een bepaalde baan te krijgen.

Anoniem solliciteren

Bij het New York Philharmonic Orchestra ging men nog een stapje verder. Het orkest had geen vrouwelijke muzikanten. Kwam dat doordat er geen goede vrouwelijke muzikanten te vinden waren? Nee, het probleem lag dieper in de organisatie verscholen. In 1969 beschuldigden twee zwarte muzikanten, Earl Madison en J. Arthur Davis, het orkest van discriminatie. Hoewel deze muzikanten niet in het gelijk werden gesteld, veranderde het orkest wel de sollicitatieprocedure. Het introduceerde *blind auditions*. De selectiecommissie kon door een scherm de muzikant niet zien, maar wel horen. Het ging alleen om de muziek. Inmiddels is 45% van de muzikanten van het New York Philharmonic Orchestra vrouw. Op raciaal vlak heeft deze werkwijze minder verandering gebracht.[32]

Meritocratie is een mythe

Door het plaatsen van een scherm tijdens een auditie zorg je ervoor dat de selectie wordt uitgevoerd op basis van een meritocratische benadering, dat mensen worden beoordeeld op basis van hun talenten en kwaliteiten en niet op basis van hun netwerk. Het laat ook zien dat de meeste sollicitatieprocedures en beslissingen worden beïnvloed door de persoonlijke vooroordelen van de mensen die erbij betrokken zijn.

Journalist en activist Caroline Criado Perez schrijft in haar boek *Invisible women* dat de meritocratische samenleving een mythe is. Ze heeft het over een enquête uit 2016 onder eigenaren van een techstart-up. Het aannemen van de beste mensen was prioriteit nummer 1. De uitslagen van die enquête waren onthutsend: mannen die denken dat ze tijdens het sollicitatieproces niet worden beïnvloed door persoonlijke vooroordelen, hebben meer kans om te kiezen voor een man, ook als er een vergelijkbare vrouwelijke sollicitant is. Hoe harder bedrijven schreeuwen dat ze altijd voor de beste persoon gaan, des te groter de kans dat een manager een mannelijke werknemer voortrekt ten opzichte van de vrouwelijke werknemer.

Zes soorten vooroordelen

Lean In, de organisatie van Sheryl Sandberg (die daarnaast Chief Operating Officer bij Facebook is), heeft zich verder verdiept in deze vooroordelen. Lean In onderscheidt zes soorten vooroordelen[33]:

1 Vooroordelen op basis van gedrag

Zelfverzekerde vrouwen worden vaak als agressief, onaardig en bazig gezien. Zulke woorden worden bijna nooit voor mannen gebruikt. Kom je een zelfverzekerde man tegen? Dan voelt dat normaal en geaccepteerd. Dus stel dat een man en een vrouw naar een promotie solliciteren. Ze zijn beiden zelfverzekerd en hebben dezelfde kwaliteiten. Maar de vrouw wordt door haar zelfverzekerdheid en directheid minder aardig gevonden, terwijl dit bij de man juist wordt geroemd. Je begrijpt dat de kans veel groter is dat de promotie naar de man gaat.[34]

Ik ben ook gerechtelijk deskundige en toen ik aankwam bij de rechtbank, werd er aan mij gevraagd of ik ook de deskundige had meegenomen. Ik schrok, maar gaf wel aan dat ik de deskundige was. Na een gesprek van 2,5 uur kreeg ik geen excuses, maar er werd wel aangegeven dat ik veel expertise had. Ik ga niet de strijd aan door het te zeggen. Ik laat het zien!

GINA DOEKHIE, *cybercrimespecialist*

Nu denk je misschien: laat ik dan die zelfverzekerde en directe houding wat temperen om toch te kunnen groeien in het bedrijf. Maar daar ligt niet de sleutel. Want als je wel als een aardige persoon wordt gezien, vinden mensen je vaak minder competent en gaat die promotie alsnog aan je voorbij. Het komt erop neer dat zelfverzekerde en assertieve vrouwen effectiever werken, maar minder aardig worden gevonden. Dat laatste heeft een grote impact op hun carrière, want minder aardige mensen worden geen promoties gegund.

Toen een vrouw hoge ambities uitsprak, riep dat negatieve reacties op bij zowel mannen als vrouwen.
ELIZABETH KOIER, *beleidsmedewerker onderzoek bij UMCG*

2 Prestatiegerichte vooroordelen

Uit onderzoek[35] blijkt ook dat de prestaties van vrouwen onbewust lager worden ingeschat dan die van mannen. Daarnaast worden vrouwen aangenomen op basis van wat ze al hebben bereikt, terwijl er bij mannen meer naar het toekomstige potentieel wordt gekeken. Staat er een mannennaam op je cv? Dan heb je 60% meer kans om aangenomen te worden.

Als de criteria nog niet vaststaan bij de start van de sollicitatieprocedure, worden ze tijdens het proces vaak aangepast aan de kenmerken van de mannelijke kandidaat. Heeft de mannelijke kandidaat bijvoorbeeld hogere cijfers op zijn eindlijst, dan is dit het belangrijkste criterium bij het aannemen van een nieuwe werknemer. Heeft de mannelijke kandidaat juist meer werkervaring? Dan verandert het criterium in meer werkervaring. Mocht de baan naar een vrouw gaan, dan blijkt dat ze veel harder moet werken om dezelfde positieve feedback te krijgen als haar mannelijke collega's.[36]

3 Vooroordelen op basis van geslacht

Zodra vrouwen een relatie hebben, beginnen deze vooroordelen al. Mensen denken dat er snel kinderen zullen komen en dat werken, als die kinderen er eenmaal zijn, voor deze kersverse moeders niet meer belangrijk is. Ze worden niet meer gevraagd voor zakenreizen en maken nog moeilijker promotie. Er worden aannames gedaan op basis van het moederschap in plaats van het aan de vrouw zelf te vragen. Ook mannen merken frictie zodra ze aangeven tijd te willen nemen voor het gezin, maar alleen bij vrouwen versterkt dit vooroordeel ook nog de andere vooroordelen.[37]

Er zijn vrouwen die op hun werk altijd goede beoordelingen krijgen tot het moment dat ze vertellen zwanger te zijn. Dan krijgen ze te horen dat hun contract niet wordt verlengd, omdat ze niet goed functioneerden. Maar liefst vier op de tien vrouwen worden op de arbeidsmarkt benadeeld vanwege zwangerschap of een pasgeboren kind[38], concludeert het College voor de Rechten van de Mens op basis van onderzoek[39]. Denk dan aan een afwijzing bij een sollicitatie of het niet verlengen van een contract. Ook komt het voor dat als een vrouw vertelt dat ze zwanger is, het contract wordt veranderd of zelfs helemaal van tafel gaat.

Ik ben als onderzoeker verbonden aan een Nederlandse universiteit. Twee collega's hadden beiden subsidie binnengehaald voor een nieuw onderzoek. Tijdens de onderzoeksperiode werd een van de twee zwanger en zij ging vanzelfsprekend met zwangerschapsverlof. Het is normaal dat zulke onderzoeken een vaste onderzoeksperiode kennen. Maar terwijl mijn andere collega gewoon de volle twee jaar kreeg, moest de moeder in spe het onderzoek afronden in vijf maanden minder. Er werd totaal geen rekening gehouden met haar verlof.
ANONIEM, *onderzoeker aan een Nederlandse universiteit*

Een kwart van de vrouwen loopt daarnaast promoties, salarisverhogingen, bonussen of scholing mis. Adriana van Dooijeweert, voorzitter van het College voor de Rechten van de Mens, geeft aan dat van alle vrouwen maar 11% melding doet. Veel vrouwen kiezen ervoor om het te accepteren. 'We zien ook vaak dat vrouwen te begripvol zijn voor een werkgever. Vaak wordt er dan met de werkgever meegedacht en wordt er te weinig gedacht aan de eigen rechten', vertelt Van Dooijeweert.[40]

De belangrijkste redenen dat werkgevers huiverig zijn voor de zwangerschap van een medewerkster zijn de kosten voor het verlof en het regelen van vervanging. Daarnaast gaat de werkgever er (vaak) ten onrechte van uit dat de medewerkster na haar zwangerschap minder gemotiveerd terug zal komen en minder beschikbaar is. Het tegendeel blijkt waar.[41] Door de hormonen worden vrouwen niet alleen zorgzamer, maar ook assertiever. Daarnaast leren ze door de drukte beter plannen, ook op het werk.[42]

Zwangerschapsverlof in Nederland

In 1913 werd de Ziektewet aangenomen, waarin het zwangerschapsverlof was opgenomen, maar het duurde tot 1930 totdat de wet echt van kracht werd. De Ziektewet gaf gehuwde werkende vrouwen recht op twaalf weken zwangerschapsverlof met volledige doorbetaling van het loon. Ongehuwde vrouwen daarentegen kregen een looncompensatie van 80%. In 1919 werd de Maternity Protection Convention door 34 landen geratificeerd, maar niet door de conservatieve Nederlandse regering. De reden: de gelijke behandeling van gehuwde en ongehuwde vrouwen vonden ze 'een brug te ver'. Pas in 2009 sloot Nederland zich aan bij de herziene ILO 2000 Maternity Protection Convention. Inmiddels krijgen vrouwen zestien weken verlof. Ook voor de vaders is er sinds 2020 een verlofregeling van vijf weken tegen 70% van het salaris.[43]

Veel mensen denken dat de werkgever het loon van de zwangere medewerker moet doorbetalen tijdens het verlof. Niets is minder waar. De werkgever krijgt 100% vergoed van het gemiddelde dagloon. Bij de verlofregeling voor de vaders krijgt de werkgever 70% vergoed. De werkgever kan besluiten om de overige 30% uit eigen zak bij te leggen.[44]

Maar ook als je bijvoorbeeld (ongewild) kinderloos bent, blijven deze vooroordelen bestaan. Mensen denken vaak dat juist deze vrouwen zich volledig kunnen focussen op hun carrière en door het ontbreken van zwangerschap geen achterstand oplopen. Volgens onderzoek hangen carrièresucces en kinderloosheid duidelijk samen (en trouwens niet alleen voor vrouwen). De kinderloze premier van Schotland, Nicola

Sturgeon, voelde zich in 2016 na dergelijke kritiek zelfs genoodzaakt te onthullen dat ze in het verleden een miskraam heeft gehad. Dit om het beeld weg te nemen dat ze een vrouw is die alleen om haar carrière geeft.[45] Daarnaast kun je als je ongewenst kinderloos bent, te maken krijgen met veel verdriet. Vergeet bovendien niet de vruchtbaarheidsbehandelingen die vrouwen vaak naast hun werk doen en waar de werkgever en collega's niet van op de hoogte zijn. Als deze behandelingen ook nog eens niet aanslaan, kan de vrouw in een echt rouwproces terechtkomen. Daarnaast weten haar collega's vaak niet wat 'ze met haar aanmoeten'. De gesprekken verlopen stroever en ze kan (nog) minder delen. En verder blijven mensen denken – zeker als niemand ervan afweet – dat er vast snel kinderen komen, waardoor ze alsnog kansen aan haar voorbij ziet gaan.

'Gemiddeld blijft in Nederland zeventien procent van de mensen kinderloos, maar bij hoogopgeleide vrouwen is dat eerder 25 procent. Daarvan is natuurlijk ook een deel bewust kinderloos', zegt onderzoekster Renske Verweij van de Rijksuniversiteit Groningen.[46]

Kinderloze vrouwen zijn vaak succesvoller in hun beroep dan moeders, terwijl kinderloze mannen het economisch juist minder goed doen dan vaders.
RENSKE KEIZER, *universitair hoofddocent familiesociologie aan de Erasmus Universiteit Rotterdam en bijzonder hoogleraar vaderschap aan de Universiteit van Amsterdam*[47]

4 Vooroordelen op basis van behaalde successen

Dit vooroordeel heeft veel weg van het prestatiegerichte vooroordeel. Successen worden veel minder snel toegeschreven aan de vrouw, terwijl fouten wel direct op haar conto komen, zelfs als mannen en vrouwen samenwerken! Ideeën en opmerkingen van vrouwen worden minder snel opgepikt. Tijdens meetings is de kans groot dat een vrouw wordt onderbroken door een man – ook door een vrouw trouwens – terwijl de man veel minder wordt onderbroken door een vrouw. Het heeft allemaal invloed op het afbrokkelen van de zelfverzekerdheid van een vrouw.[48] Als je constant ziet dat andere mensen er met jouw ideeën vandoor gaan, en dat je fouten worden onderstreept terwijl je prestaties worden genegeerd, ga je op een gegeven moment zelfs je eigen prestaties onderwaarderen. Daarentegen overschatten mannen hun prestaties juist.[49] Zij solliciteren al op een baan als ze over ongeveer 60% van de gevraagde competenties beschikken, terwijl vrouwen dat pas doen bij de volledige 100%.[50]

5 Vooroordelen op basis van relaties

We houden van mensen die op ons lijken: mensen met een vergelijkbaar uiterlijk, dezelfde hobby's en eenzelfde soort achtergrond. Op de werkvloer wordt er meer tijd besteed aan mensen in wie iemand zichzelf herkent. Zo kan een mannelijke senior er toch onbewust voor kiezen om de mannelijke nieuwkomer net even meer aandacht en training te geven dan een nieuwe werknemer met wie hij geen of minder overeenkomsten heeft. Dat zorgt er ook voor dat de werknemers die op hem lijken betere beoordelingen krijgen.[51]

6 Vooroordelen op basis van discriminatie

Vrouwen van kleur hebben niet alleen last van bovenstaande vooroordelen, maar slepen ook nog eens hun achtergrond met zich mee. En wat als deze vrouw van kleur ook nog eens uit de lhbtiq+ gemeenschap komt? Niet alleen vrouwen hebben last van deze vooroordelen, ook mannen van kleur ondervinden er hinder van.[52] Zo wordt bijvoorbeeld een krullend en kroezend kapsel niet als professioneel gezien en komt het voor dat leidinggevenden vragen of werknemers hun haar steil willen maken. Of dat een non-binaire persoon (identificeert zich als man noch vrouw) toch dat pak aantrekt om niet op te vallen in een corporate omgeving.[53]

Zolang je het zelf nooit hebt meegemaakt, is het moeilijk te begrijpen wat discriminatie met iemand doet. Toen ik las over samenwerken met andere vrouwen om iets voor elkaar te krijgen, zoals bij het feminisme, had ik nooit gedacht dat ook daarin vrouwen van kleur niet altijd als gelijke zijn (en worden) gezien. Aletta Jacobs streed in 1883 bijvoorbeeld voor algemeen vrouwenkiesrecht, maar ze vond dit niet nodig voor gekoloniseerde vrouwen. Zelf verzette ze zich actief tegen de vrouwenkiesrechtstrijd in Zuid-Afrika. Vrouwen op de Nederlandse Antillen verworven pas in 1948 kiesrecht en in Suriname zelfs pas in 1963![54]

Waarom vragen we de witte man niet om eens plaats te maken?

In Nederland beseft een steeds grotere groep dat discriminatie en racisme structureel aanwezig zijn in ons land. Steeds meer vrouwen van kleur maken zich hard voor een evenredig aantal vrouwen van kleur op de werkvloer, in de politiek en in adviesorganen. Wat ik zie, is dat vrouwen van kleur voornamelijk contact zoeken met de zittende 'witte' vrouwen, met de vraag of ze plaats kunnen maken voor een vrouw van kleur. Niets mis mee, zou je zeggen. Maar zouden we niet meer impact kunnen maken als we samen streven naar een betere man-vrouwverhouding, waarin we meteen meer vrouwen van kleur naar voren kunnen schuiven?

Veel boeken over vrouwen op de werkvloer gaan over zaken waarmee vrouwen zelf direct aan de slag kunnen. Ze leggen de oplossing bij de vrouw zelf. Maar daarmee komen we er niet. Wat we vergeten, is dat we in Nederland nog zoveel conservatieve denkbeelden hebben dat we het diversiteitsprobleem in de tech niet kunnen oplossen door het 'vermannelijken van de vrouw' om in het plaatje te passen. We hebben te maken met fundamentele oorzaken, die niet zomaar verdwijnen. Ondertussen vaart het techschip door en wordt het steeds moeilijker om van koers te veranderen.

3 Uitval van vrouwen in de tech

Hoe kunnen we bereiken dat meer vrouwen een technische opleiding kiezen? Het is een vraag die de afgelopen jaren steeds meer onder de aandacht is gekomen – met resultaat. Maar terwijl steeds meer vrouwen voor een STEM-studie (Science, Technology, Engineering, Mathematics) kiezen, verlaten technisch opgeleide vrouwen het werkveld sneller dan mannen. Soms halen ze de werkvloer niet eens. Hoe komt het dat de uitval van vrouwen in deze sector zo groot is? Het is een niet te onderschatten probleem, want zonder diversiteit in de tech blijven we bevooroordeelde technische ontwikkelingen accepteren. Is een vrouwenquotum de oplossing of moeten we andere oplossingen bedenken?

3.1 'You can't be what you can't see'

Vrouwen met een bèta-opleiding weten de technische beroepen minder goed te vinden. Dat komt onder andere doordat ze minder voorbeelden hebben van wat ze kunnen worden. 'You can't be what you can't see.'[1] Het ontbreken van rolmodellen en van een goed netwerk zorgt ervoor dat veel vrouwen – ondanks de grote vraag – toch niet kiezen voor een baan in de techniek. Of is er nog meer aan de hand?

> **Ik zie steeds meer vrouwen die een technische opleiding hebben gevolgd. Dat is fijn, maar velen van hen starten met een consultancybaan in plaats van dat ze zelf met technische innovaties aan de slag gaan. Eventuele vervolgbanen staan steeds vaker verder van de techniek af. Sommigen van hen geven aan dat ze zich niet thuisvoelen op de werkvloer, omdat het voelt als een mannenbolwerk. Maar of dat het hele verhaal is, en waarom überhaupt zo'n groot percentage voor een andere sector kiest, is mij een raadsel.**
> ANKE HORSTMAN, *founder van TechGirl*

Kiezen vrouwen wel voor een baan in de tech en komen ze ook daadwerkelijk het sollicitatieproces door, dan verdwijnen ze ook weer snel. Uit onderzoek van TechYourFuture en de hogescholen Windesheim en Saxion komen vier factoren naar voren die het sterkst bepalen of een vrouw besluit te vertrekken.[2]

VERTREKREDEN 1: ze krijgt te maken met (on)bewuste vooroordelen en/of discriminatie

In elke sector zijn er problemen met onbewuste vooroordelen. Er wordt vaak gezegd dat de organisatie op zoek is naar de beste kandidaat: iedereen is immers gelijk en wordt gelijk behandeld. Maar wat is 'de beste kandidaat' precies? Is dat iemand die aan alle functievereisten voldoet? Of iemand die op je lijkt? Of juist iemand die het team kan aanvullen?

Toen ik begon met een nieuwe baan, werd ik in eerste instantie op support gezet. De combinatie van communiceren met de klant en bugs oplossen leek mij enorm uitdagend. Totdat ik de eerste telefoontjes van klanten binnenkreeg. De eerste vraag was vaak of ze een van mijn collega's konden spreken. Zodra ik verder vroeg naar het probleem en aangaf dat ik het ook kon oplossen, werd er apart gereageerd. Alsof ik dat niet zou kunnen. Een keer was ik aanwezig tijdens een meeting met een klant. De klant vroeg – met een knikje richting mij – of marketing ook aangeschoven was. Ik heb al snel aangegeven dat ik liever geen support meer doe. Het uitleggen en de daarbij behorende reacties kosten mij gewoon te veel energie. Je gaat je dan afvragen: 'Had je dit ook gezegd als er een man had gezeten?'

HAIMANTI DEKKER, *developer bij een webshop*

Ook Anke Horstman, vaak de enige vrouwelijke techjournalist tijdens persmomenten, herkent dit: 'Mensen kunnen mij vaak niet plaatsen. Ze denken dan dat ik een pr-dame ben. Nu ik tien jaar in het vak zit, gebeurt het gelukkig steeds minder. Maar het heeft een flinke aanloop gehad, dat absoluut.'

Soms voel je je als vrouw in de tech net een panda in het wild. Zeldzaam en in de minderheid.

Nog een voorbeeld van een bijna onuitroeibaar vooroordeel: de vrouw wordt als minder competent ingeschat. Onderzoek van Moss-Racusin e.a. uit 2012 heeft aangetoond dat er bij onderzoekslaboratoria en universitaire afdelingen van STEM-faculteiten stereotypering voorkwam bij het aannemen van wetenschappelijk personeel. Bij de beoordeling van identieke cv's is de kans aanzienlijk kleiner dat wetenschappers instemmen met mentorschap, het aanbieden van banen of gelijke salarissen als de naam van de kandidaat Jennifer is in plaats van John. Hieruit blijkt niet alleen waarom het aantal vrouwen zo laag is in de STEM-gebieden, maar het laat ook zien dat een van de oplossingen bij de wetenschap zelf ligt.[3]

Een hr-medewerker van een Nederlands digital agency met meer dan tweehonderd personeelsleden geeft zelfs aan dat het aangeboden salaris voor een vrouwelijke kandidaat anders wordt bepaald dan voor een man. Ze zegt het volgende.

> **Vrouwen gaan veel sneller akkoord met een lager salaris dan ze tijdens de onderhandeling hebben aangegeven. Mannelijke kandidaten beginnen vaak met een fors hoger salaris. Het is bij een mannelijke kandidaat veel lastiger om dit naar beneden te krijgen. Bij vrouwen proberen we in eerste instantie het al veel lagere salaris – dan waar de mannen met dezelfde kwaliteiten mee zouden komen – te verlagen. De vrouwelijke kandidaten schrikken we daarmee ook niet af. Zo kan het gebeuren dat we twee gelijkwaardige kandidaten aannemen, maar dat de man al begint met een veel hoger salaris.**
> ANONIEM, *recruiter bij een groot techbedrijf in Nederland*

Je ziet het al in vacatureteksten: die staan boordevol geslachtsspecifieke woorden. Zo ging er begin 2020 een advertentie van het bedrijf Plantsome viral.[4] De start-up zocht iemand voor de development-afdeling. In de vacature werd gesproken over een 'codeerheld', 'het krijgen van een harde pielemuis (grappie)' en 'natte dromen over de manieren waarop je jouw code nog sneller, beter en sterker kunt maken'. Dat schoot mensen in het verkeerde keelgat, waarna het bedrijf met excuses kwam. Daarnaast moest er blijkbaar ook gemeld worden dat de tekst was geschreven door een vrouw (alsof het dan minder relevant is). Niet alleen de schrijfster van de tekst, maar ook de personen die de tekst goedkeurden, hadden blijkbaar last van onbewuste vooroordelen van hoe een developer eruitziet. Hetzelfde zien we bij functieomschrijvingen gebeuren.

> **Bedrijven weten vaak niet goed wie ze willen hebben voor een bepaalde functie. Men grijpt dan snel terug op het ingesleten jargon, bestaande uit stereotiepe mannelijke woorden. Daarmee sluit je onbewust al bij voorbaat de helft van de mogelijke kandidaten uit.**
> JANTIEN VAN DRIEL, *schrijfcoach*[5]

VERTREKREDEN 2: ze past niet in de cultuur

Om je op je gemak te voelen tijdens je werk is het belangrijk dat je je daar thuis voelt. Je brengt enorm veel tijd door op je werk en met je collega's. Maar laat de techcultuur nu net gebaseerd zijn op die stereotypen uit de jaren 80, waardoor het soms lijkt alsof je de serie *Weird Science* bent binnengelopen.

Selecteren voor een *cultural fit* begint eigenlijk al tijdens het sollicitatieproces. Op basis van bepaalde vragen krijgt de werkgever al een goed idee of er een fit is met de huidige werkcultuur. Denk bijvoorbeeld aan vragen als: 'Hoe stop je een giraf in een koelkast?'[6] De vraag heeft niets te maken met de kennis en werkervaring van de sollicitant, maar laat wel zien of die persoon een antwoord durft te geven.

Scrol eens door teampagina's of ander promotiemateriaal van een willekeurig techbedrijf, waar alle werknemers staan afgebeeld met een foto en extra informatie. Grote kans dat je veel mannelijk taalgebruik tegenkomt, dat de personen op de foto's mannen zijn en dat bier, games en de tafelvoetbaltafel op de voorgrond staan. Toen ik jaren geleden op zoek ging naar een nieuwe baan, was ik blij om eindelijk bij een bedrijf terecht te komen met een heuse tafelvoetbaltafel. Toen ik jonger was, was ik niet weg te slaan bij zo'n tafel, dus ik keek al uit naar mijn eerste werkdag. Helaas verliep dat anders dan ik had gedacht.

De tafelvoetbaltafel is een wereldje op zichzelf, waar scores en het aantal klinkers (als de bal terugkomt uit het doel) worden bijgehouden.

Omdat er niet gevraagd werd of ik misschien mee wilde doen, heb ik die eerste dagen tijdens mijn pauze een uur toegekeken hoe anderen potje na potje speelden. Toen ik uiteindelijk de drempel over was en vroeg of ik misschien mee mocht doen, keken er vier paar ogen erg zielig naar elkaar. Er werd overlegd wie dan maar met mij moest spelen. Ook werd ik op een positie gezet waar ik zo min mogelijk kwaad kon.

Het viel mij daarna op dat, toen na mij mannen begonnen aan een nieuwe baan bij hetzelfde bedrijf, er standaard werd gevraagd: 'Kun je een beetje tafelvoetballen?', 'Doe je zo een potje mee?'. Als je dan zoiets hoort, ga je je echt afvragen of je er wel thuishoort en of er wel voldoende aansluiting met collega's is.

Ken je Lena (of Lenna) Söderberg? Zij is voor iedereen die computer science studeert even beroemd als de Mona Lisa. De reden? Voor sommigen is zij *first lady of the internet*, maar volgens anderen de eerste stap in het uitsluiten van vrouwen. In 1973 was William Pratt in een lab van de University of Southern California aan het proberen om echte foto's om te zetten naar een digitale versie. Om het werk te testen had hij een testfoto nodig. Het geval wil dat een van de medewerkers net een *Playboy* had gekocht en uiteindelijk viel de keuze op Lena. Ondanks dat het testbestand meer foto's bevatte, was de foto van Lena het meest populair om mee te testen. Haar afbeelding is zelfs gebruikt voor Apple's iPhone camera en Google Images. Engineers maken grappen: als je wilt dat je algoritme goed presteert, moet het ook goed presteren op Lena. Pratt dacht er helemaal niet over na dat het seksistisch zou kunnen zijn. Niemand kon toen ook beledigd zijn, want er waren helemaal geen vrouwen aanwezig in het team.[7]

Misschien is het verhaal over Lena inderdaad een incident en is het niet meer dan een *cropped* foto van een mooi gezicht. Maar het is wel tekenend voor de huidige techcultuur, waar je je als vrouw sneller buitengesloten voelt.

Ook het kantoor is aangepast om mannen zich welkom te laten voelen. Er staat behalve de al beschreven tafelvoetbaltafel vaak een pingpongtafel en er is zeker een spelconsole met FIFA aanwezig. In de kantine staat een koelkast volledig gevuld met speciaalbier. Er zijn mogelijkheden om 's avonds een gratis maaltijd te bestellen, zodat je langer op kantoor blijft, en functies bevatten woorden als 'eindbaas', 'ninja' of 'wizard'. Er hangt een studentikoze sfeer, alsof je nog met z'n allen aan het werk bent op de zolderkamer.

VERTREKREDEN 3: ze begint te twijfelen

Uit onderzoek blijkt dat vrouwelijke studenten het tijdens hun technische studie beter doen dan hun mannelijke collega's. Maar zodra ze de werkvloer op gaan, beginnen ze aan hun competenties te twijfelen.[8] Door heersende misvattingen dat vrouwen beter zijn in de *soft skills* (rechterhersenhelft)[9] en mannen meer in de *hard skills* (linkerhersenhelft), krijgen vrouwen op de werkvloer vaak taken waarbij voornamelijk hun 'soft skills' worden ingezet. Als er dan nog tijd overblijft om technisch werk te doen, zijn mannen snel geneigd om 'moeilijke technische klussen' even van hen over te nemen. Vaak doen ze dit met de beste bedoelingen, maar ook vanuit het idee dat vrouwen bepaalde taken liever niet doen of minder goed kunnen. Dit soort situaties zorgt ervoor dat het zelfvertrouwen van deze vrouwen daalt. Ze ervaren te weinig support van collega's, managers en klanten. Je moet erg sterk in je schoenen staan om je hiertegen te verzetten.

> **Ik heb niet zo heel vaak met vrouwelijke developers gewerkt, maar toen dat het geval was, merkte ik wel dat hun antwoorden elke keer werden gecheckt.**
>
> MARCO, *ontwikkelaar bij een agency in Nederland*

VERTREKREDEN 4: ze kan werk en privé moeilijk combineren

Net als in andere sectoren hechten vrouwen in de tech gemiddeld meer belang aan werken in deeltijd. Alleen wordt dat hier minder snel geaccepteerd. In 2018 had 79% van de IT'ers een voltijdscontract (even ter vergelijking: dat is in de totale beroepsbevolking 51%).[10] Het is gebruikelijk om in de tech ook buiten kantooruren te werken. Ga je bij een start-up aan de slag, dan is het motto: *code hard, play hard.* Werkdagen van meer dan tien uur zijn normaal en na zo'n lange dag gaat de club nog even een borrel halen of samen wat eten of sporten. Ook in het weekend ligt het werk niet stil. Gaat de webshop bijvoorbeeld down op zaterdag, dan moet dit gefikst worden. Dat maakt de combinatie met kinderopvang of andere zorgtaken lastig. Daarnaast heeft iemand die parttime werkt het moeilijker om door te groeien in een organisatie.

> **Waarom is het zo stoer om te zeggen dat je zestig uur in de week werkt? Of dat je 100% facturabel bent? Of dat je overwerkt omdat je ook die 100% wilt halen? Als ik dan zie dat er bij kwartaalsessies wordt getoond wie zich in de top 3 van meest gedraaide declarabele uren bevindt, hebben we een compleet verkeerde focus.**
>
> GINA DOEKHIE, *cybercrimespecialist*

Aanrechtsubsidie

Het hebben van een deeltijdbaan is ook voor een hoogopgeleide vrouw in Nederland volstrekt normaal. Nergens in Europa is het aandeel parttime werkende vrouwen zo hoog als hier. Van de vrouwen werkt 73,4% parttime en van de mannen slechts 23.3%.[11] Doordat we geen oorlogen hebben gehad waar alle mannen massaal moesten gaan vechten en vrouwen de economie draaiende moesten houden, is het voor een vrouw nooit nodig geweest om te gaan werken. De Nederlandse normen en waarden zijn gebouwd op christelijke fundamenten, waarin het gezin de hoeksteen van de samenleving is. De man wordt daarin gezien als kostwinner. In de jaren 60 kwam daar ook nog het kostwinnersbeginsel bij – in de volksmond de 'aanrechtsubsidie' of het 'vrouwenzakgeld' genoemd. Een gezin kreeg belastingvoordeel als een van de twee niet werkte. Deze subsidie zorgde ervoor dat thuisblijven meer lonend werd. Het ideaal van vooral de christelijke politici was: de man als kostwinner en de vrouw als moeder. Werkende vrouwen waren niet wenselijk.[12] 'Dat was een scheldwoord van de tegenstanders, ze meenden spottend dat het enige recht van de vrouw het aanrecht was', zegt historica Els Kloek.[13] Nu klinkt dit als iets uit het verleden, maar deze dubbele heffingskorting wordt tegenwoordig nog steeds uitgekeerd, al wordt die vanaf 2023 helemaal afgeschaft.

De wens om in deeltijd te werken en te zorgen voor een goede werk-privébalans, zodat er naast het werk ook nog zorgtaken kunnen worden opgepakt, leidt ertoe dat vrouwen steeds vaker de tech verlaten. Doordat dit diep verankerd zit in de Nederlandse cultuur, is het moeilijk om dit op korte termijn te veranderen. 'Het maakt niet uit wat vrouwen doen; ze doen het sowieso altijd fout', vat historica Els Kloek het samen. 'Als ze parttime werken zijn ze niet ambitieus. En als ze hun kind vijf dagen naar de opvang brengen, worden ze gezien als slechte moeders en voelen ze zich schuldig.'

Dat vooral Nederlandse vrouwen in deeltijd werken, laten de OESO-cijfers niet zien. Vrouwen en mannen in Nederland werken gemiddeld evenveel. Bij vrouwen is echter ongeveer de helft (3,7 uur) van hun werkdag onbetaald, bij de mannen is dit een derde (2,4 uur).[14] Vrijwilligerswerk, de zorg voor het gezin en mantelzorg zijn vormen van onbetaald werk. Econoom Sophie van Gool schrijft in haar opiniestuk in *de Volkskrant* dat als thuismoeders een eerlijk salaris zouden verdienen voor hun 91-urige werkweek[15], dat zou uitkomen op zo'n 72 duizend euro.[16]

In IJsland werd in 1975 bewezen dat dit onbetaalde werk een onmisbare kracht is in elke economie en verzorgingsstaat. Daar legden vrouwen op 24 oktober al hun werk- en zorgtaken neer. Daardoor werd de hele maatschappij lamgelegd. Vijf jaar later koos IJsland de eerste vrouwelijke president van Europa.[17] In Nederland zijn we nog niet zo ver. Volgens journalist Liesbeth Staats heeft dat onder andere te maken met onze cultuur. 'We zijn een heel progressief land, maar op het punt van deeltijdwerken zijn we uiterst conservatief. Onze samenleving is ook niet ingericht op een tweeverdienersmodel, wel op een anderhalfverdienersmodel. In Nederland sluit de school nog steeds om drie uur. Waarom die school haar deuren sluit? Omdat er moeders op het schoolplein staan. En waarom staan er moeders op het schoolplein? Omdat die school om drie uur sluit.'[18]

Rijd je de grens over, dan zie je al dat het daar anders gaat. Zo zitten de kinderen in Frankrijk de hele dag op school, waar ze tussen de middag ook nog een warme maaltijd voorgeschoteld krijgen. Ook in België is het normaal om als vrouw fulltime te werken. Dat wordt ook mogelijk gemaakt door de overheid. Volgens berekeningen van WOMEN Inc. is het lucratief voor de Nederlandse overheid om te investeren in de kinderopvang en betaalbare opvang aan te bieden. Dit geld wordt terugverdiend doordat er meer gewerkt wordt, waardoor de belastingopbrengsten omhooggaan.[19] Waar de ons omringende landen evenmin last van hebben, is de eindeloze kritiek op fulltime werkende moeders. Goed moederschap hangt in ons land kennelijk af van de hoeveelheid tijd die je met je kind doorbrengt, geeft Staats aan. Ook de media spelen daar een rol in. Het gebruik van woorden als 'balanstrutjes', 'parttimeprinsesjes' en 'deeltijd-diva's' legt al een stigma op het parttime werken.[20]

De voorkeur voor deeltijdwerken bij vrouwen heeft dus meerdere redenen. Het komt niet alleen voor bij vrouwen die in de tech werken, maar de tech heeft wel het meeste potentieel om juist aanpassingen hiervoor door te voeren en zo toegang te krijgen tot een enorm arbeidspotentieel. Je kunt bijvoorbeeld denken aan het aanbieden van kinderopvang als secundaire arbeidsvoorwaarde (in plaats van die Tesla), het aanpassen van de planning zodat er wel in deeltijd gewerkt kan worden of het thuiswerken verder stimuleren. Dit kan veel sneller worden geregeld dan aanpassingen vanuit de overheid, zoals gratis kinderopvang. Wat we leren uit alle vertrekredenen is dat de werkcultuur binnen de techsector in Nederland zo is dat vrouwen zich er simpelweg niet thuis voelen. In hoofdstuk 11 ga ik in op de vraag hoe we dat zo snel mogelijk kunnen veranderen.

Alle vrouwen die momenteel in de techsector werken, hebben bergen moeten beklimmen. Ze hebben op wilskracht uiteindelijk een plaatsje veroverd. Het is in ieders belang dat we deze vrouwen behouden – niet alleen voor de sector, maar ook voor toekomstige innovaties en om als rolmodellen op te treden voor volgende generaties.

3.2 Het vrouwenquotum: een verplicht percentage vrouwen op de werkvloer

Aan de ene kant zien we dat vrouwen uitvallen op de werkvloer, maar aan de andere kant gaan steeds meer vrouwen studeren. Inmiddels heeft 52% van de 25- tot 35-jarige vrouwen een hbo- of wo-diploma op zak (bij de mannen is dit 42%).[21] In exacte aantallen zijn vrouwen in de meerderheid op het hbo en de universiteit. Toch zien we weinig vrouwen op managementposities terug. Ook in raden van bestuur, raden van toezicht en als commissaris zijn vrouwen vaak op de vingers van één hand te tellen. Vrouwen krijgen op de werkvloer minder kansen om promotie te maken en door te groeien naar managementposities of zelfs hoger. Is een vrouwenquotum dan het antwoord om meer vrouwen te behouden voor de tech?

Discriminerend voor mannen

Toen de TU Eindhoven in juni 2019 besloot vacatures voor wetenschappers tot eind 2020 in eerste instantie alleen voor vrouwen open te stellen, was de wereld te klein. Experts tuimelden over elkaar heen om deze beslissing af te kraken. Die was namelijk discriminerend voor mannen. Volgens rector Frank Baaijens nam de universiteit deze stap nadat ze in de Monitor vrouwelijke hoogleraren op de laatste plaats terechtkwam, met 12,6% vrouwelijke hoogleraren tegen gemiddeld 20,9% bij andere Nederlandse universiteiten.[22] Vacatures waren de eerste zes maanden alleen toegankelijk voor vrouwen. Werd er niemand gevonden, dan kon iedereen solliciteren. Sinds de start van het programma heeft de TU Eindhoven 53 vrouwelijke wetenschappers aangenomen (en 53 mannelijke). In 2020 heeft de universiteit, na een uitspraak van het College voor de Rechten van de Mens vanwege klachten over discriminatie, het programma stop moeten zetten. In maart 2021 werd echter duidelijk dat het beleid in afgezwakte vorm mag doorgaan. Heeft de faculteit minder dan 30% vrouwelijke medewerkers, dan mag de maatregel ingezet worden in maximaal 50% van de vacatures.[23]

Een half jaar na de start van het programma van de TU Eindhoven stemde de Tweede Kamer voor een verplicht vrouwenquotum voor hoge posities in beursgenoteerde bedrijven.[24] Het is de bedoeling dat bedrijven verplicht 30% vrouwen in de raad van commissarissen hebben. Heeft een bedrijf dit niet, dan moeten alle mannelijke benoemingen worden teruggedraaid. In diverse Europese landen, zoals Noorwegen en Duitsland, is het vrouwenquotum al jaren succesvol. De een vindt het quotum in Nederland te ver gaan, de ander juist nog niet ver genoeg. Wat wel duidelijk is, is dat er een harde eis nodig is om verschil te maken. Vanaf 2013 had Nederland al een streefcijferwet over dit onderwerp, waarbij bedrijven er vrijwillig mee aan de slag konden. Lukte het niet om aan die eis te voldoen, dan was een uitleg in het jaarverslag voldoende. Helaas heeft dit niet de gewenste verandering gebracht.[25]

Argumenten tegen het vrouwenquotum

Voordat ik met mijn onderzoek voor dit boek begon, was ik ervan overtuigd dat een vrouwenquotum alles zou oplossen. Hierdoor zouden we meer gelijkheid op de werkvloer krijgen, meer kansen om ons potentieel te laten zien en daarvoor ook de juiste waardering oogsten. Maar een vrouwenquotum gericht op raden van commissarissen alleen gaat niet zorgen voor een cultuuromslag. Het gaat ook niet leiden tot meer diversiteit en inclusie op de werkvloer. Om dat te bereiken is er meer nodig dan alleen het percentage vrouwen in de hoogste regionen verhogen.

Tijdens mijn onderzoek stuitte ik op een aantal hardnekkige argumenten die je vast en zeker ook zult tegenkomen als je het met familieleden, vrienden of collega's over het vrouwenquotum hebt. Deze wil ik graag met je delen, zodat je munitie paraat hebt om in dit soort gesprekken het verschil te maken en stap voor stap toe te werken naar een cultuuromslag.

TEGENARGUMENT 1: Waarom zouden we meer vrouwen in managementposities willen hebben? Uit onderzoek blijkt dit helemaal geen effect te hebben op de winst.

Vrouwen staan erom bekend dat ze minder risico's nemen dan mannen (behalve bij *impact investing*, dan blijkt uit onderzoek dat vrouwen meer risico's nemen).[26] De verwachting is dan ook dat er meer winst wordt gemaakt als er meer vrouwen op managementposities zitten. Uit onderzoek blijkt dat dit in de omringende West-Europese landen ook het geval is. Zo wordt er gesproken van een stijging van ongeveer 15% zodra er vrouwen op managementposities zitten.[27]

Een vrouw als CEO mag de rotzooi opruimen

Het is belangrijker dat vrouwen in verschillende managementlagen komen dan dat er wordt gekozen voor een vrouw als CEO, of als lid van een raad van commissarissen of raad van toezicht. Het blijkt namelijk dat als een bedrijf alleen een vrouw als CEO aanstelt, de koers van de aandelen daalt en het moeilijker is om investeerders te behouden en aan de onderneming te binnen.[28] Daar komt bij dat vrouwen vaak worden gevraagd als CEO op het moment dat het slechter gaat met het bedrijf. Zij mag dan de rotzooi opruimen en als de bedrijfsresultaten niet verbeteren, wordt ze door een 'witte man' opgevolgd. Dit wordt het *savior effect* genoemd.[29]

Of er een man of vrouw aan het roer staat, blijkt binnen Nederlandse bedrijven weinig verschil in winstgevendheid op te leveren.[30] Uit onderzoek blijkt dat een divers team alleen voor betere productiviteit en winstgevendheid kan zorgen als diversiteit in het land als normaal wordt gezien.[31] Hoewel we misschien in Nederland denken dat we diversiteit belangrijk vinden, wordt de vrouw nog steeds vooral gezien als degene die voor het gezin zorgt. Als een man tijdens een sollicitatie vertelt (meerdere) kinderen te hebben, worden daar geen vragen over gesteld. Maar als een vrouw dat aangeeft, is de eerste vraag hoe ze de baan denkt te combineren met de zorg voor haar kinderen. Zo wordt politicus Wopke Hoekstra tijdens zijn verkiezingscampagne neergezet als 'gezinsman'[32], terwijl van een willekeurige vrouwelijke politica nooit wordt gezegd dat ze een 'gezinsvrouw' is.

Uit hetzelfde onderzoek komen naast winst ook andere voordelen van meer vrouwen op managementposities naar voren. Zo wordt een bedrijf aantrekkelijker gevonden wanneer het een diverse werkomgeving biedt. De resultaten van een enquête van de internationale vacaturesite Glassdoor geven aan dat 67% van de werkzoekenden diversiteit belangrijk vindt. Daarnaast trekt diversiteit meer toptalent aan, zo blijkt uit hetzelfde onderzoek. Als laatste trekt een divers managementteam ook investeerders aan. Het blijkt zelfs dat aandelen meer waard worden als er een diversiteitsprijs wordt gewonnen.[33]

Je kunt dus eigenlijk niet verliezen door vrouwen promotie te geven. Qua winstgevendheid gaat een bedrijf er niet op achteruit en het wordt aantrekkelijker voor ander toptalent. En juist in de tech zijn we daar naarstig naar op zoek.

TEGENARGUMENT 2: Wij gaan altijd voor de beste persoon voor de functie. Geslacht of achtergrond van de kandidaat doet er niet toe.
Praat met een hr-manager van een IT-bedrijf over het vrouwenquotum en dit is de standaard reactie. De beste persoon voor de functie kiezen is nogal relatief (want wat is precies de beste persoon?) en vooral gebaseerd op onbewuste vooroordelen. De toevoeging van een vrouw aan een compleet mannenteam is van onschatbare waarde. Toch is de beste persoon voor de functie vaak een kopie van de huidige teamleden of de manager. Tijdens een sollicitatiegesprek spiegelt de manager de sollicitant op basis van eigen kenmerken, interesses en capaciteiten. Vertelt een mannelijke sollicitant aan een mannelijke manager over zijn werkervaring en zaken waar hij trots op is, dan wordt hij beschouwd als een man met zelfvertrouwen. Vertelt een vrouw hetzelfde verhaal, dan wordt zij snel gezien als arrogant of iemand met een verkeerde houding.

De meeste sollicitanten worden nog steeds uit het netwerk van huidige managers gehaald. Het principe van ons-kent-ons is in Nederland nog steeds belangrijk bij het werven van nieuw personeel. De kans dat iemand die lijkt op de huidige leidinggevende in de cultuur van het bedrijf past, is levensgroot. Een van de redenen waarom bedrijven nog niet kunnen voldoen aan of het niet eens zijn met een vrouwenquotum, is dat ze in hun homogene netwerken geen geschikte vrouwen kunnen vinden. Die bestaan vooral uit mensen die erg veel op elkaar lijken en vergelijkbare achtergronden en interesses hebben. In Noorwegen, waar het vrouwenquotum al veel langer bestaat, zie je juist dat er niet alleen meer vrouwen worden gevonden, maar ook ander toptalent. De reden?

Bedrijven moeten buiten hun bestaande netwerken op zoek naar de juiste personen.[34]

De beste persoon is niet altijd degene die het meest op de huidige manager lijkt. Het is vaak ook niet de persoon uit het huidige netwerk van het bedrijf. Soms is het zelfs niet iemand die volledig voldoet aan de huidige kenmerken van de functie. Het is gewoon de vrouw of man die het bedrijf iets anders kan brengen, die iets kan toevoegen wat momenteel nog niet te vinden is in het bedrijf, die andere inzichten meebrengt en vooral het product of de dienst beter kan maken.

TEGENARGUMENT 3: Vrouwen kiezen er zelf voor. Dan moeten ze maar voltijds gaan werken.
Dit is met stip de meest genoemde reden als je mensen vraagt waarom vrouwen ontbreken op hogere niveaus in een bedrijf. Vrouwen kiezen vaker voor een parttimebaan, om werk en gezin te kunnen combineren. Maar is er echt sprake van kiezen?

- Het gangbare beeld is nog steeds dat je alleen een goede moeder kunt zijn als je zo veel mogelijk zelf voor je kind zorgt. Een kind vijf dagen naar de opvang brengen kan echt niet (volgens andere moeders). Daarnaast is het peperduur om een kind vijf dagen naar een kinderdagverblijf of oppasouder te brengen, laat staan twee of meer kinderen. Er moet dus gekozen worden. Wie van het gezin gaat minder werken? Degene met het laagste salaris, want dan gaat het gezin er financieel het minst op achteruit. En raad eens wie dat is? Vrijwel altijd de vrouw.[35]
- Is een kind ziek en heeft de vrouw aangegeven dat haar partner als eerste gebeld moet worden? Grote kans dat zij alsnog als eerste wordt gebeld door de opvang of school. De ouderwetse rolverdeling zit diep verankerd in de Nederlandse cultuur.
- Die rolverdeling gaat zelfs nog een stapje verder. Kinderen gaan op 'papadag' (zijn de andere dagen dan mamadagen?) leuke dingen doen. Ondertussen denkt de moeder na over de vraag of er nog genoeg luiers zijn, legt de (schone) kleding klaar, zorgt dat de inentingen worden gehaald en bedenkt wat er 's avonds wordt gegeten. Is er dan echt ruimte voor een vijfdaagse werkweek?

- Moeders zijn niet aardig voor andere moeders. Kiest de ene moeder ervoor om te blijven werken, dan is er altijd wel een andere die er op het schoolplein een (negatieve) opmerking over maakt. Wordt het schuldgevoel niet door een andere moeder gevoed, dan maak je je er zelf wel druk over. Ben je wel vaak genoeg thuis? Kun je je kind wel genoeg aandacht geven? Op het moment dat je daaraan twijfelt, denk dan aan de instructie van stewards en stewardessen aan het begin van een vlucht. Na het aanduiden van de nooduitgangen vertellen ze iets heel belangrijks: als de druk wegvalt in de cabine, komen de zuurstofmaskers uit het plafond. Reis je met kinderen? Dan is het belangrijk dat je eerst ZELF een masker voordoet voordat je anderen helpt. Zorg dus eerst goed voor jezelf, zodat je er helemaal kunt zijn voor je kinderen. En bedenk dat ook jij een rolmodel bent.
- Ook als je geen kinderen hebt, kun je ervoor kiezen om parttime te werken. Misschien ben je wel mantelzorger of heb je naast je baan nog een vrijwilligersfunctie. Of je bent zzp'er, schrijft een boek of vindt het gewoon belangrijk om een goede werk-privébalans te hebben, zodat je tijdens je werkuren kunt knallen. Dat heeft niets te maken met een gebrek aan ambitie.

Of je als vrouw nu wel of niet een bewuste keuze maakt om fulltime te werken, het moet nooit een promotie in de weg staan. Uit onderzoek blijkt dat een 40-urige werkweek niet meer van deze tijd is. Neem Nike: daar kijken ze alleen naar de taken die uitgevoerd moeten worden en dan is het aan de medewerker of dat in 35 uur of in 44 uur lukt.[36] Het idee dat je een managementfunctie alleen goed kunt vervullen met een meer dan 40-urige werkweek is niet meer van deze tijd. De kans is groot dat iemand die 32 uur werkt meer gefocust is en (onnodig) vergaderen tot een minimum beperkt. Daarbij komt: de volgende generatie, met heel andere voorkeuren dan voorgaande generaties, staat te trappelen om aan het werk te gaan. Zo zoeken ze een baan waarin parttime werken mogelijk is en waarin ze worden afgerekend op resultaat en niet op hun aanwezigheid van 9 tot 5.[37] Werkgevers zullen de denkwijze van 'promotie is alleen mogelijk bij een fulltimedienstverband' moeten heroverwegen.

Toen ik een baan accepteerde waarbij ik direct parttime ging werken, gaf ik bij het kennismakingsgesprek met een van de teamleads aan dat een teamleadfunctie voorlopig niet op mijn lijstje stond. Zijn respons: 'Als je parttime gaat werken, geef je toch meteen aan geen ambitie te hebben.'

Een fulltime werkende man is niet per se geschikter voor een managementpositie dan een parttime werkende vrouw. Het gaat erom wat voor resultaten een werknemer laat zien en bereikt. Misschien moet er in de tech wel voor worden gekozen om iedereen maximaal 32 uur te laten werken.

TEGENARGUMENT 4: Ik zou nooit gekozen willen worden op basis van een quotum. Ik wil niet de excuustruus zijn.

De term 'excuustruus' wordt al lang gebruikt. In 1985 sprak Marlies Ott er al over in *Vrij Nederland*: 'De weerstand tegen vrouwen in een mannenberoep neemt toe naarmate er meer vrouwen bij komen. Een enkele vrouw – dat blijft een excuustruus.'[38] In de jaren 80 was diversiteit op het werk al een belangrijk onderwerp. Na de wettelijke veranderingen in de jaren 60, waardoor vrouwen niet meer werden ontslagen na hun huwelijk en er ook steeds meer vrouwen bleven werken nadat ze kinderen hadden gekregen, moest er iets veranderen binnen organisaties. Om de schijn van seksisme te vermijden namen veel bedrijven een vrouw aan. Tijdens discussies over diversiteit op de werkvloer konden leidinggevenden zeggen: 'Kijk, wij hebben een vrouw aangenomen, hoor!' En zo was de excuustruus geboren.

Helaas zijn we nooit meer afgekomen van dit negatief beladen woord en gebruiken we het nu ook in andere situaties, bijvoorbeeld om een functie af te wijzen. 'Ik wil niet de excuustruus zijn', zegt de vrouw die bang is alleen aangenomen te worden om aan een quotum te voldoen. Daarmee halen vrouwen zichzelf alleen maar naar beneden. Mocht je ooit iets niet doen omdat je vreest dan als excuustruus te worden gezien, denk dan aan het verhaal van Neelie Kroes, oud-VVD-politicus en oud-Eurocommissaris en boegbeeld van Female Tech Heroes. In een interview met Hedy d'Ancona zegt Kroes[39]: 'Ik heb heel lang verondersteld dat als je hard werkt, bloed, zweet en tranen, dat je dan op mooie plekken kunt komen. Tot ik zag dat het veel vrouwen om mij heen, die minstens zo goed of beter waren dan ik, niet lukte.' Kroes is inmiddels voorstander van een vrouwenquotum. 'Ik ben in Brussel gekomen omdat Barroso een derde van zijn commissie uit vrouwen wilde laten bestaan.' Ze vindt niet dat het de geloofwaardigheid van vrouwen ondermijnt, want vrouwen krijgen de kans om zich te bewijzen. 'Ik vind het niet erg om als excuustruus ergens binnen te komen, maar dan moet je het vervolgens waarmaken. [...] Je moet niet denken dat iets te vroeg komt, dat je er nog niet klaar voor bent. Je moet geen "nee" zeggen als je gevraagd wordt voor een managementfunctie of voor de raad van bestuur. Een keer op je bek gaan kan ook geen kwaad. Dat is mij zo vaak overkomen.'

De excuustruus bestaat niet, dus laat niemand je dat labeltje geven, ook jijzelf niet. Krijg je net als Neelie Kroes een kans door een quotum? Grijp die kans, maak het waar en bewijs dat de benaming excuustruus niet bestaat.

3.3 We zijn geen assepoesters

Waar het vrouwenquotum in ieder geval voor zorgt, is een betere verhouding tussen mannen en vrouwen in de top. Maar hoe zit dat in de andere managementlagen? Wat nu als je twintig mannen en vijf vrouwen hebt werken in vijf teams, moet je er dan voor kiezen om die vijf vrouwen te verdelen over de vijf teams of is het beter om de vrouwen te verdelen over minder teams, waardoor er nog steeds volledige mannenteams zijn? Dit alles heeft te maken met de zogeheten *critical mass*. Wat is de *critical mass* waarmee je als vrouw echt verschil maakt in een techorganisatie?

We zijn er nog lang niet

Toen ik contact opnam met Marlies Ott over haar excuustruus-quote in *Vrij Nederland*, vertelde ze mij over haar eigen proefschrift, dat ze na vijf jaar onderzoek in 1985 afrondde. Een paar dagen na ons gesprek kreeg ik een exemplaar via de post. Op het moment van het schrijven van dit boek was het alweer 36 jaar oud, maar nog steeds enorm relevant. De Nederlandse overheid streeft sinds 1981 al naar een herverdeling van arbeid over de seksen, schrijft Ott. In die tijd waren werkende vrouwen vooral te vinden in zogenaamde vrouwenberoepen. Ze kwam erachter dat de toename van mannen in deze vrouwenberoepen sneller verliep dan de toename van vrouwen in mannenberoepen.

Volgens de theorie van Rosabeth Moss Kanter (hoogleraar aan Harvard Business School), beschreven in haar boek *Men and Women of the Corporation*[40] uit 1977 – maar nog steeds even relevant – zijn de problemen van vrouwen in werksituaties te herleiden tot het feit dat ze deel uitmaken van een minderheid. Vrouwen die toch kiezen voor een echt mannenberoep of een branche waarin mannen veruit in de meerderheid zijn, zoals de IT, ondervinden juist problemen omdat ze zich vaak als enige vrouw tussen mannelijke collega's bevinden. Volgens Kanter worden deze vrouwen nauwlettend in de gaten gehouden en wordt elke fout geregistreerd en toegeschreven aan het feit dat ze 'anders' zijn. Mannen verwachten dat ze de specifieke vrouwentaken uitvoeren; de mannen zelf gaan zich juist mannelijker gedragen. Het betoog van Kanter roept ook vragen op. Het 'anders' voelen zou dan namelijk ook moeten voorkomen als mannen werken in een beroep waar zij in de minderheid zijn. Maar de realiteit laat juist zien dat de toename van mannen in vrouwenberoepen veel soepeler gaat. Mannen voelen zich veel sneller thuis op een werkvloer waar vrouwen in de meerderheid zijn.

Wil je de cultuur van de meerderheid ter discussie stellen terwijl de minderheid bestaat uit mensen met een maatschappelijk lagere status, dan moet je daarvoor de minderheid verhogen naar 20 tot 40% van het team. Het toevoegen van één vrouw aan een groep mannen zal niet voor een cultuuromslag zorgen. Als de minderheid een hogere status heeft, gaat de cultuurverandering vanzelf. Mannen hebben geen problemen als ze een minderheid vormen in een vrouwenberoep en vrouwen staan positief tegenover een toename van het aantal mannen in het beroep.

Assepoesters en kroonprinsen

Na onderzoek bij de politie (typisch mannenberoep) en op verpleegafdelingen (typisch vrouwenberoep) bleek dat het voor agentes vooral nadelig was om als vrouw in een mannenteam te werken. Er werd meer op ze gelet, ze kregen grove opmerkingen te horen en gingen daarom bijvoorbeeld minder naar groepsfeestjes. Daarnaast namen ze meer afstand van vrouwelijke collega's en waren minder kritisch naar hun mannelijke collega's. Voor mannen bleek het juist gunstiger te zijn om te werken in een team met voornamelijk vrouwen. Ze voelen zich niet buitengesloten, maar nemen juist een centrale positie in. Ze gaan vaker naar feestjes en zelfs door de patiënten kregen ze een hogere status toegeschreven. Terwijl de mannen in een mannenorganisatie het percentage vrouwen liever niet toe zagen nemen, hadden de vrouwen er geen problemen mee dat er meer mannen op de afdeling kwamen werken. Waren de vrouwen de assepoester in een mannenorganisatie, de mannen werden gezien als de kroonprinsen met meer kans om te groeien, zich te specialiseren of extra opleidingen te kunnen volgen. De kans dat mannen zich aan een 'vrouwenberoep' wagen, is overigens klein. Dit heeft te maken met een bekend verschijnsel, dat op de arbeidsmarkt de 'wet van Sullerot' wordt genoemd: wordt een groep gedomineerd door vrouwen, dan is de status ervan zo laag dat veel mannen er niet meer bij willen.[41]

3.4 Het gaat om diversiteit en inclusie

Stel, mensen krijgen op korte termijn ineens door dat de diversiteit op onze techwerkvloeren inderdaad bedroevend is en we gaan eindelijk beseffen wat voor impact technologie heeft op ons dagelijks leven. En stel dat we volgend jaar ineens een 50/50 man-vrouwverhouding bereiken, waarbij we ook nog eens rekening hebben gehouden met het aantrekken van mensen uit minderheidsgroepen. Dus stel, we hebben het voor elkaar gekregen om een diverse werkvloer te creëren. Zijn we er dan? Hebben we daarmee de problemen in de tech opgelost?

Inclusie is het belangrijkst

Om het volledige potentieel van een diverse techwerkvloer te benutten is er meer nodig. Het gaat er niet alleen om dat de juiste poppetjes op de juiste plaats staan, maar dat er ook samengewerkt wordt. Een diverse werkvloer leidt namelijk tot verschillende normen en waarden, tot verschillende achtergronden, culturen, religies en hobby's. Als je je hier niet van bewust bent, sluit je onbewust mensen uit. Mensen zullen dan sneller besluiten het bedrijf weer te verlaten, waardoor er uiteindelijk weer een homogene werkvloer overblijft.

> **Managers geloven vaak nog in homogene teams. Ze hebben het idee dat ze beter kunnen samenwerken met mensen die op hen lijken. Het thema diversiteit is vaak geen onderdeel van de maandrapporten.**
> SANDER MANGEL, *ecommerce solutions architect voor Magento en Shopware*

Ark van Noach

Laura Liswood heeft het in haar boek *The Loudest Duck*[42] over de ark van Noach. 'Op een gegeven moment betekende diversiteit in het bedrijfsleven dat je van alles twee moest hebben: twee vrouwen, twee Aziaten, twee gehandicapten en ga zo maar door. [...] Diversiteit werd steeds meer iets van cijfers, commissies, businesscases en scorecards. [...] Het probleem met zoiets als een ark is dat het merendeel van de tijd een giraf naar een zebra kijkt en – bewust of onbewust – denkt: "Dat beest ziet er een beetje apart uit. Hij lijkt niet op mij. Hij heeft een stomme korte nek, een rare rug en die strepen slaan ook nergens op. Maar ik, als giraf, heb een elegante lange nek en supermooie bruine en witte vlekjes." En dat is het begin van de manier waarop deze schepsels naar elkaar kijken.' Op een gegeven moment kunnen bepaalde beesten niet meer met elkaar in één ruimte verblijven. In plaats van dat er voordeel wordt behaald uit een diverse groep ontbreekt de verbinding.

Het is daarom ook belangrijk dat bestuurders en bedrijven een plan bedenken dat aangeeft hoe de verschillende groepen kunnen integreren in plaats van dat ze afwachten tot dit vanzelf gebeurt. We moeten onze energie niet alleen steken in het verhogen van het percentage vrouwen op de techwerkvloer, maar ook werken aan een inclusieve cultuur, waar mensen zich niet buitengesloten voelen. Er is dus actieve inzet nodig om van een divers team een succesvol team te maken in een eerlijke omgeving. Dat kunnen we niet volledig overlaten aan de managers. Wat daarvoor nodig is, lees je in deel 3. Maar we beginnen met hoe je je staande houdt op een door mannen gedomineerde werkvloer.

DEEL 2

De ladder op

Inmiddels weten we dat onze opvoeding en omgeving flinke impact kunnen hebben op de kansen die vrouwen in de tech krijgen. Voor sommige vrouwen is het gebrek aan kansen een reden om de tech de rug toe te keren. Maar wat kunnen we zélf doen om meer kansen te creëren? Er wordt vaak gesproken over een glazen plafond, maar daar ligt niet de eerste zorg. Als je begint met werken, is een glazen plafond een ver-van-je-bedshow. We moeten dus allereerst werken aan een goede doorstroming naar senior-posities. Hoe klim je de ladder op? Die vraag staat in dit deel centraal.

> **Vrouwen moeten voor hun dertigste laten zien wat ze in huis hebben. Mannen hebben daar tot hun veertigste de tijd voor.**
> CARINE DE MEYERE, *founder & president Women of the World en impact investor*

De gebroken ladder

Tijdens de Web Summit in 2019 hoorde ik Stela Suils Cuesta Shihab, regional leader bij Lean In Portugal, voor de eerste keer praten over 'de gebroken ladder'. Het gaat om de eerste stap van junior-niveau naar een senior-positie. Vrouwen maken minder vaak promotie dan mannen. Onderzoek van het CBS wijst uit dat één op de acht vrouwen promotie had gemaakt, tegenover een op de zes mannen.[1] Je kunt je voorstellen wat dit betekent voor de stap richting een CEO-, CFO- of COO-positie. Waar ligt dit aan? Het is makkelijk (en ook typisch) om in dit geval naar de vrouwen zelf te kijken, zegt Joan C. Williams, Distinguished Professor of Law en auteur van het boek *What works for Women at work*[2]. 'In plaats van naar de instellingen te kijken, vertellen we vrouwen dat ze zichzelf moeten veranderen.' Maar de meeste obstakels worden veroorzaakt door factoren die buiten de macht van vrouwen liggen, zoals onbewuste vooroordelen, opvoeding en overheidsbeleid. Toch is er voor vrouwen nog veel winst te behalen en kunnen ze op een bepaalde manier wel degelijk invloed uitoefenen op hun carrièreverloop, en makkelijker die ladder verder opklimmen.

Waar sta jij nu qua carrière? En wat zijn je wensen? Wil je hogerop of wil je je juist verder specialiseren? Wil je een nieuw project starten of juist bij een uitdagend project aansluiten? Denk je dat je er klaar voor bent, dat je aan alles hebt voldaan? Stroop dan je mouwen op. Deze wedstrijd ga je niet zomaar winnen. Je zult moeten opboksen tegen diepgewortelde culturele gewoontes en vooroordelen. Je moet misschien dingen doen die indruisen tegen je gevoel, waar je je in eerste instantie niet prettig bij voelt omdat het misschien nieuw voor je is. Of je krijgt last van dat knagende gevoel dat zegt dat het vast allemaal niet nodig is. Misschien denk je wel dat het niet nodig is omdat je gewoontes je nooit hebben tegengewerkt. Maar wil je hogerop komen, dan kan je huidige manier van werken wel een probleem worden.

Als je maar hard genoeg werkt, dan kom je er niet

Ik heb dat zelf meegemaakt. Ik dacht namelijk dat als je maar hard genoeg werkte, je vanzelf werd beloond. Ik werkte me een slag in de rondte, zei 'ja' tegen elk nieuw project en creëerde zelf kansen. Om uiteindelijk te zien hoe iemand mij voorbij streefde. Toen ik mij verder ging verdiepen in mijn huidige gewoontes en in de gewoontes die je nodig hebt om te groeien in een door mannen gedomineerde organisatie, had ik in eerste instantie enorm veel weerstand, want waarom is hard werken alleen niet genoeg?

Maar je hoeft niet te verwachten dat je manager wel ziet hoe hard je werkt. Hij heeft maar beperkt de tijd om zich daarin te verdiepen. In de volgende hoofdstukken lees je waarmee je wel de aandacht krijgt van belangrijke personen in de organisatie. Je leert hoe je een door mannen gedomineerde werkvloer kunt overleven door gebruik te maken van trucjes die heel succesvol kunnen zijn. Waarom ik dat weet? Ik heb gezien hoe mannen ze succesvol gebruiken!

4 Maak jezelf zichtbaar

Of je nu de ambitie hebt om een managementpositie te vervullen of gewoon gevraagd wilt worden voor dat ene leuke project, jezelf zichtbaar maken is belangrijk. Veel vrouwen vinden dat lastig, ze willen niet met zichzelf 'te koop lopen'. Mannen hebben hier veel minder last van. Sterker nog: zij doen er vaak nog een schepje bovenop. Wil je waardering en erkenning voor je werk? Werk je bij een leuk bedrijf en wil je graag doorgroeien? Dan zit er niets anders op dan uit de schaduw te stappen en jezelf te laten zien.

4.1 Ze zien toch wel hoe goed ik ben?

Het is een bekend gegeven: als je promotie wilt maken of een vast contract binnenslepen, moet je jezelf bewijzen op de werkvloer. Je moet zichtbaar zijn én zichtbaar blijven, bij leidinggevenden en collega's. Wat heb je voor elkaar gekregen? Wat zijn je successen? Aan welke projecten heb je meegewerkt? De antwoorden op deze vragen zijn voor jou glashelder, maar je omgeving heeft geen idee! Er is niemand die daarnaar gaat graven. Je zult dus zelf heel duidelijk moeten laten zien wat je in huis hebt. Daarvoor moeten we eerst drie hardnekkige misverstanden uit de wereld helpen:

1. Het gaat niet om productiviteit.
2. 'Doe maar normaal' werkt niet.
3. Je bent geen opschepper als je successen zijn gebaseerd op feiten.

Kom voor jezelf op: uiteindelijk heb je het allemaal in je. Het is fijn als iemand tegen je zegt: 'Ga jij nu maar vooraanstaan.' Die stap naar voren zetten is makkelijker gezegd dan gedaan. Ik zie vrouwen om mij heen veel bereiken met minder talent, hoe kan dit? Deze vrouwen hebben het lef en de attitude: 'Hallo, hier ben ik en dit kan ik allemaal.'

INEKE TOLUD, *head of Design & Development bij Rituals*[1]

1 Het gaat niet om productiviteit

Veel thuiswerken is killing voor je zichtbaarheid, dat werd maar al te duidelijk tijdens de coronapandemie. Maandenlang was het advies om thuis te werken als dat kon. Sommige werknemers bleven al die tijd echt thuiswerken. Andere gingen toch naar kantoor. Ook ik was iemand die vanaf de eerste dag thuiswerkte. Thuis kon ik mij beter concentreren en werkte ik efficiënter. Alleen maar goed voor het bedrijf, dacht ik. Maar voor je professionele groei is dat minder positief.

In mijn geval werkten de directeuren gewoon fulltime op kantoor, waar ze mijn collega's tegenkwamen. Die spraken ze dan tijdens de lunch of tussen verschillende meetings door. Ze waren daardoor veel beter op de hoogte van de werkzaamheden en de behaalde successen van mijn collega's. Toen er promoties te vergeven waren, werd er toch gekozen voor collega's die ook tijdens de pandemie gewoon op kantoor aanwezig waren. Iets dergelijks blijkt uit onderzoek van de universiteit van Californië. Twee hoogleraren volgden tien jaar lang de loopbanen van thuiswerkers en hun kantoorcollega's. Thuiswerkers waren inderdaad productiever, maar maakten toch minder snel carrière.[2] Dit komt doordat mensen elke keer dat er face-to-facecontact is, de ander onbewust beoordelen. Dat kan gaan om de kleding van die persoon, maar ook om wat hij zegt of hoe hij zich gedraagt tijdens vergaderingen. Hoe vaker iemand je ziet, hoe vaker je dus deze beoordelingen krijgt. Laat je jezelf zien buiten normale werktijden op kantoor, dan word je zelfs bestempeld als 'toegewijd', zonder dat je daar iets extra's voor hoeft te doen.[3]

2 'Doe maar normaal' werkt niet

Toch was zichtbaarheid voor de coronacrisis en het daarmee samenhangende massale thuiswerken niet iets waarmee de meeste werknemers bewust bezig waren, aldus Mirjam Hubregtse, auteur van *Profileren zonder opscheppen*[4]. Te veel gedoe, het voelde opschepperig of de noodzaak werd er niet van ingezien.[5]

In Nederland denken we toch al snel: doe maar normaal, dan doe je al gek genoeg.

> **Je doet je werk waarschijnlijk goed. Je vindt het misschien niet nodig om altijd wat te zeggen, of om in het middelpunt van de belangstelling te staan. Je werkt liever op de achtergrond. Mogelijk heb je het idee dat jouw mening niet belangrijk genoeg is om te melden. Of je werkt hard, behaalt goede resultaten en vindt dat deze voor zich moeten spreken. Sterker nog: je ergert je wellicht zelfs aan het gedrag van collega's die continu vertellen hoe geweldig ze zijn. Die meteen hun mening klaar hebben en te pas en te onpas hoog van de toren blazen en melden wat ze kunnen en wie ze kennen.**
>
> MIRJAM HUBREGTSE *in Profileren zonder opscheppen*

Collega's die constant hoog van de toren blazen, zijn inderdaad irritant. Een afspraak met een klant op locatie wordt al snel 'ik zit even een dagje extern' en het bespreken van nieuwe functionaliteiten wordt gebracht als 'ik heb zo even een meeting met de CEO, COO, CFO en de oorspronkelijke founder'. Maar terwijl jij je misschien zit op te vreten zodra je collega 'blaaskaak' weer het woord neemt, groeit het respect van je andere collega's met de minuut. Zij willen ook samenwerken met iemand die afspraken kan regelen met de CEO, of zo belangrijk is dat hij 'extern' moet. Ondertussen werk jij keihard door, alleen niemand weet of ziet het.

3 Je bent geen opschepper als het gebaseerd is op feiten

De eerste stap naar meer zichtbaarheid op de werkvloer – en dus meer kans op die promotie of dat leuke project – begint bij het vertellen over en tonen van je successen. Overdrijven of er een schepje bovenop doen is niet eens nodig. Heb je een nieuwe klant binnengehaald? Deel het! Staat de nieuwe webshop/app/functionaliteit live? Vertel het!

> **It's not bragging if it's based on facts.**
> ANNA VAINER, *head of Growth Marketing and Think bij Google en founder #IamRemarkable*[6]

Er is wel een maar: zodra een vrouw aan de slag gaat met haar zichtbaarheid en trots vertelt wat ze heeft bereikt, wordt ze niet alleen gezien als 'opschepper' maar wordt ze ook minder aardig gevonden. Een belangrijk nadeel daarvan: minder aardige mensen worden nog weleens overgeslagen bij het geven van promoties.[7] Mannen die vertellen wat ze kunnen, krijgen niet het stempel 'onsympathiek'. Je neemt als vrouw dus risico's door in de schijnwerpers te gaan staan. Houd het bij de feiten en zorg dat je zichtbaarheid gebaseerd is op data. Alleen dan omzeil je die onbewuste 'opschepper'-gedachten bij je collega's.

4.2 Zet jezelf in de schijnwerpers

Aan de ene kant vertrekken de beste vrouwen niet vanwege een lager loon, maar vanwege het gebrek aan erkenning. Aan de andere kant verstoppen ze zichzelf en gaan ze ervan uit dat hun harde werk 'toch wel wordt gezien'. Maar hoe doe je dat dan, jezelf profileren en zichtbaar maken op de werkvloer? Het is echt niet nodig om dagelijks de schijnwerpers op te zoeken. En je hoeft ook niet elke week met je leidinggevende te gaan lunchen. Met wat kleine aanpassingen kun je jezelf al beter profileren en op het netvlies van je collega's komen.

> **Modesty is killing your career and that of other women around you.**
> NANCY POLEON, *founder BrandedU*[8]

1 Maak een plan

Maak een plan hoe je jezelf zichtbaar wilt maken. Wat is je doel en wat zou je graag willen bereiken? Luister naar de gesprekken op de werkvloer om op de hoogte te zijn van de ontwikkelingen. Welke nieuwe projecten komen eraan? Welke functie komt mogelijk vrij? Enzovoort. Kijk daarna naar jouw unieke talenten. Bepaal hoe je wilt dat collega's je zien. Waarvoor moeten je collega's juist bij jou aankloppen? Welke kansen zie je binnen en buiten het bedrijf? Misschien is het juiste project of de juiste promotie nog niet voorbijgekomen. Desondanks kun je al wel kijken wat bij je zou passen. Waar voel jij je prettig bij? Heb je collega's die je erbij kunnen helpen? Twee weten altijd meer dan een. Als laatste is het belangrijk dat je niet afwijkt van het plan. Jezelf zichtbaar maken op de werkvloer is een project voor de lange termijn. Het kan zijn dat je je in het begin wat onwennig voelt of dat je merkt dat je omgeving er nog helemaal niet klaar voor is. Geef niet op! Zodra je ermee begint, zul je merken dat het je steeds beter afgaat.

Nu vraag je je af waarom je tijd zou moeten steken in het maken van zo'n plan. Je kunt toch ook gewoon iets doen zolang het maar voor zichtbaarheid zorgt? Het nadeel daarvan is dat de kans groot is dat je overal 'ja' op gaat zeggen. Zo werd ik eens gevraagd voor een presentatie over een onderwerp waar mijn specialisatie niet lag. Met de gedachte dat ik elke presentatieklus met beide handen moest aangrijpen, heb ik daar toch 'ja' op gezegd. Het gevolg: ik was enorm veel tijd kwijt aan het me inlezen in het onderwerp. De presentatie zelf ging prima, maar uiteindelijk heeft het weinig extra zichtbaarheidspunten opgeleverd. Ik was geen expert op dat gebied en wilde dat ook zeker niet worden. Als ik mij gewoon had gehouden aan mijn plan, had ik 'nee' gezegd en daardoor meer tijd overgehad om stappen te zetten die er wel toe doen.

TIP Ga op zoek naar bondgenoten die je kunnen helpen. Vertel over je plannen en vraag ze achter je te staan. Denk bijvoorbeeld aan het plaatsen van een eerste reactie als je iets deelt op social media.

2 Laat zien wat je in huis hebt

Denk je dat je een expert moet zijn, dat je echt veel kennis moet hebben om serieus genomen te worden? Kies jij er daarom voor om nog beter te worden in je huidige baan, in de hoop dat je dan kunt doorgroeien? Vraag je dan het volgende af: zou jij als leidinggevende iemand die supergoed is in haar huidige baan en alle kneepjes van het vak beheerst echt op een andere positie willen zetten en aan een ander team willen verliezen? Ik denk het niet. Daarbij geldt ook: hoe hoger je in de boom zit, hoe minder je met het echte werk bezig bent. Je houdt je vooral bezig met het coachen van mensen, met luisteren en vragen stellen. Het is dus belangrijk om na te denken over de vraag hoe jij je carrière voor je ziet. Wil je groeien? Dan is voldoende kennis genoeg, je hoeft geen expert te worden. Wil je juist bezig blijven met operationele zaken? Steek je energie dan wél in het vergroten van je kennis.

Ik ben betrokken bij een expertgroep van Shopping Tomorrow over cross border e-commerce. Gewoonlijk een onderwerp waar veel mannen op afkomen. Toch proberen we meer vrouwen aan te trekken, al is dat enorm lastig. Ze zijn moeilijk te vinden of hebben geen tijd voor deelname. Vrouwen zien zichzelf niet zo snel als expert.
HANS SIEBUM, *managing director global bij Salesupply*

Vind je het lastig om je kennis tijdens een vergadering te tonen, dan kun je ook heel laagdrempelig beginnen met het schrijven van blogs. Er zijn diverse platformen waar ze staan te springen om goede content. Toen ik begon met het schrijven van blogs voor Frankwatching en Emerce, deed dat heel veel voor mijn zelfvertrouwen, maar tegelijkertijd zag ik dat mijn collega's mij serieuzer gingen nemen. Je kunt er ook voor kiezen om, in plaats van nieuwe ideeën te opperen tijdens een vergadering, juist vragen te stellen. Of structuur te brengen in een chaotisch gesprek. Ook dan draag je bij en ben je zichtbaar. En wie weet, leidt jouw inbreng tot een goed of beter idee.

Een van de nuttigste tips die ik ooit kreeg, veel belangrijker dan hoe je je kleedt of hoe je praat: je moet voorsorteren bínnen je baan, door de ingrediënten uit te zoeken die je interesseren en extra taken naar je toe te trekken. Dan hoef je heus niet meteen te weten wat je volgende stap wordt, maar zorg je er wel voor dat je al aan de kant zit die jou interesseert, zodat, als de kans dan komt, iedereen denkt: zij is de beste kandidaat!
JUDITH KAMALSKI, *directeur Academische Zaken bij de Universiteit Maastricht*[9]

TIP Vraag je af waarvoor collega's juist bij jou moeten aankloppen. Wat maakt jou uniek? Waar krijg jij energie van? Dan is dat een heel goed onderwerp om je verder in te verdiepen of aan te werken.

3 Pak je credits

Een van de manieren om je zichtbaarheid te vergroten is om samen te werken met andere collega's. Maar houd wel in de gaten dat je niet ondergesneeuwd raakt. Voorkom dat een ander ervandoor gaat met de credits.

Zo vertelde een projectmanager bij een grote online retailer dat ze samen met een mannelijke collega aan een project werkte. Dat liep fantastisch en het resultaat was boven verwachting. Toen iemand haar vroeg hoe ze dit voor elkaar hadden gekregen, vertelde ze dat het een goede samenwerking was geweest en sprak ze vol lof over haar collega. Ze was dan ook verbaasd om te horen dat haar collega er volledig met de credits vandoor ging. Hij had het voornamelijk over zijn eigen toevoeging aan het project en sprak niet over haar bijdrage. Uiteindelijk was hij het die alle felicitaties van andere collega's in ontvangst nam. Voor haar een enorme domper.

Iets soortgelijks overkwam een online marketeer werkzaam bij een Nederlands agency. Tijdens de samenwerking met haar mannelijke collega kwam ze erachter dat haar naam niet op het einddocument stond. 'Toen ben ik wel naar mijn leidinggevende gestapt, om toe te lichten dat ook ik aan het project had bijgedragen en daar een wezenlijke rol in had gespeeld.'

TIP Zorg er altijd voor dat je naam op alle documenten staat. Stap ook naar voren op de belangrijke momenten: geef bijvoorbeeld aan dat je graag de resultaten zou willen presenteren of die belangrijke mail wilt doorsturen. Zo heb je die persoonlijke zichtbaarheid ook meteen in de pocket.

4 Maak jezelf groot

Over verschillen in lichaamstaal tussen mannen en vrouwen kun je een heel boek schrijven. Zo maken vrouwen meer gebaren om hun bedoelingen duidelijk te maken en pikken mannen deze minder makkelijk weer op. Let ook eens op tijdens een vergadering waar mannen en vrouwen aanwezig zijn. Je zult dan zien dat vrouwen geneigd zijn om zich lichamelijk 'klein' te maken. Ze nemen minder ruimte in dan de mannen, zijn sneller geneigd hun spullen zo dicht mogelijk bij zich te houden en zullen ook als eersten een stoel bijschuiven om ruimte te maken voor een ander. Je maakt je zo niet alleen letterlijk kleiner, maar je zendt ook onbewust een signaal uit dat je er niet toe doet.

Het goede nieuws is dat jezelf kleiner maken gelukkig geen karaktereigenschap is. Het is eerder een gewoonte en kan dus 'makkelijk' aangepast worden. Het belangrijkst is dat je je ervan bewust wordt dat je het doet en dat je ervoor gaat kiezen zichtbaar aanwezig te zijn tijdens vergaderingen, gesprekken of andere momenten. Zorg er altijd voor dat je tijdens vergaderingen aan tafel zit, zeg nooit sorry in gesprekken ('Sorry, maar mag ik daar iets aan toevoegen?') en wees altijd aanwezig. En dan bedoel ik niet lijfelijk aanwezig, maar ook met je gedachten. Je kunt een kind niet kalmeren als je ook met je telefoon bezig bent. Je kunt ook geen hond trainen als je met je gedachten bij iets heel anders bent. En als je kind en je hond dat al kunnen aanvoelen, kunnen je collega's of managers dat ook. Uit het boek *Emotional Agility* van Susan David[10] blijkt dat vrouwen net zoveel aandacht krijgen als mannen tijdens een vergadering als zij er volledig bij zijn (en dus niet ondertussen aan het mailen zijn of online boodschappen bestellen).

Taalgebruik speelt ook een rol. Hoe vaak gebruik jij bijvoorbeeld het woord 'ik' als je het over je behaalde successen hebt? Zeg je eerder: 'Ik heb dit project succesvol afgesloten' of 'We hebben dit project succesvol afgesloten'? Grote kans dat je kiest voor het laatste. Door het woord 'we' veelvuldig te gebruiken maak je je eigen bijdrage aan het project kleiner. Mannen hebben er geen moeite mee om zich de credits toe te eigenen en komen dus vaker in een positief daglicht te staan.

TIP Heb je een meeting en zijn alle stoelen aan tafel al bezet? Ga dan ergens anders een stoel halen en vraag of mensen plek voor je maken. Je zichtbaarheid is veel groter als je aan tafel zit.

5 Maak een succesdocument

Een lijst van je successen klinkt misschien overdreven. Maar ik verzeker je dat beoordelings- of functioneringsgesprekken veel beter verlopen als je zo'n lijst hebt bijgehouden. Je kunt immers heel gemakkelijk al je successen tonen. Alles wat je zegt, kun je direct staven met data. Bovendien zorgt zo'n overzicht voor meer zelfvertrouwen. Je zult zien dat je betrokken wordt bij nieuwe projecten en meer voor elkaar krijgt op de werkvloer.

Wil je bijvoorbeeld loonsverhoging krijgen, dan helpt het enorm als je een overzicht van je prestaties kunt laten zien. Als je daar een paar dagen voor je gesprek mee begint, ben je eigenlijk al te laat. Werk het document waarop al je successen staan voortdurend bij; het is een on-going project. Volgens onderzoek[11] worden de prestaties van vrouwen namelijk vaak bestempeld als 'geluk' – of ze worden helemaal niet gezien. Het is dus tijd om dit zelf bij te houden. Je gaat het nodig hebben.

Je kunt dit document opzetten door middel van vier simpele vragen:[12]

- *VRAAG 1: krijg je een compliment?* Zorg ervoor dat je dit op schrift hebt. Stuur bijvoorbeeld een e-mail om de persoon te bedanken voor het compliment. Laat het nogmaals benoemen en verzeker je ervan dat de context van het compliment duidelijk is. Je kunt ook altijd vragen of de gever het wil doorgeven aan je leidinggevende. Zo kreeg ik eens van een klant via de telefoon een compliment over onze samenwerking. Toen heb ik wel gevraagd of hij dat ook wilde doorgeven aan mijn manager. Voeg de e-mail toe aan je document.

- *VRAAG 2: krijg je een compliment via mail?* Bewaar deze mail dan zorgvuldig en voeg die toe aan je document.

- *VRAAG 3: heb je een succes op het werk behaald?* Denk aan het binnenbrengen van een nieuwe klant, iets verkopen aan een huidige klant, een succesvolle implementatie doen of een mooie functionaliteit programmeren. Maak er melding van in je document.

- *VRAAG 4: heb je concrete cijfers?* Zorg ervoor dat je successen waar nodig zijn omgerekend naar getallen of percentages. Het is altijd mooier om te melden dat de klant door jouw optimalisatie een X-percentage extra omzet heeft binnengehaald.

TIP Eindig je dag door op te schrijven wat die dag goed ging. Daarmee krijg je niet alleen een nog beter beeld van je successen, maar uit onderzoek blijkt dat het je ook helpt bij je persoonlijke ontwikkeling.[13]

6 Vier je successen

Het is heel belangrijk om je successen te claimen en te vieren. Ga er niet van uit dat je collega's of leidinggevende zelf wel kunnen zien hoe succesvol je bent. Dat doen ze namelijk niet. Ook zij zijn bezig met hun eigen zichtbaarheid en successen. Hoe aardig en meelevend je leidinggevende ook is, hij/zij heeft eigen belangen. Ik was altijd een beetje pissig als ik iets voor elkaar had gekregen en daar geen erkenning voor kreeg. Toen ik bij een aantal collega's navraag deed, kwam ik erachter dat ze er helemaal niets van afwisten. Ook hadden ze niet door dat ik het toch wel leuk zou vinden om reacties te krijgen. Ik zag een andere collega juist wel zijn successen openlijk delen met collega's. Ze liepen allemaal met hem weg en spraken erg positief over zijn prestaties.

TIP Vergeet niet je successen te delen op externe netwerken zoals LinkedIn. Als je dit voor de eerste keer openlijk doet, voelt het misschien wat onwennig. Maar je zult zien dat je alleen maar positieve reacties krijgt.

7 Ga in gesprek met je leidinggevende

Vang je op dat er een nieuw project wordt opgesteld en wil je er graag aan meedoen? Geef dit dan direct door aan je leidinggevende. Mocht die van mening zijn dat je er niet klaar voor bent, of andere redenen bedenken om het je niet te gunnen, toon dan je document met successen. Een knappe persoon die je dan nog tegen kan houden. Dit geldt ook wanneer je promotie wilt maken. Blijf dit constant herhalen, zodat je leidinggevende weet dat je ervoor in aanmerking wilt komen.

TIP Laat je horen! Tijdens mijn hbo-studie kreeg ik op die manier de door mij gewenste stageplek. De contactpersoon werd gek van mij en besefte dat dit precies was wat hij nodig had: iemand met doorzettingsvermogen. Vertel dus aan iedereen die het wil horen, wat je wilt bereiken.

> **Ik was al zó vereerd dat ik op de shortlist was gekomen, dat ik dacht: laat maar. Tot ik bedacht wat ik van mijn coach had geleerd: Marjan, hier moet je voor vechten. Dus heb ik de CEO een heel kort mailtje gestuurd: 'Ik weet dat ik veel gaten in mijn cv heb, maar ik heb óók enorm veel passie en kan snel leren.' 'Hier ben ik', zei ik met dat mailtje in feite, en ik denk dat ik daarmee de kiescommissie heb overtuigd: wacht niet af tot je wordt benaderd voor een volgende functie, maar spreek je ambities luid en duidelijk uit.**
>
> MARJAN VAN LOON, *president-directeur Shell Nederland*[14]

Zichtbaar zijn is een kwestie van doen. Je moet waarschijnlijk een drempel over en in het begin voelt het misschien heel kwetsbaar. Je steekt als vrouw namelijk met je hoofd boven het maaiveld uit, wat ook weer reacties van je omgeving kan uitlokken. Maar het is een kwestie van wennen en hoe vaker je bewust zichtbaarder wordt, hoe vaker dit ook onbewust gebeurt en hoe vaker je merkt dat het hele mooie dingen oplevert.

5 Durf te falen!

De brave opvoeding van meisjes en de neiging om iedereen te pleasen hebben niet alleen impact op hun persoonlijke leven, maar ook op hun werk. Het zorgt voor onzekerheid ('Vinden ze mij wel aardig genoeg?'), angst ('Kan ik dit wel?'), perfectionisme ('Is het goed genoeg?') en de daarbij behorende zelfsabotage ('Zie je wel dat ik het niet kan!'). Maar liefst 60% van de hoogopgeleide Nederlandse vrouwen heeft last van onzekerheid.[1] Uit onderzoek blijkt ook nog eens dat vrouwen zichzelf veel sneller onderschatten, terwijl mannen juist de neiging hebben zich te overschatten.[2]

We denken vaak dat het aan ons ligt dat we die ladder niet verder op kunnen klimmen. Maar er speelt veel meer! Het vervelende is dat het feit dat we ons niet bewust zijn van bepaalde patronen op de werkvloer juist kan leiden tot nog meer onzekerheid. En dat triggert het perfectionisme nog meer. Om welke patronen gaat het? Waar komt het gevoel van perfectionisme bij vrouwen vandaan? En wat kunnen we ertegen doen?

5.1 De lat hoog leggen

Hoe kunnen we zorgen voor gelijke behandeling op de techwerkvloer als vrouwen zelf niet eens het zelfvertrouwen en het geloof hebben dat ze er thuishoren? Of misschien geloven ze het wel, maar is er iets in hen wat ze tegenhoudt. Vrouwen hebben vaker last van perfectionisme, opgebouwd door opvoeding en door het verdoezelen van onzekerheid. Stress en eenzaamheid zijn het gevolg. Waar komt dat onverklaarbare gevoel vandaan? En waarom houdt het ons tegen op de werkvloer?

> **Too many young women are harder on themselves than circumstances warrant. They are too often selling themselves short.**
> HILLARY CLINTON[3]

Iedereen tevreden willen houden

In haar boek *Brave, not perfect*[4] vertelt Reshma Saujani, founder en CEO van Girls who code, het verhaal van de zestienjarige Erica. Erica is een van de beste leerlingen van haar klas. Haar rapport staat vol met complimenten van haar leraren over het feit dat ze zo'n fijne leerling is om in de klas te hebben. Ze doet vrijwilligerswerk in het ziekenhuis en haar vrienden vinden haar de liefste persoon die ze kennen. Maar als je het dagboek van Erica leest, schuilt er achter haar glimlach iets heel anders. Ze schrijft dat ze het zwaar vindt om alles perfect uit te voeren om zo iedereen tevreden te houden. Ze werkt dag en nacht om iedereen te 'pleasen' en dat vindt ze doodvermoeiend. Haar omgeving te moeten teleurstellen is haar grootste nachtmerrie. Het vrijwilligerswerk in het ziekenhuis vindt ze verschrikkelijk, maar ze blijft het doen omdat het goed staat op haar cv...

> **Meisjes doen het dan goed op school, op de arbeidsmarkt kom je met 'binnen de lijntjes kleuren' gemiddeld minder ver. Ze krijgen minder snel een vast contract dan jongens, krijgen minder 'belangrijke' banen, verdienen minder en hoe langer ze werken, hoe groter de verschillen worden.**
>
> BARBARA BELFI, *onderwijsonderzoeker aan de Universiteit van Maastricht*[5]

Zoals heel veel meisjes en vrouwen werkt Erica hard om iedereen tevreden te houden, op safe te spelen en (vooral) falen te voorkomen. Ze is daarmee een gevangene van haar eigen perfectionisme.

Waar is je zelfvertrouwen?

In onze cultuur worden meisjes opgevoed met het idee dat ze perfect moeten zijn. Jongens mogen daarentegen wel van alles proberen, waarbij het niet erg is dat het misgaat. Dat zien we terug op de werkvloer.

Voor meisjes is het altijd belangrijk geweest dat ze braaf zijn, attent, goed kunnen luisteren en ook: dat ze rekening houden met anderen. Een driftbui? Die wordt algauw in de kiem gesmoord. Voor jongens gelden dat soort normen en waarden in mindere mate. Presteren en stoer en sterk zijn, zijn daarentegen wel van belang. Hopelijk verandert dit met de huidige generatie. Het zijn ook stereotypen. Feit is dat mannen doorgaans veel beter zijn in het innemen van ruimte. Vrouwen voelen zich snel schuldig wanneer ze dat doen en voor zichzelf kiezen.

NICOLE HONNEFF, *psycholoog*[6]

Perfectionisme heeft een grote impact op je leven. Perfectionist zijn wordt vaak gebruikt als positieve eigenschap, maar het is geen kwaliteitslabel waarmee je zegt dat je lange dagen maakt en focust op de details. De kans is namelijk groter dat je perfectionisme ervoor zorgt dat je dat ene project juist heel inefficiënt oppakt doordat je 'bang bent om eraan te beginnen'. Of je herstelt constant die kleine foutjes, waardoor een project veel langer duurt. Veel tijd in een project steken om het te perfectioneren, heeft tot gevolg dat je minder tijd overhebt voor zaken die je echt belangrijk vindt, zoals het binnenhalen van een nieuwe klant of deelname aan een interessant congres. Daarnaast dwingt je perfectionisme je om constant mee te doen. Je kunt hierdoor zoveel hooi op je vork nemen dat je op een gegeven moment het overzicht kwijt bent en veel vatbaarder bent voor een burn-out. Maar het allervervelendst van perfectionisme is dat het jou laat twijfelen aan je eigen kunnen.

Veel meisjes zijn perfectionistisch, ze hebben een voorsprong in zelfreflectie. Dat kan ook een nadeel zijn. Meisjes tussen de acht en vijftien jaar hebben drie keer zoveel kans op angst en gedeprimeerdheid als jongens. Het zorgt ervoor dat ze gemiddeld minder ondernemend zijn. Ze halen negens en tienen, maar dat zegt nog niet alles.

JELLE JOLLES, *hoogleraar aan de Vrije Universiteit*[7]

Niet goed genoeg zijn

Perfectionisme komt voort uit angst: de angst om niet goed genoeg te zijn. Het wakkert onzekerheid aan. Allemaal zaken die mannen zien als 'zwakte'. Op een door mannen gedomineerde werkvloer is dat op z'n zachtst gezegd niet handig.

> **Jongens doen het een stuk beter op kantoor. Ze mogen dan op school vaker aan zelfoverschatting lijden en minder hard werken, ze durven vaak ook meer te bluffen en 'verkopen' zich beter dan meisjes, waardoor ze vaker meer verdienen. Ook hebben ze beter geleerd te 'chillen' (en blowen!) – mannen hebben op het werk vaak minder stress dan vrouwen, die door onzekerheid sneller opbranden.**
>
> JAPKE-D. BOUMA, *eindredacteur en columnist bij NRC Handelsblad*[8]

De vraag is: hoe kunnen we hierin een balans aanbrengen? Hoe kunnen we aan de ene kant gewoon goed werk afleveren zonder dat we ons een slag in de rondte werken en onszelf 'gek' denken? En hoe kunnen we ervoor zorgen dat ons aangeleerde perfectionisme onze carrière niet in de weg zit? Het belangrijkste is dat je je bewust wordt van je perfectionistische gedachten en een alternatief verzint. Zo ben ik op een gegeven moment gestopt met het bijschaven van dit hoofdstuk. Het was voor mijn gevoel nooit goed genoeg. Heb ik wel genoeg voorbeelden gegeven? Komt mijn boodschap over dat perfectionisme ons zo tegenhoudt op de werkvloer? Het alternatief was blijven schrijven, teksten verwijderen en opnieuw beginnen, zodat jij dit nooit had gelezen. Als perfectionist ben je namelijk nooit tevreden. Ondertussen word je aan alle kanten ingehaald.

5.2 Als je denkt dat je een oplichter bent

Onzekerheid komt vaak voor als mensen iets moeten doen wat ze nog nooit eerder hebben gedaan. Als je rationeel weet dat je de taak kunt uitvoeren, maar desondanks onzeker bent, is er sprake van het *imposter syndrome*. Je denkt dat je niet goed genoeg bent en dat je successen gebaseerd zijn op geluk. Je bent zo onzeker dat je niet eens meer weet waar je goed in bent. Je voelt je een oplichter die elk moment door de mand kan vallen. Wat is de impact van dit syndroom op de werkvloer?

Verlammende angst om ontdekt te worden

Het imposter syndrome is geïntroduceerd door de psychologen Pauline Clance en Suzanne Imes. In eerste instantie dachten zij dat het alleen voorkomt bij vrouwen. Nader onderzoek wees uit dat ook mannen hier last van kunnen hebben. Vrouwen zijn er wel vatbaarder voor, omdat ze minder testosteron aanmaken. Testosteron wordt niet voor niets ook wel het 'zelfvertrouwenhormoon' genoemd.[9] Uit het onderzoek van Clance en Imes[10] blijkt verder dat vrouwen op een door mannen gedomineerde werkvloer sneller last kunnen krijgen van het syndroom.

Het imposter syndrome gaat veel verder dan alleen twijfelen aan je eigen kunnen. Het veroorzaakt een verlammende angst, waarbij zelfsabotage op de loer ligt. Zelfsabotage zorgt er namelijk voor dat je jezelf klein houdt. Je saboteert bijvoorbeeld je productiviteit door je constant te laten afleiden. Je bent bang om niet aan verwachtingen te voldoen of eerdere successen niet te kunnen evenaren. Sommige mensen zijn bang om niet aardig gevonden te worden of juist niet te worden geaccepteerd. Ze halen zichzelf naar beneden door hun succes kleiner te maken: 'Ach, iedereen kan dit toch?' Die angst kan verschillende reacties uitlokken.

1 Je eerste reactie is misschien om heel hard te gaan werken en de lat nog hoger te leggen. En zo is de *insecure overachiever* geboren.

De mensen die ik trainde, waren of ouder dan ik of pas net begonnen met het verwerven van hun kennis. Toch verdienden ze minstens twee keer zo veel als ik. Dat voedde mijn innerlijke insecure overachiever opnieuw. Ik bedacht dat ik misschien beter als zelfstandige zou kunnen gaan werken, maar hoe kon ik de wereld uitleggen dat ik echt verstand had van de harde IT-domeinen, als jong meisje met een etnische achtergrond in een door veel oudere mannen gedomineerde oldskool IT-wereld? Destijds was het nodig mainframes en legacy-systemen naar moderne IT-netwerken te migreren. Het hoogst haalbare toen was een MCSE-certificaat. Daarvoor moest je zes modules doorlopen. Ik dacht: laat ik er dan maar acht doen, dan word ik tenminste aangenomen vanuit het idee dat ik het écht kán en

> **weet. Mijn ervaring was: alleen mannen mogen middelmatig zijn, als vrouw moet je er met kop en schouders boven uitsteken om überhaupt gezien te worden.**
> ARTIE DEBIDIEN, *CIO van NN International*[11]

2 Je kunt er ook voor kiezen om juist moeilijkheden uit de weg te gaan en de lat heel laag te leggen door 'nee' te zeggen tegen een nieuwe functie of een nieuw project.

> **Als kansen zich voordoen, pak ze dan. Een kans krijgen betekent simpelweg dat je over kwaliteiten beschikt. Deins niet onnodig terug – durf te vertrouwen op je eigen kunnen.**
> CARLA MOONEN, *bestuursvoorzitter van Koninklijke NLingenieurs*[12]

Het zet je op een zijspoor

Het syndroom heeft daarmee flinke impact op je functioneren. Het kan je zichtbaarheid beïnvloeden, omdat je niet meer met nieuwe ideeën durft te komen en het houdt je tegen in de groei van je carrière. Hoe hoger opgeleid, hoe sterker de imposter-gevoelens.[13] Om deze gevoelens in te tomen, ga je je vaak als een gek voorbereiden. Iemand met het imposter syndrome levert vaak 100% of meer, alleen heeft die persoon zelf niet zelden het gevoel dat ze maar voor 80% presteert. Dus gaat ze nog harder werken en is de kans op een burn-out heel reëel.

> **The reason women speak less often at an event is that they are afraid of getting questions they can't answer. They have to know everything 100% first.**
> KRISTINA AZARENKO, *founder MarketingSyrup*

Het imposter syndrome put je uit. Je kunt er enorm veel last van ondervinden. Door het onderzoek dat ik deed voor dit boek, ontdekte ik dat ik er zelf ook kenmerken van heb. Toen ik van de uitgeverij een positief bericht kreeg op mijn boekvoorstel, dacht ik constant: 'Ze komen er vast achter dat ik niet kan schrijven. Ze zullen het contract vast intrekken.' Deze gedachten zorgden ervoor dat ik er een jaar mee hebt gewacht om aan de buitenwereld te vertellen dat ik een boek aan het schrijven was. Ook tijdens mijn werk herkende ik het steeds vaker. Kreeg ik een vraag van een klant en wist ik het antwoord, dan ging ik het toch nog even navragen bij een collega. Met als gevolg dat deze collega de indruk kreeg dat ik er niet veel van begreep (ook dat was weer een impostergedachte). Mannen hebben niet zo'n last van dit syndroom; zij gaan veel vaker uit van het principe 'fake it till you make it'. Als jij zelf je kwaliteiten te laag inschat en je mannelijke collega's denken op hun beurt dat jij jezelf overschat, dan blijft er in hun ogen maar bar weinig over van je vaardigheden en kennis.[14]

Uit onderzoek[15] blijkt dat mensen die erkenning krijgen voor hun succes, veel meer energie kunnen opbrengen om doelen te blijven nastreven, wat dan weer leidt tot het volgende succes. Voorwaarde is wel dat je dit succes toeschrijft aan je eigen kwaliteiten. Laat iemand met het imposter syndrome dat nu juist niet doen. Het zorgt ervoor dat je geen risico's durft te nemen en minder uitdagingen durft aan te gaan.

Ik heb nog geen overtuigende bewijzen gezien dat mensen gedachten kunnen lezen, dus ga er nooit van uit dat iemand wel weet wat je denkt. Als je iets wilt of denkt, zeg het dan!
ILKA TIMOFEI, *managing director Hypernode*

5.3 Patronen op de werkvloer

Een promotie die ondanks je harde werken en behaalde successen aan je neus voorbijgaat. Gepasseerd worden bij een nieuw project. Geen loonsverhoging krijgen. Niet worden meegevraagd voor een borrel. Het kunnen allemaal redenen zijn om aan jezelf te gaan twijfelen. Waar mannen hun falen vooral aan externe factoren wijten, kijken vrouwen eerder naar zichzelf. Ze maken het persoonlijk, terwijl er ondertussen onbewuste patronen op de werkvloer te ontdekken zijn die impact hebben op hoe vrouwen worden gezien en hoe ze zichzelf zien. Die zijn van invloed op de kansen die ze krijgen. Hoe kun je voorkomen dat deze patronen impact hebben op je zelfbeeld, en hoe kun je ze zo ombuigen dat je er juist van profiteert?

PATROON 1: mannen worden beoordeeld op hun potentieel

Terwijl mannen vooral worden beoordeeld op hun potentieel, worden vrouwen juist beoordeeld op de prestaties die ze hebben geleverd.[16] Zo wordt bijvoorbeeld een pas afgestudeerde man met een goed cv gezien als een interessante kandidaat voor de baan, terwijl een net afgestudeerde vrouw met hetzelfde cv wordt gezien als onervaren. Of er wordt aangegeven dat de mannelijke collega het echt 'in zich heeft' om een carrierèstap te zetten, terwijl zijn vrouwelijke collega zeker zo getalenteerd is, maar net iets meer tijd nodig heeft om zich te bewijzen. Zo worden vrouwen vaak afgehouden van belangrijke projecten en doen ze nooit de benodigde ervaring op. Wel of geen promotie krijgen of gevraagd worden voor dat ene project heeft dus niet altijd te maken met je kunnen. Maar een afwijzing kan je wel een gevoel van mislukking geven en je onzekerheid vergroten.

TIP Zie je dat een mannelijke collega ervandoor gaat met dat geweldige project? Vraag dan aan je leidinggevende wat jij kunt doen om dezelfde kansen te krijgen.

> **Wordt er bij mannen naar de toekomst gekeken en naar hun potentieel, bij vrouwen is dat net andersom en wordt er juist naar het verleden gekeken. Wat heb je al bereikt? Voor vrouwen is het belangrijk dat ze dit direct omzetten naar een vraag over de toekomst.**
>
> JANNEKE NIESSEN, *serie-ondernemer, investeerder en co-founder bij CapitalT*

PATROON 2: kwaliteiten van de man hebben de voorkeur

Uit onderzoek, in 2004 uitgevoerd door Princeton University, blijkt dat alles wat een mannelijke kandidaat of werknemer heeft, belangrijk is voor die specifieke rol of functie. De wetenschappers maakten twee soorten cv's. Op het ene had de kandidaat meer werkervaring, terwijl het andere cv een betere opleiding liet zien. Een controlegroep mocht beoordelen wie men het meest geschikt vond voor de baan. In de groep waar geen melding werd gemaakt van het geslacht, werd met grote meerderheid gekozen voor de beter opgeleide sollicitant. Voor deze groep was de opleiding dus cruciaal. In de groep waarbij de hogeropgeleide sollicitant een man was, werd ook gekozen voor de betere opleiding. Maar in een andere groep, waar de man juist een lagere opleiding had, was de opleiding minder relevant en was er een voorkeur voor meer werkervaring, waardoor er toch weer werd gekozen voor de man in plaats van de hoogopgeleide vrouw.[17]

Waar je aan moet voldoen voor de functie? Dat is altijd datgene wat de mannelijke kandidaat meebrengt.

Zodra mensen deze bevooroordeelde beslissingen gaan rechtvaardigen, spreken we van *casuistic bias*. Het komt gek genoeg vooral voor bij mensen die het hardst schreeuwen dat ze objectieve beslissingen nemen en dat geslacht er niets mee te maken heeft, terwijl zij juist de criteria veranderen gebaseerd op hun onbewuste vooroordelen.[18] Van dit patroon kun je als vrouw behoorlijk onzeker worden. Je ziet namelijk in de vacature dat je geschikt bent voor de aangeboden baan. Als die functie echter aan je neus voorbijgaat en wordt gegund aan een man van wie je weet dat hij minder gekwalificeerd is, doet dat wat met je zelfvertrouwen. De kans is groot dat je het de volgende keer niet eens meer probeert, of alleen nog solliciteert op vacatures als je 100% aan de eisen voldoet. Die *casuistic bias* doet zich overigens ook voor als er geen advertentie wordt gezet, maar recruiters op zoek gaan naar de juiste persoon voor de functie.

TIP Voorkom dat de *casuistic bias* je onzeker maakt. Mensen ervan bewust maken is de enige remedie. Bespreek het met collega's en je manager. Het heeft niets met je eigen kunnen te maken. Spreek je doorzettingsvermogen aan en krabbel weer op.

PATROON 3: skills versus geluk

Iedereen maakt weleens fouten op het werk: een mail naar de verkeerde persoon sturen, bij het doorschakelen van de telefoon het *mute*-knopje vergeten in te drukken of misschien een mooie deal verpesten. Fouten maken is menselijk – tenminste voor mannen. Bij vrouwen ligt dat anders: hun fouten worden als erger bestempeld en worden langer onthouden. Maakt een man een fout, dan wordt dit gezien als risico nemen. Hij heeft in ieder geval een poging gewaagd of heeft gewoon pech gehad.

Maar bij vrouwen is een fout gewoon een fout. Behaalt je mannelijke collega een succes, dan wordt dat meteen een van zijn skills. Behaal jij als vrouw een succes, dan wordt dat óf niet gezien óf beschouwd als geluk. Ook vrouwen zelf doen hieraan mee: zij schrijven hun succes sneller toe aan geluk.[19]

Als je harde werken en de daarbij behorende successen worden weggezet als geluk, heeft dat impact op je zelfvertrouwen. Je kwaliteiten, kennis en expertise hebben immers geen rol gespeeld. Als je dat zelf gaat geloven, ga je je anders gedragen, wat weer impact heeft op de wijze waarop je omgeving je beoordeelt.

TIP Concentreer je bij het vertellen van je succesverhaal vooral op hoe je je eigen vaardigheden hebt gebruikt om dat voor elkaar te krijgen.

Als je in een door mannen gedomineerde omgeving werkt, val je als vrouw veel meer op. Je wordt niet alleen beoordeeld op je eigen kunnen, maar je representeert tegelijkertijd alle vrouwen. Daarnaast treedt er een omgekeerd *cheerleader effect*[20] op. Mensen lijken namelijk aantrekkelijker in een groep en schoonheidsfoutjes worden veel minder opgemerkt. Ben je alleen, dan sta je letterlijk in de spotlights en wordt ook alles opgemerkt. In combinatie met je 'please-opvoeding' kun je het gevoel krijgen dat je het nooit goed genoeg doet. Je gaat jezelf verstoppen of nog harder werken, waardoor je met een burn-out thuis komt te zitten en je je carrièreladder helemaal kunt opbergen.

5.4 Stop met die zelfsabotage!

Het lijkt misschien alsof die onzekerheid, dat perfectionisme en het imposter syndrome vrouwen overkomen en dat ze er maar mee om moeten leren gaan. Maar dat is niet zo. Het is ook niet zo dat ik je de trucjes kan vertellen die mannen toepassen om zonder problemen wel de carrièreladder te kunnen beklimmen. De reden daarvan is simpel: ze hebben geen last van die onbewuste patronen op de werkvloer en hoeven er dus ook niet mee te dealen. Toch kunnen we iets van hen leren: er is namelijk een groot verschil tussen de overschatting van mannen van wat ze kunnen en de onderschatting van veel vrouwen inzake hun capaciteiten. Precies daar ligt de winst – en liggen enorm veel kansen.

Als je je twijfel en angst opzijzet, kun je niet alleen meer bereiken, maar houd je ook nog tijd over voor de echt belangrijke dingen. Ik geef toe: je komt er waarschijnlijk niet helemaal van af en in sommige periodes zal het beter gaan dan in andere, maar je kunt er sowieso voor zorgen dat je de scherpe randjes ervan afhaalt. Maar hoe pak je dit het beste aan?

Gevoelens zijn geen feiten

Als je met je collega's, familieleden of vrienden gaat praten en aan hen vraagt hoe ze je zien, kom je erachter dat je gevoelens helemaal geen vaststaande feiten zijn. Voel je je misschien een nitwit omdat je niet alles weet van een bepaald onderwerp? Je collega ziet dat waarschijnlijk anders. De beroemde quote van Aristoteles zegt eigenlijk al genoeg: 'The more you know, the more you realize you don't know.'

TIP Vraag je omgeving dus om feedback. Wat doe je goed? Waarom vragen ze jouw hulp? Wat zijn je sterke punten en waarmee onderscheid je je?

> **We cannot dim the light that makes us special.**
> JACQUELINE CARLYLE, *The Bold Type*

Bagatelliseer je je successen?

Zodra jij je successen naar beneden haalt, hecht je omgeving er ook minder waarde aan. Zeg je bijvoorbeeld dat je geluk hebt gehad? Of dat je toevallig de juiste mensen kende? Of dat je prestaties alleen het gevolg zijn van 'gewoon' heel hard werken? Stop daar dan direct mee. Het behalen van succes komt door jouw sterke punten, doordat jij de juiste persoon voor het project was.

TIP Gebruik het succesdocument uit het vorige hoofdstuk om je kwaliteiten duidelijk te krijgen. Wat was bijvoorbeeld jouw bijdrage aan het project?

Je hebt niet alles zelf in de hand

Dat het misschien niet altijd van een leien dakje gaat, hoeft niet te betekenen dat je niet geschikt bent voor de functie. Soms komt het succes lastiger tot stand door externe factoren waarover je geen controle hebt. Een oud-collega gaf mij eens het volgende advies: 'Probeer voor jezelf te bepalen wat je anders had moeten doen, maar kijk ook naar dingen waar anderen wellicht anders hadden moeten handelen en evalueer of je daar wel of geen invloed op had kunnen uitoefenen. Het handelen van andere mensen kan ook invloed hebben op jouw prestaties.'

TIP Stop met jezelf de schuld te geven als iets fout gaat. Ze zeggen niet voor niets dat je juist leert van de dingen die anders gingen dan gepland.

Stop het over-analyseren

Misschien ken je het wel. Je hebt net met iemand een leuk gesprek gevoerd over een nieuw project en jullie hebben afgesproken om snel contact te hebben om het verder door te spreken. Of misschien heb je wel gesolliciteerd op een nieuwe baan. Alleen je hoort niet direct iets. In plaats van dat je vol vertrouwen uitkijkt naar een berichtje, begint je innerlijke stem je compleet gek te maken. De 'stel dat'-scenario's vliegen je om de oren. Voordat je überhaupt een afwijzing hebt gekregen, heb je jezelf inmiddels helemaal afgeschreven.

Zolang je toelaat dat je irrationele gedachten over jezelf hebt, blijf je last houden van het imposter syndrome. Zolang je van jezelf accepteert dat je niet solliciteert op een andere baan omdat je bang bent de functie niet aan te kunnen en zolang je blijft denken dat je geluk hebt gehad, kom je geen stap verder. Baseer je op rationele gedachten, op je prestaties en kijk naar je carrièregeschiedenis. Accepteer dat je goed bent en wees je bewust van je sterke punten.

TIP Zorg goed voor jezelf. Als je niet lekker in je vel zit, komen negatieve gedachten je sneller lastigvallen.

Steek niet overal evenveel tijd in

Steek energie in taken met hoge prioriteit. Voorkom dat je je energie verliest aan het blussen van zogenaamde brandjes, maar focus je op taken die voor jou belangrijk zijn. Laat je niet verleiden tot het constant oplossen van problemen van anderen, tenzij er een heel goede reden voor is. Stop met activiteiten die zelfsabotage in de hand werken; denk bijvoorbeeld aan het constant checken van je social media terwijl er een deadline op je wacht. Kijk of je de taken die minder prioriteit hebben of minder belangrijk zijn eventueel kunt uitbesteden, zodat je met volledige focus met de belangrijke zaken bezig kunt zijn. Probeer hier vooral het eindresultaat in gedachten te houden.

TIP Inventariseer welke taken je het meest opleveren. Denk daarbij ook aan de 80/20-regel, waarbij in dit geval 20% van je taken voor 80% bijdraagt aan je succes.

Ik heb het nog nooit gedaan, dus ik denk dat ik het kan

Deze uitspraak van Pippi Langkous heeft mij enorm geholpen om te durven falen. Als perfectionist blijf je vaak dezelfde werkzaamheden uitvoeren, omdat je weet dat je die 100% goed kunt doen. Toen ik het verzoek kreeg een Engelstalige presentatie te geven, brak het zweet me uit. Dat kon ik toch nooit perfect doen (ik ben namelijk erg onzeker over mijn uitspraak van het Engels), maar net als Pippi deed ik het dit keer wel. Na de presentatie was ik enorm verdrietig, want het was niet perfect gegaan. Maar ondertussen kreeg ik wel allemaal leuke en positieve reacties van de deelnemers. Een coach vertelde mij eens dat het niet altijd perfect hoeft, maar dat je moet onthouden dat jij daar staat te presenteren en dat je niet voor niets gevraagd bent!

> Event organizers often tell me it is harder to get women on stage and they cancel more. This isn't a 'because they're women' thing though. We have simply not had as much opportunity to work through perfectionism, imposter complex, or strengthen these muscles. Yet!
>
> JESSIKA LYNCH, *speaker coach at Revolve for Impact and co-founder WomenTalkTech*

TIP Mensen die kampen met perfectionisme, onzekerheid en het imposter syndrome, krijgen het advies om vaker 'nee' te zeggen om burn-out verschijnselen te voorkomen. Ze steken vaak zoveel energie in een nieuw project dat het hun soms te veel kan worden. Maar daardoor blijven ze wel angstig en afwachtend. Zeg eens vaker 'ja' tegen dingen die je nog nooit hebt gedaan. Juist door te proberen en te falen leer je.

80% is ook voldoende

80% is voor een perfectionist vaak toch nog meer dan waar niet-perfectionisten tevreden mee zouden zijn. Nederland is een land met een 'zesjescultuur'. Strebers worden vaak met de nek aangekeken. Als je met minder tevreden bent, zul je merken dat je beter in de groep komt te liggen, wat ook weer helpt bij de persoonlijke groei in het bedrijf.

TIP Besef dat je met die 80% nog steeds boven het gemiddelde uitsteekt. Je maakt het alleen makkelijker voor jezelf.

> **We need to accept that we won't always make the right decisions, that we'll screw up royally sometimes – understanding that failure is not the opposite of success, it's part of success.**
> ARIANNA HUFFINGTON, *mede-oprichter en hoofdredacteur van The Huffington Post*[21]

Wat kost het om te streven naar perfectie? Misschien leidt het wel tot gezondheidsproblemen, kun je minder tijd met familie en vrienden doorbrengen of zorgt het ervoor dat je verdrietig door het leven gaat. Is dat het waard? Wees niet boos op jezelf als je weer in een onzekerheidsput valt. Probeer er zelf uit te klimmen of vraag of iemand anders je misschien een ladder kan toegooien.

6

Wees duizend mannen te erg

'Een vrouw is duizend mannen te erg' is een oud gezegde. Het heeft verschillende betekenissen. Zo kan het betekenen dat een vrouw een man altijd te slim af is[1] of dat vrouwen dominant zijn. Een andere uitleg is dat vrouwen over eigenschappen beschikken waardoor ze in bepaalde situaties zelfs 'voor duizend mannen TE erg' te zijn.[2] Tenminste, volgens de mannen zelf. In tegenstelling tot mannen krijgen vrouwen vaak het woordje 'te' te horen. Ze zijn te soft, te emotioneel, te direct, te sterk, te dik, te dun, te oud, praten te hard of te veel, gedragen zich te dominant, te enthousiast, te bazig of zijn gewoon te veel.

Waarschijnlijk heb je dit zelf al eens gehoord van je leidinggevende of collega's. Het is namelijk dé manier om je af te wijzen, om je stil te houden en om je te veranderen, waardoor de persoon die het tegen je zegt in zijn eigen veilige cocon kan blijven zitten. Waarom krijgen vrouwen dit soort labels opgeplakt en welke delen we zelf uit? Wat is de impact van labels zodra je op de ladder stapt? En waarom hebben vooral vrouwen in een mannenomgeving last van deze labels?

6.1 Het label 'te'

Wanneer je hoort dat je van iets 'té' bent, ga je daarover nadenken. Dit soort kritiek gaat je niet in de koude kleren zitten. Je besluit misschien om eraan te gaan werken en jezelf te veranderen, zodat je wel 'goedgekeurd' wordt door de kritiekgever. Je gaat daar misschien zo ver in dat je jezelf op een gegeven moment niet eens meer herkent. Je bent de perfecte persoon aan het spelen en dat is doodvermoeiend. De meestgebruikte 'te'-labels op de werkvloer zijn: te direct, te emotioneel en te bazig.

Te direct?

Een paar jaar geleden hoorde ik voor het eerst dat ik 'te direct' was. Het kwam terug in de feedback van collega's en van mijn directe manager.

Natuurlijk ging ik direct op zoek naar manieren om dat niet meer te zijn. Ik werkte hard en wilde niet dat zoiets stoms mijn beoordelingen naar beneden haalde. Er zijn veel coachingstrajecten, blogs of opleidingen te vinden om je 'te' directe aanpak te veranderen. Overal stond dat het goed is om aan je 'te' directe manier van communiceren te werken, omdat dit beter voor jou is: beter voor de relatie, voor de samenwerking en voor de boodschap die je wilt overbrengen.

When I'm direct, I maybe come across as not being as 'nice' as people would want me to be.
BRIANNA HUY, *senior vice president Health Media bij Weber Shandwick*[3]

Vrouwen worden vaker weggezet als 'te direct', 'te assertief' en 'te fel'. Het zijn kenmerken die horen bij mannelijk leiderschap, maar die bij een vrouw een negatieve lading krijgen. Uit onderzoek[4] waarbij werd gekeken naar tweehonderd prestatiebeoordelingen, blijkt dat 76% van de vrouwen het label 'te fel' kreeg, terwijl 24% van de mannen dat label opgeplakt kreeg. Maar de waarheid is dat je niet 'te direct', 'te assertief' en 'te fel' bent. Wat de persoon eigenlijk bedoelt, is: 'Ik heb geen idee wat ik moet doen als een vrouw zo praat. Ik voel mij daar niet prettig bij.'

Toch liet ik mij leiden door alle blogs en online adviezen, ik ging aan de slag om mezelf te veranderen. Maar wat bleek? Het was nooit goed genoeg. Hoe hard ik ook mijn best deed, ik bleef 'te' direct. Alsof het een makkelijke manier was om toch iets negatiefs te vinden. Toen ik op een dag mezelf niet meer terugkende en merkte dat ik steeds stiller werd, was ik er klaar mee. Het kostte mij namelijk bakken met energie om iemand anders te worden. Als ik wel wat zei, sloeg het ergens op en ik hoorde vaak dat anderen er ook zo over dachten, maar het niet ter sprake durfden te brengen. Waarom bleef het dan als negatieve opmerking staan in al mijn beoordelingsgesprekken? En in hoeverre heeft het label 'te direct' (onbewust) impact gehad op mijn carrière?

Te emotioneel?

Vrouwen kunnen – zeker in een door mannen gedomineerde omgeving – ook als 'te emotioneel' worden bestempeld. In veel carrièreadviezen vind je ook het advies 'huil nooit op kantoor' terug. Het vindt zijn oorsprong in de traditionele opvoeding van jongens en meisjes. Terwijl jongens hun boosheid of frustratie op de 'normale' manier mogen uiten, wordt meisjes juist aangeleerd dat het oké is om je emoties te tonen. Als een vrouw zich boos maakt over een onderwerp tijdens een vergadering, of teleurgesteld of misschien wel nerveus is, kan dat zich uiten in een emotionele reactie zoals huilen. Dat is namelijk aangeleerd. Mannen uiten zich dan juist eerder op een 'agressieve' en kordate manier, iets wat andere mannen op de werkvloer beter begrijpen dan een emotionele reactie. Hun is namelijk afgeleerd een emotionele reactie te tonen. Gevoelig zijn hoort niet bij een 'echte' man. Hoewel vrouwen dezelfde emotie hebben, laten ze die op een andere manier zien. Een kordate manier van reageren wordt beschouwd als een van de kenmerken van goed leiderschap, terwijl huilen als zwakte geldt. Ook dit label heeft impact op de stappen die je op de ladder kunt zetten.

Te bazig?

Als een man de leiding neemt, is hij een leider. Neemt een vrouw de leiding, dan is ze bazig. Het woord bazig wordt door velen alleen gebruikt voor vrouwen – en dan met een negatieve connotatie. Van mannelijke leiders wordt verwacht dat ze assertief, zelfverzekerd en besluitvaardig zijn. Als een vrouw deze eigenschappen laat zien, wordt dat negatief geïnterpreteerd en wordt ze niet aardig gevonden. Maar is ze aardig en ondersteunend, dan wordt ze gezien als zwakke leider. Dit wordt ook wel de *double bind* genoemd: vrouwen kunnen het eigenlijk nooit goed doen.[5]

I'm not bossy. I'm the boss.
BEYONCÉ KNOWLES, *zangeres, songwriter en actrice*

6.2 Het mama-label

Het 'te-label' krijgen we vaak opgeplakt, maar er zijn ook labels die we onszelf opplakken. Het mama-label is daar een typisch voorbeeld van. Misschien is het je weleens opgevallen dat mannen zich tijdens een voorstelrondje sporadisch als 'vader van een X-tal kinderen' voorstellen en dat vrouwen dat juist wel doen. Ook worden vrouwen met kinderen door anderen als 'moeder' voorgesteld. Waarom kan dit mama-label impact hebben op onze carrière?

Het voorstelrondje: 'Ik ben moeder van ...'

Het mama-label lijkt onschuldig, want als moeder ben je natuurlijk supertrots op je kinderen. Misschien was het wel lastig om kinderen te krijgen of was de bevalling zwaar en heb je flink moeten vechten om moeder te worden. Hoe dan ook is het onbewust een onderdeel van wie je bent. Met het mama-label is ook helemaal niets mis, zolang je je maar realiseert dat het impact kan hebben op hoe anderen je zien en dat het de focus verlegt van jou als *kickass* werknemer naar 'moeder van'.

Een aantal jaar geleden werd ik uitgenodigd voor een heel prestigieus programma, het International Visitor Leadership Program. Elk jaar wordt er vanuit de Amerikaanse Department of State uit elk land iemand uitgenodigd die wordt gezien als een 'toekomstig leider'. Dit programma duurt vier weken en in mijn editie zaten alleen maar vrouwen. We waren met ongeveer veertig vrouwen uit de hele wereld en begonnen met een voorstelrondje. Daarin moesten we een aantal vragen beantwoorden. De eersten gingen voortvarend van start en beantwoordden de vragen. Maar persoon 6 voegde eraan toe dat ze 'trotse moeder van zoveel kinderen was', waarna de persoon erna dat overnam. Op een gegeven moment ging het opvallen, waarop ik aangaf: 'We zijn toch niet hier omdat we moeder zijn en dat we kinderen op de wereld hebben gezet, maar omdat je impact hebt gemaakt in je land?' Mensen keken mij aan of ik een soort monster was, alsof ik niet toestond dat vrouwen over hun kinderen praten. Daar heb ik in die periode nog vaak negatieve reacties op gehad. Maar ik wilde juist weten wat hen drijft en inspireert.
MARY-JO DE LEEUW, *techexpert*

Je maakt jezelf kleiner

Jezelf voorstellen als moeder is dus niet altijd even handig en relevant. Hierdoor maak je jezelf kleiner, zet je je successen op het werk niet in de spotlights en krijg je ook nog eens een label opgeplakt. Natuurlijk beweer ik niet dat je nooit over je kinderen mag praten. Er zijn ook genoeg mannelijke collega's die verhalen over hun kinderen vertellen. Het gaat er meer om dat je een onderscheid maakt tussen 'het praatje aan de lunchtafel' en de momenten waarop je kunt shinen als professional, waar je je vaak beperkte tijd beter kunt gebruiken om je successen te delen, jezelf 'groot' te maken en je kennis te tonen. Als je dan begint met: 'Ik ben moeder van ...', leidt dit direct tot onbewuste aannames bij de andere partij. Je zet jezelf meteen op achterstand omdat mensen zaken voor je gaan invullen. Een zakenreis? 'O, we vragen haar maar niet, want ze heeft kinderen.' Een nieuw project? 'Zullen we haar maar niet op de shortlist zetten? Daar zal ze vast geen tijd voor hebben.'

Wees je bewust van je eigen gedrag waardoor anderen je makkelijk een label kunnen geven. Dat stopt niet bij een mama-label. Denk bijvoorbeeld ook aan het zelf benoemen van je tekortkomingen, zodat anderen dat niet hoeven te doen (waarbij je ervan uitgaat dat anderen die tekortkomingen allang hebben opgemerkt). Zorg er juist voor dat de zaken die je bereikt hebt in de spotlight staan.

6.3 Het vaatwasser-label

En dan is er nog het zogenaamde 'officewerk': de verzorgende taken op kantoor. Denk hierbij aan het uitruimen van de vaatwasser en dingen opruimen, maar ook aan koffie halen en notities maken tijdens vergaderingen. Waarom wordt er automatisch van uitgegaan dat vrouwen dit wel doen? En waarom moet je direct 'nee' zeggen tegen dit soort klusjes?

Kun jij koffie halen?

Het kan nog gekker. Een vrouw vertelde mij het volgende verhaal. Vanuit haar specialisme was ze gevraagd om een vergadering bij te wonen waaraan ook enkele directieleden deelnamen. Een van hen keek haar aan en vroeg: 'Kun je misschien koffie voor mij halen?' Ze was verbaasd! Waarom zou zij in hemelsnaam koffie moeten gaan halen? Haar antwoord was dan ook: 'Als je toch gaat, neem dan een koffie zwart voor mij mee.' Daarmee gaf ze direct aan dat ze niet gediend was van deze stereotiepe vraag.

Kun je notuleren?

Niet alleen krijgen vrouwen het verzoek om koffie te halen, bij een vergadering wordt meestal ook van de vrouwelijke deelnemer verwacht dat zij notuleert. Het is misschien niet erg om te moeten notuleren, maar omdat je daar druk mee bezig bent tijdens de vergadering word je nog onzichtbaarder. Neem gewoon geen laptop, tablet of pen en papier mee naar een vergadering en stel zeker niet voor om die zaken nog even snel te halen. Zorg ervoor dat je alle energie en tijd hebt om zichtbaar te worden tijdens de vergadering.

In de tech wordt vaak gewerkt met declarabele uren. Hoe meer uren je voor de klant of het project werkt, hoe meer er gefactureerd kan worden en hoe hoger je productiviteitspercentage. Bij sommige bedrijven is dit percentage leidend en worden er zelfs wekelijkse top X-lijsten rondgestuurd. Je productiviteitspercentage kan impact hebben op je beoordelingen. Elke keer als jij ervoor kiest om officewerk te doen, kies je ook voor minder declarabele uren (of je moet overwerken). Wees je dus bewust van de impact van deze werkzaamheden.

6.4 Zorg dat het niet blijft plakken!

Dat labelen is iets wat onbewust gebeurt. We denken daarmee sneller te weten wat we aan iemand hebben. Alleen zijn de labels die vrouwen opgeplakt krijgen, gebaseerd op ouderwetse denkbeelden en stereotypering. Ervan afkomen is niet makkelijk. Er is lef voor nodig om tegen je leidinggevende 'nee' te zeggen als hij of zij je vraagt koffie te halen. Anders dan bij de vorige hoofdstukken ligt de oplossing voor dit probleem veel minder bij het individu. Daar komt bij dat je ook niet even bij de mannen kunt kijken hoe zij het aanpakken: zij hebben er namelijk veel minder last van. Toch zijn er punten waarmee je aan de slag kunt, in eerste instantie om die vervelende labels aan te pakken, maar ook om de volgende stap te zetten. Laten we er namelijk voor gaan zorgen dat we het spreekwoord 'een vrouw is duizend mannen te erg' alleen nog gaan associëren met 'een vrouw is een man altijd te slim af'. Hoe pakken we dat het beste aan?

Maak mensen bewust van het plakken van labels

Het begint met bewustwording. Besef dat als je zelf labels gebruikt in een peer-to-peer review, je daar niet alleen de persoon zelf mee kunt schaden, maar ook zijn of haar carrière. Stop dus zelf met het labelen van mensen. Hoor je dat iemand een label opgeplakt krijgt van collega's of leidinggevende, ga hier dan niet in mee en maak het bespreekbaar. Zit je in een leidinggevende positie of ben je aanwezig bij een beoordelingsgesprek van iemand anders en zie je dat er 'label-feedback' is gegeven? Geef het dan niet op deze manier door aan de ontvanger. Bespreek het wel met de feedbackgever en zorg dat duidelijk is wat voor impact dit op iemand kan hebben. Maak duidelijk waarom we van die labels af moeten om echt impact te kunnen hebben.

TIP Kies je woorden zorgvuldig bij het beschrijven van iemands prestaties.

Zeg nee tegen huishoudelijk werk op kantoor

Vaatwasser uitruimen? Nee, bedankt. Koffiemachine schoonmaken? Daar heb ik geen tijd voor. Broodjes bestellen? Kun je dat zelf niet doen? Uiteindelijk gaat het om het woord 'nee'. Meer is er niet nodig als iemand je vraagt om huishoudelijk werk op kantoor te doen. Uitleggen hoeft niet. Hoe mindful het soms ook kan zijn om even de vaatwasser in te ruimen op het werk: doe het niet.[6]

Ik offerde mij vaak op om notities te maken. Dat vond ik leuk en zeker toen we thuiswerkten, zorgde het ervoor dat ik veel meer focus had op wat er tijdens de vergadering gezegd werd. Zelfs toen ik als teamleider vergaderingen belegde met mijn team, maakte ik vaak nog de notities. Ik merkte dat ik daardoor moeilijker aan het woord kwam. Ik moest namelijk eerst dingen opschrijven voordat ik kon reageren. Daarnaast was er niemand die míjn inbreng kon noteren. Mensen die niet aanwezig waren en de notities later lazen, zagen mijn reacties helemaal niet terug. Enorm onhandig als je juist een goed idee hebt geopperd. Je kunt het nooit meer terughalen. Daarnaast kostte het notuleren me niet alleen tijd tijdens de vergadering, maar ook erna, toen ik alles nog moest doorlezen en doorsturen.

TIP Houd er rekening mee dat als je eenmaal 'ja' hebt gezegd, mensen de volgende keer automatisch verwachten dat je het weer doet.

Blijf jezelf

Het is moeilijk om jezelf te blijven als je labels opgeplakt krijgt. Het voelt zo persoonlijk en het kan je onzeker maken, vooral als je net je eerste stappen op de werkvloer hebt gezet en op zoek bent naar goedkeuring en bevestiging. Toch is het belangrijk om dicht bij jezelf te blijven. Als je jezelf gaat veranderen in de hoop dat je het label kwijtraakt, is de kans groot dat je je in allerlei bochten gaat wringen om goedgekeurd te worden, terwijl dat nooit zal gebeuren. Zodra je een label opgeplakt krijgt, kom je er niet zomaar van af.

Als je gewoon jezelf kunt zijn, ben je 30% productiever.
BIANCA NIJHOF, *algemeen directeur van het Netherlands Water Partnership*[7]

Blijft het label je achtervolgen en merk je dat je daardoor kansen mist, dan zit je misschien niet bij de juiste organisatie. Om uitval in een organisatie te voorkomen is het belangrijk dat niet alleen jij je hiervan bewust bent, maar de gehele organisatie.

TIP Laat je door niemand iets aanpraten en neem 'label-feedback' met een korrel zout.

Geef jezelf geen labels

Jezelf labels geven is enorm makkelijk, maar heeft grote impact. Misschien denk je dat je het beter zelf kunt doen dan dat de ander het doet. Zo gaf ik mensen al snel de waarschuwing dat ik wat direct kan overkomen, waarmee ik zonder reden mezelf een label gaf. Het is een manier om jezelf klein te maken en alvast 'sorry' te zeggen. Dus zeg wat je denkt, bereid je goed voor, zorg dat je alle data en onderzoek paraat hebt en zeg nooit sorry!

TIP Zie je dat iemand in je omgeving zichzelf onbewust labels geeft? Geef dat dan aan en vertel haar dat het helemaal niet nodig is!

Wees ze te slim af

Krijg je toch feedback in de vorm van labels? Vraag dan naar voorbeelden of zeg dat je jezelf er niet in herkent en buig het om naar je sterke punten. Focus het gesprek op wat goed gaat, op zaken waar je trots op bent of zorg dat je labelloze feedback van collega's paraat hebt. Het allerbelangrijkste is voorkomen dat het label in je persoonlijke dossier terechtkomt. Daar snuffelt een eventuele nieuwe manager namelijk als eerste in.

TIP Ga goed voorbereid een coachings- of functioneringsgesprek in. Veeg labels direct van tafel.

Het vechten tegen labels is moeilijk en je lost het niet zomaar op. Het is een typisch trucje waarmee mannen (maar ook vrouwen) je naar beneden kunnen halen. Zodra mensen daarmee ophouden, zul je zien dat de ladder makkelijker te beklimmen is.

7 It's a man's world

Mannen, ze vormen de helft van de bevolking, maar op een techwerkvloer ben je door hen omringd. Dat hoeft helemaal niet erg te zijn, misschien vind je het wel fijner werken. Maar aan de andere kant heb je misschien gemerkt dat ze soms een andere taal spreken. Of dat ze onder elkaar bepaalde rituelen hebben. Daarnaast gedragen ze zich anders als er een vrouw in de buurt is. Dat kan een negatieve impact hebben op je kansen op de werkvloer. Het zijn namelijk eigenschappen die van jongs af aan worden aangeleerd, die zich verzamelen in een *old boys network*. Welke rituelen zijn er? Welk gedrag kom je bij mannen op de werkvloer vaak tegen? En hoe ga je daar slim mee om?

7.1 De rituelen van het old boys network

Het old boys network is een informeel netwerk van gezaghebbende en hoogopgeleide mannen die meestal een hoge en belangrijke functie hebben. Als er bepaalde functies of banen te vergeven zijn, bemiddelen ze vaak of doen ze een goed woordje voor andere mannen uit datzelfde netwerk of uit hun directe omgeving.[1] Volgens sommigen zou dit netwerk niet meer bestaan, maar anderen vinden juist dat vrouwen dankzij dit netwerk minder kansen krijgen op de werkvloer. Voor mannen is het opbouwen van een zakelijk netwerk een vanzelfsprekend ritueel. Ook in jouw organisatie zijn de rituelen van het old boys network aanwezig. In de tech reageren we hierop door *one of the boys* te worden. We passen ons aan om leuker gevonden te worden en denken dat we door mee te doen met die rituelen, wel bij de groep gaan horen. Maar uiteindelijk bereiken we alleen maar dat we juist minder serieus worden genomen.

Er zijn boeken en blogs volgeschreven waarin de zogenaamde geheimen van het old boys network worden ontrafeld en waarin wordt uitgelegd hoe je er als vrouw tussen komt. Vakbekwaamheid en inzet staan machteloos tegenover rituelen, zegt Silke Foth in het boek *Op de ladder door het glazen plafond*[2]. Onder water speelt er meer dan je denkt. Je kunt nog zo hard werken, als je manager iets goed te maken heeft met een mannelijke collega, sta je alsnog machteloos en gaat die gedroomde promotie aan je neus voorbij. Ga er niet van uit dat die rituelen in jouw bedrijf niet spelen, je hebt ze alleen nog niet ontdekt. De vraag is: ga je je aanpassen aan deze rituelen om te proberen erbij te horen of gebruik je ze om je eigen pad te bewandelen?

> **Neem een paar mannelijke gedragingen over en ga daarna je eigen weg. Hierdoor kom je op de plekken waar de beslissingen genomen worden. Ik ga zelf ook nooit naar bijeenkomsten zoals deze, waar alleen maar vrouwen aanwezig zijn. Ga nooit netwerken in het kippenhok als de beslissingen genomen worden in het hanenhok.**
> MARIANNE ZWAGERMAN, *columnist bij De Telegraaf*[3]

De quote van Marianne Zwagerman geeft exact de scheidslijn aan. We moeten accepteren dat er tussen de mannen bepaalde rituelen spelen. Door daar handig gebruik van te maken en ze te herkennen, kom je sneller op de plek waar de beslissingen genomen worden. Met welke rituelen moet je zeker rekening houden en hoe haal je er het meeste voordeel uit?

Buitensluiting-ritueel

Dit ritueel komt op de werkvloer eigenlijk in meerdere gedaantes voor. Herken je misschien die momenten dat een stel mannen elkaar opzoekt tijdens de lunch en dat er een stilte valt als jij dichterbij komt, of dat ze je negeren of ineens overstappen op een ander onderwerp? Of dat je als je eindelijk die promotie binnenhebt, toch niet wordt geaccepteerd door de andere leidinggevenden? Misschien hadden ze liever een mannelijke collega op jouw plek gezien. Elke vrouw voelt dit buitensluiting-ritueel. Vooral jonge vrouwen kiezen er dan voor om zich in allerlei bochten te wringen om er op een of andere manier toch bij te horen. Ze gaan bijvoorbeeld meepraten over sport, auto's of andere onderwerpen waar ze zelf weinig mee hebben. Het enige wat je met dit meepraten bereikt, is dat je wordt geaccepteerd als man en niet als vrouw. Als je dat prima vindt, ga daar dan vooral mee door, maar je langdurig voordoen als een man kan voor jou als vrouw schadelijk zijn.

> **Werk, praat, plan, organiseer, beslis en bestuur met mannen, maar probeer niet in de mannenstam te worden opgenomen. Vergeet niet waar je geestelijke geboortegrond ligt. Dan voel je je tussen de mannen niet langer een ongewenste asielzoekster.**
> SILKE FOTH, *auteur van Op de ladder door het glazen plafond*

Misschien denk je dat als je maar genoeg je best doet, je er op een gegeven moment wel bij gaat horen. Dat is niet waar. Het is een ritueel waardoor je je soms eenzaam kunt voelen. En de strijd ertegen maakt je misschien nog wel eenzamer. De oplossing is vrij simpel. Als ik de succesvolle *Ladies Nights* of niet-gemengde vrijgezellenavonden noem, wordt het je misschien duidelijk. De Ladies Nights zijn zo'n succes omdat de avond is opgezet voor vrouwen. Je komt er alleen maar vrouwen tegen en daarmee creëer je een veilige bubbel. Dat vrijgezellenavonden niet gemengd zijn, heeft een reden. Ook daar verandert de sfeer zodra mensen van het andere geslacht deelnemen. Ga op zoek naar een groep waar je je wel thuis voelt. Grote kans dat je sneller naar andere vrouwen in je organisatie toe trekt (waar ik weer de noodzaak aanstip van meer vrouwen in een organisatie), maar dat hoeft niet altijd. Zo kwam ik er al snel achter dat het tafelvoetbal in de pauze een ritueel is waarvan ik moest accepteren dat ik er niet welkom was. Maar ik kon wel aansluiten bij het groepje dat in elke pauze ging wandelen. Maak voor jezelf duidelijk waar je bij wilt horen.

Meeting-ritueel

Herken je het volgende ritueel? Na een meeting of presentatie van een van je leidinggevenden lopen er altijd een paar mannelijke collega's naar de presentatiegever om te zeggen hoe voortreffelijk die het deed. Zo steken ze wat veren in zijn of haar kont, terwijl de vrouwen juist de ruimte met spoed verlaten omdat er nog werk ligt. Ook dat is een ritueel. Zolang je genoeg trouw bewijst, word je vanzelf een veelbelovende kandidaat. Het gaat er niet om wie presteert, maar wie veel onderdanigheid vertoont. Wie veel veren uitdeelt, krijgt de waardering.

Maar hoe krijg je dit voor elkaar zonder een hielenlikker te worden? Na een meeting loop je even naar de persoon met de meeste invloed, je glimlacht vriendelijk, geeft wat feedback in de trant van 'interessante presentatie, ken je trouwens het nieuwe onderzoek X?'. Je geeft misschien nog antwoord op een vraag van een ander en dan ga je er onopvallend vandoor, zodat niemand doorheeft dat je de ruimte alweer hebt verlaten. Het kost misschien een paar minuten, maar in het kader van het ritueel is dat meer waard dan maanden hard werken. Plan dit moment dus zeker in je agenda.[4]

Loyaliteit-ritueel

Hoe hard het misschien ook klinkt: verwacht geen loyaliteit van mannelijke collega's (ook niet van sommige vrouwelijke collega's, maar daar ga ik in het volgende hoofdstuk verder op in). De kans is groot dat een mannelijke leidinggevende eerder loyaal is aan een lager geplaatste man dan aan een vrouwelijke leidinggevende van gelijke rang. Het is ook de reden dat vrouwen afgescheept kunnen worden met 'ze had nooit in het team gepast of ze past niet in onze cultuur'.[5]

Die loyaliteit wint altijd, ook als die botst met de rechtvaardigheid. Het is dus belangrijk dat je je zo snel mogelijk realiseert dat je geen loyaliteit hoeft te verwachten. Dan word je ook niet meer teleurgesteld. Denk ook niet dat je die loyaliteit wel krijgt door je zo veel mogelijk als een man te gedragen en juist wel loyaal te zijn naar de mannen. Het enige wat je dan voor elkaar krijgt, is dat je minder serieus wordt genomen.

Zo vertelde Anna, projectmanager bij een e-commerce agency, dat een van haar mannelijke collega's twee projecten gigantisch in de soep had laten lopen. 'Iedereen wist dat, maar het frappante was dat iedereen loyaal aan hem bleef en zelfs redenen verzon om hem in een goed daglicht te zetten. Niet alleen directe collega's deden daaraan mee, maar ook collega's van andere teams, afdelingen en zelfs leidinggevenden. Dit soort loyaliteit heb ik niet ervaren toen ik zelf een fout maakte.'

Natuurlijk kun je niet iedereen over één kam scheren. Er zijn mensen in je omgeving die wel loyaal zijn. Bouw dus je eigen loyaliteitsnetwerk op.

7.2 Typen mannen op de werkvloer

Niet alleen rituelen op de werkvloer kunnen vrouwen tegenwerken, ook kun je een aantal verschillende typen mannen[6] tegenkomen met wie het verdomd lastig samenwerken is. Hoe kun je ze herkennen en wat moet je doen als je met eentje wordt geconfronteerd?

De Interrumpeer

Je herkent de volgende situatie misschien wel: je zit in een meeting en licht een nieuw project toe. Vanuit het niets neemt je mannelijke collega het gesprek over. De Interrumpeer is geneigd om bij mannelijke collega's juist voort te bouwen op wat er gezegd wordt, terwijl hij vrouwen abrupt afbreekt en het verhaal overneemt. Onderzoekers van de George Washington University kwamen erachter dat mannen gemiddeld drie keer zo vaak geneigd zijn om vrouwen in de rede te vallen als mannen.[7] Het bekendste voorbeeld is misschien wel het moment tijdens de Video Music Awards, toen Kanye West de microfoon afpakte van winnares Taylor Swift om te vertellen dat Beyoncé had moeten winnen. Uit onderzoek blijkt dat mannen tijdens professionele meetings meer spreektijd krijgen en mensen vaker onderbreken.[8] Vrouwen hebben dubbel zoveel kans om onderbroken te worden, door mannen én vrouwen. Nu denk je misschien: waarom zou je je hier druk om maken? Laat die mannen lekker gaan. Maar elke keer dat je onderbroken wordt, kun jij je verhaal niet vertellen, kun jij geen succesvol idee opperen en kun je niet zichtbaar zijn.

OPTIE 1: ga gewoon door met praten

Als je aan het woord bent, zorg dan voor korte pauzes en geef geen ruimte om onderbroken te worden. Rosanne Hertzberger is hier heel goed in, let maar eens op haar interviews. Zie je dat iemand je wil onderbreken? Aarzel dan niet om bijvoorbeeld te zeggen: 'Ik zie dat je iets wilt zeggen, maar ik wil graag eerst mijn verhaal afmaken.' Of doe zoals Kamala Harris tijdens haar debat met de toenmalige vicepresident van de Verenigde Staten, Mike Pence, waarbij ze constant werd onderbroken. Ze zei glimlachend: 'Mr Vice President, I'm speaking.'[9] Een andere vorm, die je in Nederlandse talkshows vaak ziet, is 'het vingertje'. Dit is heel simpel. Terwijl je doorpraat steek je je wijsvinger op en maak je een 'sst'-beweging richting de persoon die je onderbreekt. Je kunt ook je hele hand gebruiken om de ander te laten stoppen. Gebruik geen woorden als 'mag ik' of 'sorry, maar...'. Hierdoor maak je je inbreng kleiner en geef je je omgeving de kans om je direct te onderbreken. Ga vooral niet te snel praten, want daardoor wordt je boodschap minder goed begrepen en kom je onzeker over.

OPTIE 2: kies de juiste plek
Vind je het lastig om tijdens een meeting het woord te krijgen of te behouden? Kies dan minimaal een plek uit waar de belangrijkste personen zitten. Ga bijvoorbeeld zitten naast de persoon die de vergadering heeft georganiseerd. Heb je een sprintplanning, ga dan naast de scrummaster zitten.

Als je ziet dat een vrouw wordt onderbroken, help haar dan door te vragen of ze haar verhaal mag afronden. Vraag iemand om haar mening wanneer je in de gaten hebt dat ze niet de gelegenheid krijgt om haar mening te geven. Een andere optie is om voor te stellen dat er sowieso niemand meer onderbroken wordt tijdens een meeting. Dit kun je afspreken met je leidinggevende en collega's.

Dat vrouwen onderbroken worden, komt in alle lagen van de werkvloer voor. Zo werd in maart 2021 duidelijk dat in het kabinet-Rutte III vrouwelijke ministers en staatssecretarissen in vergaderingen regelmatig in de rede werden gevallen of afgekapt – vaker dan hun mannelijke collega's. Deze interrupties kwamen vooral van demissionair premier Rutte, als voorzitter van de ministerraadsvergaderingen. Uiteindelijk besloten de vrouwen er iets van te zeggen. Minister Ingrid van Engelshoven (D66): 'Als je merkt dat iemand in z'n leiderschap een beetje moeite heeft om met diversiteit om te gaan, dan leg je dat op tafel en bespreek je het.' De bewindsvrouwen spraken ook onderling af om elkaar rugdekking te geven.[10]

De Jatgast

In een vergadering opperde ik weleens een idee of gedachte waarvan ik dacht dat die waardevol was voor het gesprek. Wat daarop volgde, was vaak een ijzige stilte. Een paar minuten later...

Kun jij dit verhaal afmaken? Waarschijnlijk kom je dan met: ... kwam een man met hetzelfde idee en de andere mannen vonden het briljant! De reden dat je het verhaal kunt afmaken, is omdat dit vrouwen vaak overkomt. Herinner je je nog het verhaal aan het begin van dit boek over Ada Lovelace? Zij schreef als eerste een stukje code (in 1843), maar alle waardering ging naar haar mannelijke collega.

De Jatgast is iemand die de credits krijgt voor het werk van anderen. Dit lukt hem bijvoorbeeld door ideeën uit het team te presenteren alsof het zijn eigen ideeën zijn, of door waardering voor een idee te accepteren waarvan hij weet dat het niet zijn idee was. Soms gebeurt het zelfs zonder dat hij er iets voor doet. Zodra iemand anders de credits krijgt voor jouw idee, kun je het heel moeilijk nog in jouw successendocument opnemen. Dat kan weer impact hebben op jouw mogelijkheden tot promoties, loonsverhogingen en andere kansen. Het is logisch dat je sommige ideeën eerst wilt polsen bij collega's, maar doe dat bij voorkeur bij mensen uit je loyaliteitscirkel. Op de werkvloer is het soms eten of gegeten worden.

OPTIE 1: breng altijd zelf het idee in

Geef nooit, maar dan ook nooit, een goed idee aan een ander. Ook niet als je denkt dat het daardoor beter valt in de organisatie. Zorg ervoor dat jouw ideeën in de notulen worden vermeld. Blijf tijdens de vergadering alert en breng dat idee weer bij je terug door bijvoorbeeld het laatste woord te pakken. Gebruik daarbij actieve woorden, zoals: 'Ik stel voor dat ...' in plaats van: 'Misschien kunnen we dit eens proberen'. Wees niet onzeker en ga zeker geen representatieve enquête houden onder je collega's voordat je een idee lanceert. Voor je het weet, brengt een ander het ter tafel. Vertel niet meteen elk detail. Mensen die ideeën van anderen claimen, hebben deze details niet paraat omdat ze er zelf niet over na hebben gedacht. Door bepaalde details bij je te houden kun je op elk moment de *ownership* van het idee (terug)pakken.

OPTIE 2: geef een bedankje

Mocht iemand er toch met je idee vandoor gaan, bedank deze persoon dan meteen voor het feit dat hij jouw idee op waarde schat. Neem vervolgens het gesprek weer over. Het belangrijkst is om rustig te blijven, ook al kook je vanbinnen van woede. Dat kan er bijvoorbeeld als volgt uit zien:

Yorrick: 'Dus toen dacht ik, waarom gaan we geen pilot doen waarmee we de resultaten in Google Pagespeed gaan verhogen voor onze klanten?'
Jij: Yorrick, laat mij hier even tussenbeide komen. Ik heb dit idee van de week in detail met je doorgenomen. Zoals ik toen heb aangegeven, ben

ik hier al een paar weken mee bezig. Ik vind het top om te horen dat je mijn idee ziet zitten, maar had het fijner gevonden als je mij daarvoor ook de credits had gegeven. Daarnaast hoor ik dat je het zelf niet helemaal goed duidelijk hebt.'
[Stilte]
Yorrick: 'Meen je dit nu echt? Wat ben je fel en gevoelig! We waren toen gewoon aan het brainstormen. Ik vind dit echt onacceptabel.'
Jij: 'We kunnen hier best later over praten, maar toen ik dit idee met je besprak waren we niet aan het brainstormen. En ik ging er zeker niet van uit dat je mijn idee als het jouwe zou presenteren in deze meeting.'
Yorrick: 'Ga je gang!'
Jij: 'Ik zal volgende keer het volledige plan presenteren, maar vandaag kan ik jullie al het volgende meegeven…'

Zoals in dit voorbeeld kun je met het terughalen van je idee de misschien jolige sfeer tijdens een vergadering doen omslaan, of een mokkende collega tegenover je krijgen. Je wordt misschien even minder leuk gevonden, maar je hebt wel gevochten voor je eigen idee. En juist je ideeën zijn je toegevoegde waarde op de werkvloer.

Ga na de meeting even een-op-een met je collega praten. Vraag hoe hij het heeft ervaren en vertel wat het met je deed. Dat kan ervoor zorgen dat je collega zich er de volgende keer wel van bewust is.

OPTIE 3: zoek hulp
Blijft het gebeuren? Zoek dan iemand in de organisatie die je kan helpen. Dit kan door het steunen van het idee of door het herhalen van het idee en waardering uitspreken richting de bedenker. Zo vertelde Sanne, developer bij een techbedrijf, dat ze het 'steelfenomeen' eens heeft besproken met haar manager. Die was ervan overtuigd dat het helemaal niet bestond! In een vergadering na het gesprek met haar manager herhaalde een van haar collega's haar idee. Sanne kon niet anders dan even oogcontact zoeken met haar manager waarop hij, nog enigszins verbaasd, wel meteen reageerde met: 'Het lijkt erop dat je het eens bent met Sanne.' Zodra meer mensen zich bewust zijn van dit gedrag, kan er ook daadwerkelijk actie worden ondernomen.

Niet alleen je manager kan helpen, ook je collega's uit je loyaliteitsgroep. Neem bijvoorbeeld de vrouwelijke werknemers die tijdens de periode van Barack Obama in het Witte Huis werkten. Zij gebruikten de zogenoemde *Amplification*-strategie. Als een vrouw een idee inbracht, werd dat herhaald door haar vrouwelijke collega's, die direct de credits aan de inbrenger gaven. Het voordeel is dat het voor de mannen in de kamer direct duidelijk is van wie het idee afkomstig is en dat het bijna onmogelijk wordt het zelf te claimen.[11]

De Delegheer

Het is de persoon die je altijd aankijkt als er koffie gehaald moet worden, of als er notities gemaakt moeten worden. Ik las een verhaal over een vrouw die een prestigieuze prijs won en voor de ceremonie samen met een mannelijke collega de gasten welkom mocht heten. Haar mannelijke collega's kregen alle ruimte om mensen te verwelkomen. Zij kreeg de jassen in haar armen gedrukt omdat ze dachten dat ze het garderobemeisje was. De Delegheer ziet zijn vrouwelijke collega's als de *office mom* of als de verzorger van de groep. Maar ze krijgen er geen extra waardering voor. Tenslotte vond jij het vroeger ook normaal dat je ouders voor schone kleren en je favoriete snacks zorgden. Daarnaast wordt dankzij de Delegheer je kans op een promotie ook nog eens minder. Ken jij iemand die een promotie kreeg omdat ze altijd koffie haalde? Die tijd kun je veel beter gebruiken. Maar hoe ga je om met de Delegheer?

OPTIE 1: weet niet hoe het werkt

Zorg ervoor dat je niet weet hoe het koffieapparaat, de kopieermachine of de vaatwasser werkt. Loop gewoon weg wanneer iemand het wil uitleggen. Waarschijnlijk krijg je in het begin wat verbaasde blikken toegeworpen, maar daar trek je je niets van aan.

OPTIE 2: geef het door aan een andere mannelijke collega

Geef bijvoorbeeld aan dat hij heel goed is in het maken van barista-koffie of supergoed weet hoe het kopieerapparaat werkt. Zo streel je niet alleen het ego van je collega, maar ben je ook meteen van de taak af.

OPTIE 3: bied het nooit aan

Zodra je zelf aanbiedt om koffie te halen, kun je niet meer terug. Een andere manier is om gewoon 'nee' te zeggen. Houd altijd voor ogen dat je op het moment dat je tijd besteedt aan officewerk, 'nee' zegt tegen werkzaamheden die je wel verder helpen.

De Mansplainer

De Mansplainer is misschien wel het bekendste type man op de werkvloer. Het zijn de collega's die je het bloed onder de nagels vandaan halen. Als je niet oppast, kunnen ze je zelfvertrouwen flink verminderen. Dit type man denkt dat hij slimmer is dan jij en hij wil alles met alle liefde aan je uitleggen.

Ontstaan van de Mansplainer

Het woord Mansplainer is bedacht door Rebecca Solnit. Zij vertelde over een gebeurtenis waarbij ze aan de praat raakte met een man. Hij wist dat ze inmiddels een aantal boeken had geschreven. Toen ze daarover uitleg wilde geven, werd ze al onderbroken en begon de man te praten over een zeer belangrijk boek dat net was verschenen. Hij raakte er niet over uitgepraat. Hij gaf haar zelfs het advies het boek echt te gaan lezen. Wat bleek: het was haar eigen boek! De man had geen idee en had zijn kennis alleen uit een review gehaald. Deze gebeurtenis was het begin van het ontstaan van het begrip Mansplainer.[12]

Het gaat bij mansplainen vooral om de neerbuigende en betuttelende manier van uitleggen aan een vrouw. Als je het een keer hebt meegemaakt of gezien, merk je dat het constant gebeurt. Tijdens een uitzending van *De Vooravond* in februari 2021 zat politiek verslaggever Charlotte Nijs aan tafel met schrijver Geert Mak. Het ging over de invloed van Europa op de Nederlandse politiek. Nijs kwam met voorbeelden uit haar werk om dat te onderbouwen, waarna Mak haar onderbrak met: 'Maar Charlotte...' om vervolgens het onderwerp over te nemen en uit te leggen. Charlotte Nijs kon niet anders dan luisteren en knikken.

Het valt me op dat vrouwen vaak weinig vervelende vragen stellen en deze al helemaal niet zelf beantwoorden. Mannen daarentegen willen de vraag juist nog weleens stellen én tegelijkertijd beantwoorden. Typisch gevalletje mansplaining. Geen idee of dat dan ego is of dat het onbewust gebeurt, ik trek me er in ieder geval niets van aan. Maar opvallend is het wel!
LORAINE NIJHUIS, *senior digital marketeer*

Houd er rekening mee dat het gesprek een negatieve wending kan nemen wanneer je een man laat weten dat hij aan het 'mansplainen' is. Toch is het belangrijk om duidelijk te maken dat het om mansplaining gaat. Dit kan natuurlijk ook na het gesprek. Ook hier draait het om bewustwording van het gedrag.

OPTIE 1: maak gebruik van het mansplaining-schema
Kim Goodwin maakte dit overzicht nadat verschillende mannen vroegen wat mansplaining nu precies is. Haar tweet met dit schema ging viraal.[13]

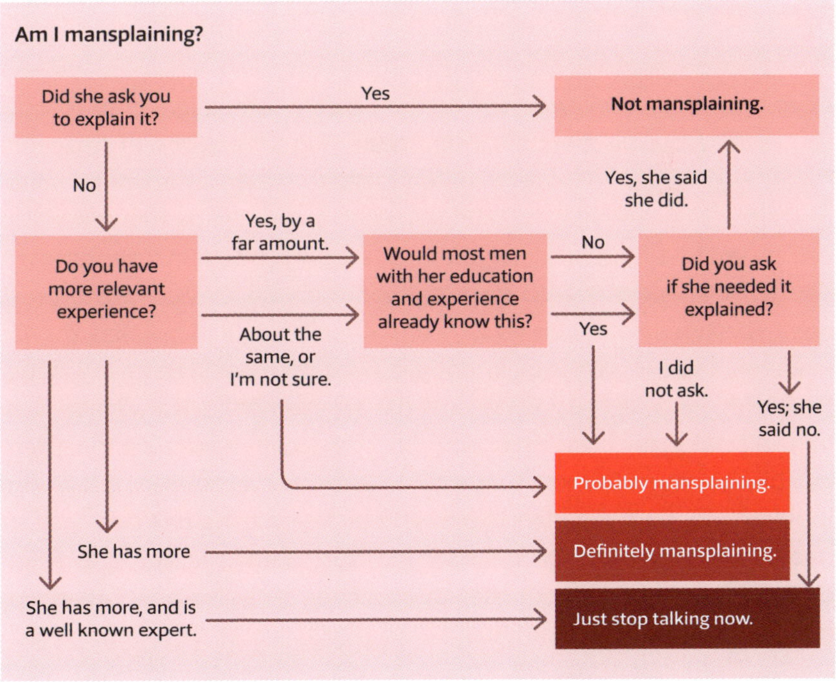

Mansplaining in schema (© Kim Goodwin).

OPTIE 2: stel vragen

Vraag bijvoorbeeld naar de kennis van de Mansplainer, of naar zijn persoonlijke ervaring met het onderwerp. Je kunt ook vragen wat hij denkt te bereiken met zijn uitleg. Misschien is het hem niet duidelijk dat jij al deze kennis al in huis hebt. Dan weet je dat je aan de slag moet met het tonen van je kennis.

OPTIE 3: negeer de Mansplainer

Soms willen de Mansplainers het gewoon niet horen en heeft het geen enkel nut ertegenin te gaan. Schrijfster Elizabeth C. Fericy geeft aan: 'Onthoud dat het advies van een Mansplainer ongevraagd is, dus je bent niet verplicht om te luisteren.'[14] Een Mansplainer wordt gevoed door de complimenten die hij na zijn uitleg denkt te ontvangen, vaak gevolgd door achteroverleunend op zijn stoel zijn armen naar achteren te zwaaien. Gelukkig kan hij net op tijd zijn instinct stopzetten, zodat hij het trommelen op zijn borstkas achterwege laat. Als je niet ingaat op zijn hang naar complimenten, taait zelfs de meest hardnekkige Mansplainer op een gegeven moment af, op zoek naar een ander slachtoffer.

De Aanrechtprofeet

Deze man (maar ook vrouwen kunnen zich er schuldig aan maken) is van mening dat de moeders in het team niet serieus zijn of te veel in beslag worden genomen door de zorgtaken thuis. Vrouwen horen namelijk achter het aanrecht. Het zijn ook de mannen die bij het geven van een promotie of het verdelen van een nieuw project er al van uitgaan dat de moeders daar toch geen tijd voor hebben. De Aanrechtprofeet heeft geen idee dat moeders vaak ambitieuzer zijn dan collega's zonder kinderen. Uit onderzoek blijkt dat vrouwen met kinderen juist productiever zijn. Volgens Mary Portas kan dat gegeven ook misbruikt worden. In haar boek *Work like a Women* schrijft ze over een man die meerdere CEO-posities heeft bekleed in het zakenleven. Hij vertelt haar dat hij het juist leuk vindt om moeders in dienst te hebben. De reden? 'Je betaalt ze namelijk voor drie dagen, maar doordat ze zo bang zijn dat ze beschuldigd worden minder productief te zijn, doen ze in die drie dagen wat anderen in vijf dagen doen.'[15]

OPTIE 1: houd je grenzen in de gaten

Je hoeft de Aanrechtprofeet er echt niet van te overtuigen dat je er volledig recht op hebt om bij het bedrijf werkzaam te zijn. Veel vrouwen zijn inderdaad geneigd om vijf dagen werk in drie dagen te stoppen. Ze vergeten dat het er niet om gaat dat je zo efficiënt mogelijk werkt, maar dat je ook met collega's koffiedrinkt en hun vertelt waar je mee bezig bent en tegenaan loopt. Zo creëer je wederzijds begrip. En juist die momenten met collega's helpen je verder.

OPTIE 2: verander de focus

Heb je al een leidinggevende functie, vraag je dan af of het mogelijk is het proces te veranderen van de focus op uren naar de focus op het afronden van taken (in sprint-jargon: punten). Door de coronapandemie en het thuiswerken zijn veel bedrijven al flexibeler geworden als het gaat om beschikbaarheid. Het is niet meer nodig om voor negen uur achter je bureau op kantoor te zitten.

De Ondermijn-heer

Dit is een ander type dan de Mansplainer. De Ondermijn-heer is iemand die probeert jou te ondermijnen door de nadruk te leggen op bijvoorbeeld je geslacht, je ras of je leeftijd. Zo'n collega noemt je constant 'mevrouwtje' of vindt je 'gevoelig' als je hem vraagt je niet te onderbreken. Hij zorgt er met dit gedrag voor dat je autoriteit wordt aangetast. De Ondermijn-heer komt vaak voor in combinatie met andere typen. Zo was Yorrick enorm geïrriteerd toen hij werd onderbroken en noemde hij zijn collega meteen fel en gevoelig.

OPTIE 1: gewoon negeren!

Dit type vertoont dit gedrag om een reactie uit te lokken. Doe dat dus niet en negeer hem.

OPTIE 2: confronteer hem met zijn gedrag

Vertel wat het ondermijnen van wat hij zegt met je doet. Laat hem ook weten dat het zijn weerslag heeft op het team.

De Organisator der Broedergenootschap

Dit type man is heel sociaal. Hij organiseert vaak de events of bijvoorbeeld etentjes tijdens congressen. Hij vergeet alleen vrouwen uit te nodigen, omdat hun aanwezigheid de sfeer verpest. Of hij bedenkt dat een *men only* skitrip precies is wat het bedrijf nodig heeft. De bedoeling van teamuitjes is om het teamgevoel te versterken en verbinding te zoeken, maar dit type man bereikt juist dat mensen zich buitengesloten voelen.

OPTIE 1: geef suggesties

Kom je uitjes tegen waar iedereen aan zou kunnen meedoen, stuur die informatie dan door naar de mensen die ze normaal organiseren. Zeg er nadrukkelijk bij dat het leuk is als er een uitje wordt gekozen waarbij iedereen aanwezig kan zijn. Uitjes versterken het teamgevoel en kunnen het bedrijf ook verder helpen. Waarom zou een leidinggevende dan zulke uitjes organiseren buiten werktijd? Bekijk de mogelijkheden om onder werktijd een teamuitje te organiseren, zodat het echt een gezamenlijk uitje kan zijn.

OPTIE 2: nodig jezelf uit en ga dan ook echt!

Hoor je dat collega's naar bijvoorbeeld een voetbalwedstrijd gaan? Nodig jezelf dan uit als je ook van voetbal houdt. Ze kunnen je namelijk niet weigeren. Mogelijk voel je je die avond wat buitengesloten, maar je hebt wel weer extra tijd kunnen doorbrengen met je collega's. In mijn geval was het juist geen straf. Toen een aantal collega's naar een voetbalwedstrijd ging, was het bijna vanzelfsprekend dat ik ook meeging. Ik heb mij geen moment buitengesloten gevoeld.

OPTIE 3: onderschat niet de waarde van het opbouwen van relaties tijdens dit soort uitjes

Hard werken is belangrijk, maar ruim ook tijd in voor het sociale gedeelte. Tijdens een uitje kunnen de meest onzichtbare collega's ineens op de bar gaan dansen of juist constant langskomen met één-meter biertjes of shotjes. De sociale gebeurtenissen op het werk ijlen vaak nog lang na en jouw aanwezigheid ook. Je wordt zichtbaarder en mensen leren je beter kennen.

De Seksuele aanrander

Ken je hem, die mannelijke collega of klant die je wel met iets wil helpen maar alleen op voorwaarde dat je met hem uit eten gaat? Toen ik op zoek moest naar sponsoren voor de studentenvereniging waar ik in het bestuur zat, wilde een bedrijf wel meewerken, maar alleen als ik ook 'iets' voor mijn contactpersoon zou doen. En een andere sponsor wilde wel marketingmateriaal bij mij thuis afgeven op voorwaarde dat ik met hem uit eten ging. Ook al gingen ze geen fysieke lijn over, ze bezorgden me wel een oncomfortabel gevoel. Dat gevoel kun je ook krijgen van die collega die constant aan je bureau staat om toch te proberen in je shirtje te kijken.

Anke van TechGirl deelde in 2020 een blogpost over wat ze meemaakte toen ze via Instagram in gesprek was met een potentiële lead. Het bedrijf wilde graag hulp bij het werven van vrouwelijke developers om de man-vrouwverdeling naar een gezonder niveau te brengen en vroeg of Anke daarbij kon helpen. Toen ze op het verzoek reageerde, kreeg ze een reactie als: 'Je pakt me meteen bij mijn b*llen.' Toen ze een eerlijk antwoord gaf, volgde: 'Nou zeg, wat ben jij streng.' De lijn werd wel zwaar overschreden toen deze potentiële lead vervolgens vertelde dat haar Instagram wel een aparte mix bevatte en schreef 'dat ze niet schroomde om haar twee gadgets in de strijd te gooien'.

Hij vond de foto van haar waarop ze met haar rug richting de camera topless in het zwembad zit, toch wel heel prikkelend en vertelde haar: 'Je hebt immers een goed voorkomen en een goed stel borsten dus waarom er niet meer uit halen?' Daarnaast vertelde hij dat haar voorkomen zijn 'gamer/meisje syndroom prikkelde' en het 'de natte droom van iedere developer/techy' is. Hij wilde haar graag helpen in de zoektocht naar de juiste balans. Ter info: dit bericht werd om 22.30 uur in de avond gestuurd. Anke vertelde dat ze het achteraf veel eerder had moeten afkappen, maar ze dacht: 'Misschien zit er business in.' Het was haar wel duidelijk waarom er te weinig vrouwelijke developers bij het bewuste bedrijf werkten.[16]

Wat kun je zelf doen als je te maken krijgt met seksuele intimidatie op het werk?[17]

OPTIE 1: trek een grens
Doordat je gewend bent om veel met jongens om te gaan, ben je misschien snel geneigd om mee te doen om erbij te horen. Hierdoor wordt het lastiger om een duidelijke grens te trekken. Wil je niet constant seksistische opmerkingen naar je hoofd krijgen, dan is een duidelijke grens erg belangrijk.

OPTIE 2: stel je assertief op
Geef aan wanneer iemand te ver gaat. Wees niet bang om als 'zeikwijf' over te komen. Om echt iets te veranderen moet de persoon weten wanneer hij of zij te ver is gegaan. Lukt dat op het moment zelf niet, ga dan op een later tijdstip het gesprek aan.

OPTIE 3: maak aantekeningen
Wat is er gebeurd en wie waren erbij? Speel niet voor detective, maar zorg wel dat de context duidelijk is om onduidelijkheden te voorkomen.

OPTIE 4: vraag na
Vraag of je vrouwelijke collega's er ook last van hebben, want samen staan jullie sterker. Zie je trouwens dat een collega vreemde opmerkingen krijgt of wordt geïntimideerd, neem het dan vooral voor haar of hem op.

OPTIE 5: praat
Praat met iemand die je vertrouwt. Dit kan je leidinggevende zijn of misschien iemand van hrm. Vind je het lastig om over dit soort situaties te praten? Loop je tijdens je studie of werk tegen gender-gerelateerde zaken aan? In Nederland zijn er diverse groepen en instanties waar je terechtkunt, zoals een arboarts of de vakbond.

De Manchalant

Als laatste hebben we dan nog het type man dat weinig uitvoert, maar toch alle waardering krijgt. Iemand die bijvoorbeeld vaak te laat is, weinig taken afrondt en weer vroeg vertrekt. De managers zijn vaak lyrisch over hem en er wacht hem zelfs promotie. Hij doet namelijk alsof hij heel goed is in zijn werk, terwijl hij dat allerminst is. Daarbij heeft hij het geluk dat het werk van mannen vaker als goed wordt bestempeld dan dat van vrouwen.

OPTIE 1: sta niet meer voor hem in
Als je manager vraagt waar de Manchalant is, antwoord dan dat je dat niet weet. Bedenk niet langer smoesjes voor hem. Laat hij werk liggen? Neem het niet van hem over, behalve als je er zelf wijzer van kunt worden. Kijk wel goed of hij niet gewoon heel efficiënt werkt. Misschien kun je nog wat van hem leren.

De hier beschreven typen mannen kunnen het je moeilijker maken om zichtbaar te zijn of je ambities waar te maken. Op een techwerkvloer is de kans groter dat je er eentje tegenkomt. Maar zodra je ze herkent, weet je ook wat je ertegen kunt doen. Laat je vooral niet overrompelen.

7.3 Mannen verdienen meer salaris

Een ander mannenritueel heeft niet alleen impact op je werk, maar ook op je dagelijks leven. Dat gaat namelijk over het salaris en het feit dat mannen nog steeds meer verdienen dan vrouwen. Zo zijn mannen sneller geneigd andere mannen een hoger (start)salaris te geven en gaan ze tijdens salarisonderhandelingen bij mannen sneller akkoord met het voorgestelde salaris dan bij vrouwen. Het is een branche-overstijgend probleem met een belangrijk gevaar, namelijk: blijvende financiële afhankelijkheid van vrouwen. Dit heeft effect op de gezondheid van de vrouwen, op het feit dat ze langer in een slechte relatie blijven zitten en het maakt vrouwen automatisch 'kleiner en minderwaardig'. De 'slechte' onderhandelingsskills van vrouwen de schuld geven is allang achterhaald. Het is een landelijk probleem, waarbij we echt naar de conservatieve systemen moeten kijken om het op te lossen.

> **Het is belangrijk dat er een eerlijk salarishuis komt waarbij er geen verschillen meer zijn tussen mannen en vrouwen, maar ook tussen mannen en vrouwen onderling. Uiteindelijk lopen mensen namelijk weg zodra ze horen dat er salarisverschillen zijn in een bedrijf.**
> MAAIKE VAN DER LINDEN, *corporate recruiter bij een digital agency*

Equal Pay Day

Op 11 november is het in Nederland 'Equal Pay Day'[18]. Zo groot is de loonkloof: vanaf Equal Pay Day werken vrouwen in Nederland de rest van het jaar 'gratis'. Ze krijgen namelijk minder salaris dan mannen voor hetzelfde werk. Terwijl dat salaris zo belangrijk is om financieel onafhankelijk te worden en te blijven.[19]

Volgens de monitor Loonverschillen 2018 van het CBS blijken de verschillen op juniorposities mee te vallen, maar zodra je verder in de organisaties gaat kijken, worden de loonverschillen groter.[20] Vrouwen verdienen gemiddeld genomen 15,5% minder salaris dan mannen. Over een gehele loopbaan spreken we dan over 300.000 euro! Welke stappen moeten we nemen om echt afscheid te nemen van die loonkloof?[21]

Minder verdienen

Erachter komen dat je minder verdient dan je mannelijke collega doet wat met je. Bij mijn sollicitatie gaf ik al aan dat ik hetzelfde wilde verdienen als mijn mannelijke collega's. Vanwege het ontbreken van een salarishuis of schaalindeling was dat lastig te controleren, maar je vertrouwt er toch op dat salarisverschillen in een professionele organisatie niet aan de orde zijn. Op zeker moment hoorde ik een collega zeggen dat hij niet tevreden was met zijn salaris en dat hij ging onderhandelen. Het voordeel was dat deze collega altijd vol zelfvertrouwen over dit soort zaken sprak. Toen ik hem een paar weken later tussen neus en lippen door vroeg of de onderhandeling nog succesvol was geweest, voelde hij zich niet bezwaard om hier in geuren en kleuren over te vertellen. Op dat moment wist ik dat er iets niet klopte. De volgende dag zat ik dan ook bij mijn leidinggevende. Zijn reactie: 'Ik wist het niet.' Het bracht bij mij een lichamelijke reactie teweeg die je misschien het best kunt vergelijken met het moment dat je partner je dumpt of aangeeft vreemd te zijn gegaan. Het zorgt voor een vertrouwensbreuk, iets wat elk bedrijf moet voorkomen.

Dacht ik daarvoor nog dat een salarisverhoging vanzelf kwam als je maar hard genoeg werkte, toen werd het me duidelijk dat je erom moest vragen. De verhoging kreeg ik, maar het vertrouwen in een eerlijke loonstructuur was verdwenen. Is het probleem dan opgelost als we er allemaal om gaan vragen? Helaas niet.

Onderhandelen is niet de oplossing

Zo vertelde Anita in *de Volkskrant* dat ze twee maanden heeft onderhandeld over haar salarisverhoging, maar die niet heeft gekregen, terwijl haar mannelijke collega binnen een week het salaris kreeg wat hij wilde. Uit onderzoek blijkt dat het onderhandelingsgesprek bij mannen al snel gaat over de hoogte van het bedrag, terwijl het bij vrouwen vooral gaat over de vraag of het verzoek gerechtvaardigd is. Onderzoek van Harvard laat zien dat vrouwen tijdens een onderhandelingsgesprek als veeleisend worden gezien, terwijl goed kunnen onderhandelen bij mannen een teken van assertiviteit is. Toen Anita dat aankaartte, werd er gesproken over de verschillen tussen haar en haar collega. Er werd vooral gefocust op wat haar mannelijke collega wel had en zij niet, maar niet andersom.[22]

Ook als je werkt bij een organisatie waar wel loonschalen gelden, hoef je er niet van uit te gaan dat je hetzelfde krijgt als je mannelijke collega's. Het kan zijn dat je in een lagere schaal bent ingedeeld, want het inschalen blijft mensenwerk. Daar kun je nog jaren last van hebben[23], sterker nog: na je veertigste is dit verschil zelfs niet meer in te halen.[24]

Impact deeltijdwerken en zwangerschap

De loonkloof lijkt dus vooral een organisatiebreed probleem te zijn; het is te makkelijk om het bij de vrouwen neer te leggen. Het zou al helpen als de werkgever transparanter is over de salarissen en iedereen hetzelfde betaalt voor hetzelfde werk. Daarnaast blijkt uit onderzoek dat werknemers die in deeltijd werken een lager uurloon krijgen dan fulltimers, soms wel 4,4% minder. Als een vrouw na de komst van haar kind(eren) stopt met werken, heeft dat ook invloed op haar uurloon tijdens haar verdere loopbaan. Als ze na het zwangerschaps- en ouderschapsverlof weer gaat werken, kan ze zomaar 6,4% achterlopen op de mannelijke collega's.[25]

In IJsland is in 2018 een wet aangenomen die een loonkloof tussen mannen en vrouwen strafbaar stelt. WOMEN Inc. geeft aan dat het invoeren van het IJslandse model meer transparantie biedt ten aanzien van de lonen in een organisatie. Als werkgevers de wettelijke verplichting hebben om te rapporteren over de loonkloof, moeten zij wel in actie komen.

In Nederland is het nog steeds *not done* om over je salaris te praten, maar zo houden we wel de ongelijkheid in stand.

Veel organisaties geven aan dat ze de salarisverschillen helemaal niet herkennen – totdat ze het meten. Ze komen er dan bijvoorbeeld achter dat er inderdaad loonverschillen zijn. De oorzaak? Er zitten gewoon meer mannen op hogere posities met dito salaris. Maar dat rechtvaardigt natuurlijk niet dat mannen meer verdienen dan hun vrouwelijke collega's als ze hetzelfde werk doen. Het meten levert wel bewustzijn in de organisatie op, maar dat is niet genoeg als vrouwen vervolgens gewoon weer lager worden ingeschaald of net die ene promotie niet krijgen aangeboden.

Bereiken van financiële onafhankelijkheid

Wat mij na het zien van de documentaire *Waarom werken vrouwen niet?* van Liesbeth Staats[26] het meest is bijgebleven, is de noodzaak van financiële onafhankelijkheid. Het Nederlandse inkomenssysteem is gebaseerd op anderhalf salaris. Dit houdt in dat mannen doorgaans fulltime werken en vrouwen in deeltijd. Als je dan beseft dat bijna 40% van de huwelijken eindigt in een scheiding, is dat een groot probleem.[27] Vaak is een deeltijdsalaris niet toereikend om een gezin te onderhouden. Uit cijfers blijkt dat 90% van de werkende mannen financieel onafhankelijk is, tegenover 70% van de vrouwen.[28] Minder loon krijgen doet dus niet alleen iets met je zelfvertrouwen, het heeft ook impact op je manier van leven. Het is belangrijk om uit te rekenen wat je nodig hebt. WOMEN Inc. heeft een zogeheten werkurenberekenaar ontwikkeld, waarmee je heel gemakkelijk kunt berekenen wat de impact is op je nettoloon als je meer gaat werken. Hierbij is ook rekening gehouden met eventuele toeslagen.[29]

Focus op financiële onafhankelijkheid. Je zorgt ervoor dat je keuzes niet meer gebaseerd zijn op financiële prikkels.
GINA DOEKHIE, *cybercrimespecialist*

Drie niveaus

Financiële onafhankelijkheid kun je onderverdelen in drie niveaus:

1 Het eerste niveau is dat je voldoende geld hebt om een eventuele giftige werkomgeving te verlaten zonder dat je beslissing beïnvloed wordt door financiële zorgen: het zogenaamde 'f*** off potje'. Met dit potje kun je één tot drie maanden je vaste lasten betalen, waarmee je jezelf tijd geeft om een andere baan te zoeken. Met vaste lasten bedoel ik dan niet alleen huur en verzekeringen, maar ook voeding, kleding en andere zaken die je belangrijk vindt.

2 Het tweede niveau is dat je voldoende verdient om in het ergste geval in je eentje de vaste lasten te kunnen betalen. Volgens het Nibud zou maximaal 60% van je salaris genoeg moeten zijn voor de vaste lasten zoals wonen, energie en zorgverzekering.[30] Daarna kun je kijken wat er nodig is voor de rest van de uitgaven. Zo weet je wat je moet verdienen om ook in je eentje voor je gezin of voor jezelf te kunnen zorgen.

3 Het laatste niveau wordt steeds populairder bij de vrouwen die het tweede niveau al voor elkaar hebben. De ultieme vorm van financiële onafhankelijkheid is een dusdanig passief inkomen hebben – door bijvoorbeeld beleggingen, investeringen en/of veel sparen – dat er een buffer ontstaat. Daardoor creëer je niet alleen onafhankelijkheid, maar ook vrijheid. Je kunt bijvoorbeeld ook denken aan het versneld aflossen van de hypotheek, waardoor de vaste lasten sneller dalen en je misschien wel eerder kunt stoppen met werken.

Het belangrijkst is dat je beslissingen niet meer beïnvloed worden door financiële zorgen, maar dat je altijd kunt kiezen voor persoonlijke groei en een eerlijke werkomgeving. Weet wat je waard bent en zorg ervoor dat je dat ook krijgt uitbetaald. Het verschil in salaris tussen mannen en vrouwen heeft veel impact op het vertrouwen dat vrouwen hebben in de organisatie. Het kan ertoe leiden dat vrouwen de organisatie verlaten, waardoor de tech een mannenwereld blijft.

8 Maak je eigen *wolfpack*

In veel organisaties is dus sprake van ouderwetse systemen, die zich niet zomaar omver laten duwen. Daar is kracht voor nodig. Een logische gedachte is: waarom trekken vrouwen hierin niet samen op? Het antwoord is heel simpel: vrouwen ondervinden niet alleen concurrentie van mannen, maar ook van vrouwen! Waar mannen elkaar vooruithelpen, blijven vrouwen graag de enige vrouw in een organisatie of team. Schuiven mannen banen door naar andere mannen, een vrouw kiest liever ook voor een man, om de schijn van voortrekken te voorkomen. Dit systeem veranderen kunnen we niet alleen, daarin moeten vrouwen samenwerken. Toch zien we deze samenwerking niet terug op de werkvloer, terwijl het wel de manier is om de ladder makkelijker te beklimmen.

Waarom werken we als vrouwen niet meer samen? Wat hebben wolven hiermee te maken? Kunnen we met deze samenwerking de verhoudingen op de techwerkvloer wel veranderen?

> **Can you imagine what the world would be like if women who constitute almost half of the global population had access to education and opportunities and were allowed to contribute their best? We would achieve prosperity globally in all spheres.**
> PROFESSOR M.S. RAO, PH.D., *#HeForShe*[1]

8.1 Rituelen van vrouwen

Zoals je in het vorige hoofdstuk hebt kunnen lezen, gebruiken mannen onderling bepaalde rituelen waardoor ze elkaar niet alleen kansen kunnen toeschuiven, maar zich (onbewust) ook krachtiger en zekerder voelen. Vrouwen hebben ook rituelen, alleen geven die lang niet zoveel support als de mannenrituelen. Denk bijvoorbeeld aan *mom shaming* en aan de terughoudendheid om andere vrouwen te supporten omdat ze anders misschien niet meer de leukste vrouw zijn. Waar komt dit gedrag vandaan? En nog belangrijker: wat kunnen we ertegen doen?

Ben je een krab of een bijenkoningin?

Je kent vast de films *The Devil Wears Prada*, *Mean Girls* en/of *The Real Housewives of Beverly Hills*. Ze staan bol van de jaloezie en concurrentiestrijd tussen vrouwen. Dit gedrag heeft een naam: de krabbenmand. Toen ik dat woord voor het eerst hoorde, wist ik niet goed wat het inhield. Ik had een beeld van een mand vol katten, die zodra je dichterbij kwam gingen krabben. Maar het gaat letterlijk om een mand met krabben.

> **Vrouwen die fulltime werken, doen vaak neerbuigend richting vrouwen die drie of vier dagen werken. En dat is ook niet fair. Ze gaan daarmee voorbij aan het feit dat de parttime werkende vrouw ook onderdeel is van een systeem waarin dat de norm is. Dat is niet volledig vrije keuze.**
> SAHAR YADEGARI, *directeur VHTO*

Je kunt krabben – inderdaad, de beestjes – namelijk heel makkelijk 'gevangen' houden door ze eenvoudig in een mand te stoppen. Krabben hebben de eigenschap om elkaar naar beneden te trekken om zelf uit de mand te kunnen ontsnappen. Doordat ze elkaar continu naar beneden trekken, komt er uiteindelijk geen krab de mand uit. Het resultaat is dat de krabbenvissers de mand niet eens in de gaten hoeven te houden, want de diertjes blijven er toch wel in. Net zoals mannen vrouwen ook niet in de gaten hoeven te houden: die houden elkaar wel binnenboord.[2]

Waarom krabben we?

Elkaar naar beneden trekken komt je misschien wel bekend voor. Het gebeurt overal, niet alleen op een door mannen gedomineerde werkvloer. Komt er een vrouwelijke collega in een jurkje naar kantoor, dan vind je haar misschien een aandachtstrekker of doe je mee met de vrouwonvriendelijke grapjes van je collega's. Misschien houd je je mond als je ziet dat een collega emotioneel wordt of vind je haar werk bij voorbaat al slecht. Je bent jezelf constant aan het vergelijken met andere vrouwen in je omgeving, op social media of op tv. We willen graag geaccepteerd worden, leuk gevonden worden.

In de techwereld heb je (nu nog) een grotere kans om de enige vrouw op de werkvloer te zijn. Dat kan ook voordelen hebben. Je bent namelijk de leukste vrouw en je ervaart geen onderlinge concurrentie tussen vrouwelijke collega's. Zodra er een andere vrouw bij komt, kun je 'krabbenmand-eigenschappen' gaan vertonen. Je wilt namelijk de leukste blijven. Dat kan betekenen dat je negatief (mee)praat over deze nieuwe collega of dat je haar informatie onthoudt, zodat ze als minder slim wordt gezien. In plaats van dat je haar helpt en zorgt dat ze zich welkom voelt, zonder je haar af. Dat afzonderen kan tot gevolg hebben dat ze de organisatie weer snel verlaat. Of dat ze volhoudt en juist gaat 'krabben' richting jou. Dat terwijl er zo veel meer te bereiken is als jullie ervoor kiezen om juist te gaan samenwerken.

Ik heb gekrabd

Heb ik gekrabd? Zeker weten. Ben ik gekrabd? Waarschijnlijk wel – en anders gebeurt het wel na het publiceren van dit boek. En hoe graag ik ook zou willen vertellen dat ik er ook weer mee gestopt ben, dat is niet het geval. Niet omdat ik dat niet zou willen, maar omdat het bijna net zo vanzelfsprekend is als ademhalen. Het krabben zit soms in de kleine gedachten, zoals: 'Wat heeft zij nu weer aan?' of: 'Ze is weer lekker aanwezig'. Dit zijn allemaal negatieve gedachten over andere vrouwen. Stoppen met krabben begint met je bewust worden van deze gedachten.

Niet alleen moet je je bewust worden van je krabbenmandgedachten, het is ook belangrijk dat je er actief aan werkt om deze gedachten positief te maken en ze uit te spreken. Geef je vrouwelijke collega's complimenten, doe eens niet mee met de slechte grappen van de mannen of help je collega als je ziet dat ze tijdens een meeting wordt overruled. Je zult merken dat je omgeving dan ook verandert. En vergeet je social media niet. Ook online wordt enorm veel gekrabd.

> **Voordat ik mijn eigen bedrijven oprichtte, werkte ik bij een start-up in de modebranche. Daar heerste een competitieve sfeer onder de vrouwen. Het voelde alsof we elkaars concurrenten waren en allemaal een goede indruk moesten maken op de gezamenlijke manager.**
> EMILIE SOBELS, *ondernemer Hashtag Workmode*[3]

Queen Bee-syndroom

Het Queen Bee-syndroom heeft niets met Beyoncé te maken, maar is een bekend syndroom, dat in 1973 voor het eerst ontdekt werd door psychologen aan de universiteit van Michigan. Het gaat om een vrouw in een hogere positie in een door mannen gedomineerde werkomgeving, die vrouwelijke ondergeschikten kritischer behandelt. Het zijn vrouwen die het fijn vinden om de enige vrouw te zijn. Zo voerde professor Joyce Benenson, psycholoog aan het Emmanuel College, een experiment uit waarbij proefpersonen werd gevraagd geld te verdelen. Ze ontdekte dat vrouwen met een hoge status minder bereid waren om hun medewerkers (man en vrouw) met een lagere status te belonen dan mannen met een hoge status.[4]

> **Since women often face discrimination and don't have the same opportunities at work as men do, queen bees think they will have better opportunities if they are perceived as one of the guys. Therefore, the bees are reluctant to help other women, because they don't want to call attention to their own gender.**
> KIM ELSESSER, *psycholoog en verbonden aan UCLA*[5]

Waar je het krabbenmandeffect overal terugziet, komt het Queen Beegedrag juist op hoge posities voor. Zodra een vrouw een leidinggevende functie krijgt, wil ze alle schijn van het voortrekken van andere vrouwen vermijden. Wat doet ze dan? Ze begint andere vrouwen klein te houden, zodat ze de enige vrouw in de directie blijft. Want stel dat die andere vrouw leuker/knapper/slimmer wordt gevonden? Het is een overlevingsmechanisme, want wie weet verliest ze anders haar eigen positie aan die andere vrouw. Omdat er nog niet veel ruimte is voor vrouwen in de hogere echelons, blijven ze hun eigen positie met hand en tand beschermen.[6]

> **Ik heb moeite met het Queen Bee fenomeen omdat het een wij/zij creëert. 'Vrouwen doen het ook' terwijl ik van mening ben, ongeacht vrouw/man, dat buitensluiten een machtsmiddel is waar ik niet achter sta. Gender is hierin irrelevant.**
> LOTTE DE BRUIJN, *algemeen directeur NLdigital*

Queen Bees hebben eerder focus om hun eigen carrière te versnellen dan om de carrières van hun vrouwelijke collega's en ondergeschikten te bevorderen. Ze willen dat jonge vrouwen worstelen en lijden omdat ze dat zelf ook hebben moeten doen. Terwijl ze zouden moeten beseffen dat leiders juist de weg vrijmaken voor anderen. Naast de Queen Bee zien we momenteel ook een ander fenomeen: *Golden Skirt* genaamd. Dit houdt in dat een klein aantal vrouwen enorm veel bestuursmandaten bezet houdt, waardoor er alsnog geen doorstroming plaatsvindt. Ook dit verkleint de kansen voor vrouwen.[7]

Andere vrouwen zijn een bedreiging

Op een door mannen gedomineerde werkvloer zijn vrouwen sneller geneigd dit Queen Bee-gedrag te vertonen. Ze hebben namelijk langdurig moeten opboksen tegen het idee dat vrouwen niet geschikt zijn. In tegenstelling tot mannen voelen ze het 'één-voor-allen-gevoel' toch minder. Het is meer 'eten of gegeten worden'. Hoe minder steun je hebt ervaren in het verleden, hoe groter de kans dat je een Queen Bee wordt. Daarnaast is het een resultaat van ongelijkheid. Iemand die tot de minderheid behoort, zal andere personen uit dezelfde minderheidsgroep automatisch zien als bedreiging, omdat ze weet dat er minder stoelen beschikbaar zijn. Daarnaast blijkt uit onderzoek dat het juist negatieve beoordelingen kan opleveren als vrouwen zich hardmaken voor diversiteit op de werkvloer. Ze worden beschuldigd van nepotisme vanwege het bevoordelen van hun eigen groep.[8] Mannen krijgen juist betere prestatiebeoordelingen als ze zich bezighouden met diversiteit. Het wordt gewaardeerd als ze breken met hun eigen old boys network.[9]

> **There is a special place in hell for women who don't help other women.**
> MADELEINE ALBRIGHT, *voormalige Amerikaanse minister van Buitenlandse zaken*

8.2 Een voor allen, allen voor een

Tegenwoordig merk je dat er een verandering gaande is. Steeds meer vrouwen raken ervan overtuigd dat ze andere vrouwen moeten helpen om gehoord te worden en meer kansen te krijgen. Er zou ons niets meer in de weg moeten staan om samen een nieuw en gelijk speelveld te creëren. Het is wel cruciaal dat vrouwen andere vrouwen steunen. Om verschil te maken in een mannenorganisatie hebben we juist meer vrouwen nodig, dus waarom zouden we het elkaar moeilijker maken dan het al is? Hoe pakken we dat aan?

Zoek bondgenoten

Hoe begin jij aan je nieuwe baan bij een bedrijf, of in een nieuwe functie? Lees je eerst al het materiaal dat je van hr hebt gekregen? Kijk je pas om je heen als je zeker weet dat je al deze informatie goed in je hoofd hebt? Vind je het moeilijk om vragen te stellen aan je nieuwe collega's omdat je bang bent door de mand te vallen? Wil je echt een succes maken van je nieuwe baan of functie, vraag je dan in de eerste plaats af wie je (vrouwelijke) bondgenoten kunnen zijn. Met wie moet je eens een meeting beleggen? Wie kan je verder helpen in de organisatie? Hiermee kun je zelfs voor de start van je nieuwe baan al beginnen. De website van de meeste bedrijven bevat een pagina met het gehele team, inclusief huidige functie en soms wat persoonlijke informatie (zoals hobby's). Maak op basis van deze informatie een lijstje van personen met wie je in de eerste week van je nieuwe baan zeker contact gaat zoeken.

Heb je een klik met mensen? Voeg ze dan toe aan je 'bondgenotenteam'. Deze collega's kunnen je niet alleen helpen om je klaar te stomen voor je nieuwe functie, ze kunnen later ook je zichtbaarheid in de gehele organisatie vergroten. Ze voorzien je van informatie, wat handig kan zijn tijdens functioneringsgesprekken, of steunen je als je het even niet meer ziet zitten. Besef dat het hebben van bondgenoten geen eenrichtingsverkeer is – voor wat hoort wat. Help jouw bondgenoten dus ook verder, bijvoorbeeld door ze te steunen wanneer ze in een vergadering met een nieuw idee komen. Of geef hun namen eens door als je de vraag krijgt of je meer experts kent.

Zoek een mentor, of word er zelf één

In het mentorschap gaat het om het delen van kennis en ervaringen en elkaar op die manier verder helpen. Een mentor heeft vaak een junior onder zijn vleugels, maar er zijn ook mentoren van hetzelfde niveau met een andere specialisatie. Via de vele to-dolijstjes om je carrière een boost te geven, krijg je vaak het advies om op zoek te gaan naar een mentor. Maar hoe vind je een mentor? En hoe zou je zelf in een mentorrol kunnen stappen?

> **If you're lucky enough to do well, it's your responsibility to send the elevator back down.**
> JACK LEMNON, *Amerikaans filmacteur*

Wat is een mentor?

Een mentor is iemand die haar ervaring gebruikt om een ander te helpen. Een mentor kan je helpen om je talenten te ontdekken of ze verder te ontwikkelen. Het hoeft niet altijd een vrouw te zijn, maar zeker in het begin is het fijn om voor een vrouwelijke mentor te kiezen. Zij begrijpt vaak beter waar je tijdens het werk en thuis tegenaan loopt. Eigenlijk heeft elke vrouw die graag verder de carrièreladder op wil een mentor nodig. Sommigen hebben meerdere mentoren. Wil je bijvoorbeeld meer weten over een bepaald onderwerp of bepaalde vaardigheid? Zoek dan iemand die daarin iets kan betekenen. Wil je een start-up beginnen? Zoek dan in de CEO-vijver. Wees niet bang voor afwijzing. Mocht iemand geen tijd voor je vraag hebben, dan kom je daar snel genoeg achter en kun je door naar de volgende.

Het hebben van een mentor is investeren in een langdurige relatie. Het is niet de bedoeling dat je je mentor gebruikt voor een eenmalig succesje en daarna niets meer van je laat horen. Wanneer je hulp van een mentor hebt gekregen, laat je altijd weten hoe het is gegaan. Je bedankt voor het advies en houdt contact. Als je een goede mentor treft, zul je ook persoonlijke verhalen met haar delen. Het is dus belangrijk dat er een klik is. Ervaar je die klik niet? Ga dan op zoek naar een andere mentor. Maak van tevoren afspraken over de frequentie van het contact en de vertrouwelijkheid van de gesprekken.

Stel, je vindt iemand die jou heel goed met iets zou kunnen helpen. Je gaat de drempel over om een bericht te sturen, maar je krijgt geen reactie. Zie dit dan niet meteen als een afwijzing. Misschien heeft die persoon het wel heel druk. Het kan natuurlijk zijn dat iemand geen interesse heeft om je te mentoren. Beschouw dat dan niet als een persoonlijke afwijzing. Misschien kan deze persoon je aan een andere naam helpen? Zo niet, ga dan zelf op zoek naar een andere geschikte kandidaat.

Hoe word je een mentor?

Sinds ik heb mogen ervaren hoe het is om een mentor te hebben, raad ik dat iedereen aan. Ik probeer mensen aan elkaar te koppelen, maar toch merk ik dat het eng wordt gevonden. Want waarom zou je een mentor nodig hebben? Je kunt het toch zelf wel! Ook zijn er vrouwen die het mentorschap niet aandurven omdat ze betwijfelen of ze iets kunnen toevoegen, 'want zo veel weet ik nu ook weer niet'. Aan de andere kant spreek ik juist ook veel vrouwen die heel graag mentor willen worden, maar die niet gevraagd worden, hoewel ze enorm veel ervaring hebben.

Om de drempel van het zoeken en vinden van een mentor te verlagen organiseerde Female Tech Heroes een mentorschapprogramma. Je kon je daarvoor inschrijven en werd dan gekoppeld aan een vrouw in een senior-positie. Voor de mentor was dit een uitstekende eerste stap om andere vrouwen daadwerkelijk op weg te helpen, en voor de deelnemers een verlaging van de drempel om hulp te vragen.

Natuurlijk kost het mentorschap je tijd. Ook ik heb een keer meegedaan aan een mentorprogramma. Twee maanden lang belde ik elke week met de gekoppelde 'mentee'. Het mooiste van mentor zijn is dat je de mentee ziet groeien. En de dankbaarheid is groot. Niet alleen je mentee wordt er vaak wijzer van, ook jij kunt inspiratie of informatie uit de gesprekken halen. Je kunt zelf bepalen wat voor mentor je graag wilt zijn, je moet natuurlijk jezelf niet voorbijlopen.

Zoek een sponsor, of word er een

Een sponsor is iets anders dan een mentor, al zijn er ook overeenkomsten. Een mentor vind je buiten het bedrijf waar je werkt. Het zijn feitelijk externe adviseurs. Jij vraagt om advies en je mentor geeft je advies. Een sponsor vind je juist in het bedrijf waar je werkt. Het is, in tegenstelling tot het mentorschap, geen adviesrelatie. Het gaat meer om personen die je naam kunnen droppen bij belangrijke bijeenkomsten of die je tijdens meetings steunen. Maar hoe kom je aan een sponsor?

Wat is een sponsor?

In hoofdstuk 7 had ik het over het 'old boys network'-ritueel waarbij mannen elkaar helpen naar de volgende baan. Dat doen ze door middel van sponsoring. Zo vertelde Charlotte, werkzaam bij een development agency: 'Toen een van de directeuren vertrok, werd hem gevraagd wie hij als interne opvolger zag. Later bleek dat dit advies was overgenomen en kreeg de persoon die was voorgedragen, de baan aangeboden.' Dit is een perfect voorbeeld van hoe het hebben van een sponsor je verder kan helpen. Een sponsor fungeert eigenlijk als een soort kruiwagen. Het hoeft niet altijd om je manager te gaan, de beslissingsbevoegdheid ligt namelijk lang niet altijd bij een manager. Soms zijn er onzichtbare krachten aanwezig. Een sponsor schuift je naar voren als nieuwe projecten verdeeld worden of helpt je om je zichtbaarheid te vergroten. Vergeet niet dat deze mensen vaak de vraag krijgen of ze iemand willen voordragen voor een promotie.

Sponsoren zitten vaak op hogere posities, maar het kunnen ook mensen zijn die op hetzelfde niveau werken. Ze helpen je bijvoorbeeld tijdens meetings om je idee goed uit te leggen of staan achter je als er iets moeilijks besproken moet worden. Ze beschermen niet alleen jou, maar ook je reputatie. Het zijn in feite jouw fans op de werkvloer.

Bij het sponsorschap gaat het niet om de vraag wie jij kent, maar wie jou kennen. Soms heb je een sponsor zonder dat je het weet. Door het vergroten van je zichtbaarheid stijgt de kans om een of meer sponsoren te hebben in de organisatie. Anders dan bij een mentor kun je niet iemand vragen om je sponsor te worden.

Wie is jouw sponsor?

Maar hoe weet je wie jouw sponsor is? Het hoeft niet altijd om een vrouw te gaan. In een door mannen gedomineerde wereld is de kans misschien zelfs groter dat het een man is. Zoals aangegeven kun je niet iemand vragen om je sponsor te worden. Toch zijn er enkele manieren om het proces te versnellen:[10]

- *Focus op je contacten.* Als je aan een nieuwe baan begint, zorg er dan eerst voor dat je goed kennismaakt met je collega's. Steek hier tijdens je *onboarding* veel tijd in. Je weet namelijk nooit wie je sponsor gaat worden. 'Een paar jaar geleden begon er een nieuwe collega', vertelt Iris, projectmanager bij een development agency. 'In plaats van dat hij zich bezighield met alle bestaande onboarding-documenten ging hij juist het gesprek aan met collega's, niet alleen met directe collega's, maar ook met collega's van andere afdelingen. Hij investeerde daar tijd in. Binnen no-time had hij goede banden opgebouwd met het developmentteam. Daar ontstonden vriendschappen, waardoor er positief over hem gesproken werd. Ging er iets fout bij hem, dan was er altijd wel iemand die het namens hem kon verklaren en was het geen issue meer.'
  Werk je al een tijdje bij je huidige werkgever? Ga dan eens samenwerken met mensen met wie je eerder nog niet hebt samengewerkt.

- *Los problemen op.* Het is heel makkelijk om dingen die fout gaan aan te wijzen. Je denkt misschien dat je indruk maakt op je manager als je hem of haar attendeert op fouten in de organisatie. Maar uiteindelijk willen managers oplossingsgerichte mensen om zich heen in plaats van mensen die alleen maar beren op de weg zien. Ze zijn namelijk sneller geneigd die oplossingsgerichte mensen te vragen voor nieuwe projecten en dat biedt weer nieuwe mogelijkheden. Zo heb jij er een nieuwe sponsor bij. Iemand vertelde mij dat ze haar collega er zelfs van verdacht dat die expres zaken in de soep liet lopen, om ze vervolgens ook weer op te lossen. Drie keer raden met welk verhaal hij naar zijn manager liep.

- *Help anderen.* Help je collega's uit het andere team. Managers zijn verrast als ze zien dat iemand van buiten het team meehelpt. Er net even uitspringen zorgt ervoor dat mensen je onthouden. Wanneer je goed op iemands netvlies staat, gaat je naam rondzingen. Wel moet duidelijk zijn waarmee je je collega geholpen hebt. Het is mij vaak genoeg overkomen dat ik niet de credits kreeg voor de hulp, terwijl er wel enorm veel tijd in was gaan zitten.

Om het krabben te stoppen en de kracht van het samenwerken met vrouwen te ervaren, kun je ervoor kiezen een of meer andere vrouwen in de organisatie te sponsoren. Er zijn allerlei manieren om andere vrouwen binnen en buiten je organisatie te helpen en te steunen. In het begin zul je misschien een drempel ervaren, maar zodra je de eerste stap hebt gezet en actief bezig gaat met bovenstaande mogelijkheden, zul je verschil merken. Niet alleen de onderlinge relaties verbeteren, maar je gaat je ook fijner en minder eenzaam voelen op de werkvloer.

8.3 De kracht van samenwerken

De eerste keer dat ik de kracht van een samenwerking tussen vrouwen ervaarde, was toen ik lid werd van de community Women in Tech SEO van de altijd positieve Areej. Eigenlijk is deze community een *hidden gem*, die ik met enige moeite deel. Het is een groep van vrouwen gefocust op de technische kant van SEO, maar je vindt er allerlei SEO-specialisten. (SEO staat voor *search engine optimization*, oftewel zoekmachine-optimalisatie.) Ze helpen niet alleen met SEO-gerelateerde zaken, maar ook met andere problemen die je op de werkvloer kunt tegenkomen. De positieve *vibe* liet mij zien dat het niet altijd haat en nijd is tussen vrouwen. Waarom kunnen we dit niet altijd en overal ervaren?

Wees een wolf

George Monbiot, journalist en zoöloog, vertelde in zijn Ted Talk[11] het volgende. 'In 1995 werd de wolf geherintroduceerd in Yellowstone National Park. Het bleek namelijk dat in de zeventig jaar durende afwezigheid van wolven de hertenpopulatie enorm was toegenomen. Herten hadden geen natuurlijke vijand meer toen was besloten de wolven buiten te sluiten, en ze stonden aan de top van de voedselketen. Op een gegeven moment graasden ze het hele park leeg. Het was geen makkelijke beslissing, maar zodra de eerste wolven het park in gingen, veranderde het gedrag van de herten snel. Ze waren niet langer te vinden op plekken waar ze kwetsbaar waren en dat had weer invloed op de plantengroei: bomen werden hoger. Bovendien kwamen dieren terug. De wolven hebben het systeem veranderd, terwijl veel mensen tegen de terugkomst van de wolven waren.'

In dit verhaal herkende ik direct de techwerkvloer. Als we daar een betere balans bereiken, zullen er net als in Yellowstone National Park mooie dingen ontstaan. Dus verdorie, gooi die schroom van je af, stop met vrouwen zien als concurrenten en start je eigen *wolfpack*!

Wat kunnen we leren van wolven?

Wolven hebben al ontdekt dat de kracht ligt in samenwerken. In haar boek *De wijsheid van wolven*[12] legt Elly H. Radinger uit waarom ze samen veel beter een prooi kunnen vangen dan alleen. Ze gebruiken namelijk de slimheid van de oudere wolven en de fysieke kracht van de jonge, zonder te oordelen wat beter is. Zouden die oordelen er wel zijn, dan zouden ze een deel van de kracht van de roedel niet benutten. Daarnaast leven ze in een verenigende structuur. Ze hebben regels waar de roedel naar leeft. Zo geeft Abby Wambach bijvoorbeeld aan dat het nationale vrouwenvoetbalteam van de VS een gezamenlijk doel had, namelijk respect en een toekomst voor het vrouwenvoetbal. Het team werd een wolvenroedel, vastbesloten om het speelveld van deze sport te veranderen. De vrouwen hadden nul ego en wijdden zich met z'n allen aan dezelfde visie. Met als resultaat uitverkochte stadions, de meest bekeken voetbalwedstrijd ooit in de VS en uiteindelijk verandering van de regels, waarbij het vrouwenvoetbal een plek aan tafel veroverde.[13]

> **Regarding 'the glass ceiling', I think there have been cracks made by women who can get close enough to hit it with the weapon of their presence. But I'm mostly bolstered by folks who create their own ceilings. I'm less interested in banging down the door of some man who doesn't want me there. I'm more about building my own house.**
>
> AVA DUVERNAY, *eerste zwarte vrouwelijke regisseur met een Oscarnominatie voor beste film*[14]

1 Zoek je roedel

Onderdeel zijn van een wolfpack voelt alsof je constant een team met cheerleaders om je heen hebt staan. Het maakt je werkzame leven in de tech minder zwaar en eenzaam. Het geeft je inspiratie en energie om niet alleen het beste uit jezelf te halen, maar uit het hele team. Maar hoe vind je een roedel? Een van de makkelijkste manieren is door simpelweg deel te nemen aan evenementen van community's speciaal voor vrouwen in de tech.

> **A community for women in tech is important. It should be a safe environment where women are comfortable enough to ask questions and share experiences. It is ultimately about empowerment**
>
> AREEJ ABUALI, *founder van Women in Tech SEO*

Of kies er net als Emma, online marketeer bij een groot e-commercebedrijf, voor je vrouwelijke collega's beter te leren kennen. Toen ze namelijk aan hen voorstelde om gewoon eens als groep bij elkaar te zitten en elkaar beter te leren kennen, werd er direct enthousiast gereageerd. 'Zo zaten we dus op een vrijdagmiddag met vijf vrouwen aan tafel', vertelt ze opgetogen. 'We spraken af dat alles wat er besproken zou worden ook vertrouwelijk behandeld zou worden. Dat gesprek van een uur schiep direct een band tussen ons. We merkten dat de mannen er toch wat apart en nieuwsgierig naar keken, maar heel negatieve reacties hebben we niet gehad. Ook in de periode erna bleven we elkaar vinden en ervaringen delen.'

> **I've never scored a goal in my life without getting a pass from someone else. [...] Revolutions begin with a collective belief. [...] That power and success are not pies. A bigger slice for one woman doesn't mean a smaller slice for another.**
>
> ABBY WAMBACH, *voetballer en coach*

2 Word lid van een technetwerk

Wil je erachter komen wat de kracht van vrouwen is als ze samenwerken, dan adviseer ik je om deel te nemen aan een van de vele Women in Tech-community's in binnen- en buitenland. Momenteel zijn er wel honderden, misschien wel duizenden afzonderlijke initiatieven met allemaal hetzelfde doel: meer vrouwen in de tech. Waar sommige community's zich richten op het basis- en middelbaar onderwijs, kiezen andere initiatieven specifieke techrichtingen, zoals AI en cybersecurity. Zeker als je als enige vrouw werkt in een door mannen gedomineerd bedrijf, zijn gesprekken met vrouwen die op dezelfde positie zitten erg inspirerend. Lid worden van een community kost vaak niets, maar levert je wel enorm veel op.

3 Kies voor meerdere netwerken

Er zijn diverse vormen van netwerken. Het ene organiseert mentorschapprogramma's, bij het andere komen de deelnemers samen in kleine groepen. In weer een ander geval gaat het om een wereldwijd netwerk via Facebook en Slack en worden workshops gegeven door de leden. In alle community's ontmoet je altijd behulpzame vrouwen en een positieve mindset. Je vindt niet alleen een luisterend oor, maar er worden ook mogelijkheden gedeeld om bijvoorbeeld te spreken. Op de website **www.deitgirl.nl** vind je een lijst met diverse community's.

Veel van de bestaande initiatieven bieden hun leden voornamelijk een klankbord, een plek waar je je verhaal kwijt kunt en ervaart dat je niet alleen bent. Want dat gevoel kan je soms bekruipen als je in een mannenwereld werkt.

Ken je de theorie van het rimpeleffect? Wanneer je een steen in het water gooit, is de eerste rimpeling nog klein, maar geleidelijk worden de kringen in het water steeds groter. Momenteel worden er supermooie projecten opgezet. Tijdens diverse evenementen wordt steeds meer rolmodellen een podium geboden. Maar zolang we allemaal op aparte eilandjes blijven zitten en elkaar niet verder helpen, krijgen we dit nooit goed op de politieke agenda en kunnen we nooit echt het verschil maken. Wat zouden we niet kunnen bereiken als we ook op elk niveau zouden gaan samenwerken?

Het gevoel dat je krijgt als je met honderden vrouwen een *#IamRemarkable*-workshop volgt, met duizenden de Womens March loopt, kijkt naar de documentaire over Ruth Bader Ginsberg of luistert naar een keynote van Dame Stephanie Shirley is geweldig. Je voelt dat je er niet alleen voor staat, dat er vrouwen zijn die je met alle liefde opvangen als je struikelt. Er wordt een vliegwiel in gang gezet, dat niet meer te stoppen is zodra we gaan samenwerken.

9 Vertrek uit een giftige werkomgeving

Het kan gebeuren dat je ondanks het in praktijk brengen van voorgaande tips en ondanks hard werken nog altijd last hebt van een gebroken ladder. Promoties gaan nog steeds aan jou voorbij of je wordt niet gevraagd voor een nieuw project. Het kenmerk van hiërarchie is dat er altijd mensen onderaan staan. Maar soms heb je te maken met een giftige werkomgeving: een omgeving waarin collega's elkaar 'weg-ellebogen' om promotie te maken, waar mensen worden gepest of gekleineerd of waar je diep ongelukkig achter je bureau zit. Misschien ben je inmiddels zo gewend aan een giftige werkomgeving dat je het normaal bent gaan vinden. Maar dat is het niet. Er is geen andere uitweg dan te vertrekken. Wanneer weet je dat je je in een giftige werkomgeving bevindt? Wat moet je doen voordat je weggaat?

> **Dat zoveel vrouwen de top niet halen, heeft oorzaken op maatschappelijk, organisatie- én individueel niveau. Zelfs als je alle tips opvolgt, ga je geen carrière maken. Je moet het ook leuk vinden, je moet talent hebben, het moet je gegund worden en af en toe moet je een beetje geluk hebben. Maar het belangrijkste is: je moet hard werken.**
>
> CONNY BRAAMS, *chief digital and marketing officer bij Unilever*[1]

9.1 Wanneer is het tijd om te gaan?

Een giftige werkomgeving heeft niet alleen impact op je carrière, maar ook op je gezondheid, je motivatie en je gedrag thuis. Gefrustreerd naar je werk gaan slurpt energie. Dat je als een voetveeg behandeld wordt, dat er een ongezonde competitie heerst of dat manipulatief gedrag wordt geaccepteerd, kan je werkgeluk beïnvloeden. Soms besluit je ermee te leren leven en soms heb je geen andere keus dan weg te gaan. Welke signalen moet je in de gaten houden?

Duidelijke signalen

Het kan gebeuren dat al je inspanningen bij het huidige bedrijf geen verschil hebben gemaakt en je tot de conclusie komt dat het tijd is om te gaan. Er zijn enkele signalen waaraan je kunt herkennen dat het beter is de organisatie te verlaten.[2]

SIGNAAL 1: je blijft ondergewaardeerd worden

Je hebt aan je zichtbaarheid gewerkt en je successen geclaimd. Toch word je nog steeds niet op waarde geschat. Je wordt nog steeds niet gevraagd voor een nieuw project, je antwoorden worden nog steeds gecontroleerd en bij promoties sta je niet eens op de shortlist. Je wordt aan alle kanten ingehaald door nieuwe collega's. De kans is groot dat dit in de toekomst niet verandert. Gebrek aan erkenning is de meest gehoorde reden om te vertrekken.

SIGNAAL 2: er zitten niet veel vrouwen op leidinggevende posities

Als in jouw bedrijf op hogere posities geen vrouwen te vinden zijn, is daar waarschijnlijk een reden voor. Uit onderzoek blijkt dat wanneer het bestuur meer vrouwen bevat, er ook meer vrouwen op leidinggevende posities zitten.[3] Een ander onderzoek laat zien dat vrouwelijke CEO's sneller geneigd zijn om meer vrouwelijke seniors in dienst te nemen.[4] Zijn er weinig vrouwen, dan is de kans om te groeien in de organisatie veel kleiner.

SIGNAAL 3: je kunt ergens anders wel een hogere functie krijgen

Zodra je erachter komt dat je bij een ander bedrijf wel promotie kunt maken, is het tijd om te gaan. Hetzelfde geldt als er ergens anders wel een loonsverhoging mogelijk is, je daar wel aan een tof project kunt werken of misschien wel een studie naast je baan kunt volgen. Je krijgt er meer ervaring door en dat maakt je dan weer zelfverzekerder. Als je altijd op dezelfde positie blijft, kom je op een gegeven moment klem te zitten.

SIGNAAL 4: je hebt al je opties of jezelf uitgeput

Strijden tegen de aanwezige onbewuste vooroordelen kan soms niet genoeg zijn. Je werkt dan in een dusdanig giftige werkomgeving dat je geen verschil gaat maken. De kans is groot dat je gedesillusioneerd en met een burn-out thuis komt te zitten. Merk je bijvoorbeeld dat je je vaker ziek moet melden? Of besteed je tijd door mentale afwezigheid liever aan niet-belangrijke zaken, zoals de krant lezen of surfen op het internet? Of zie je na maanden thuiswerken ertegenop om weer naar kantoor te gaan? Kom je elke dag uitgeput uit je werk? Dan is er misschien meer aan de hand.

De signalen zijn er, wat dan?

Een giftige werkomgeving moet je zo snel mogelijk de rug toekeren. Vraag je voordat je die beslissing neemt, de volgende zaken af:

- Heb je al gewoon gevraagd wat je wilt hebben? Een andere optie is om je leidinggevende te vragen wat er nodig is om te krijgen wat je wilt hebben.
- Geef niet te snel op. Gun jezelf bijvoorbeeld drie maanden. Zijn de signalen er nog steeds, dan weet je genoeg.
- Kun je misschien overstappen naar een andere afdeling? Misschien ben je nu wel een support-medewerker en is er een positie beschikbaar in een van de developmentteams.
- Kun je een klacht indienen? Je kunt bijvoorbeeld een interne klacht indienen om bepaalde processen aan te kaarten. Vraag of andere collega's ook tegen bepaalde zaken aan lopen, zodat je sterker staat.
- Vind je je huidige positie nog wel leuk? Sommige mensen krijgen gezondheidsklachten als ze niet meer met plezier naar het werk gaan. Veel vrouwen blijven in de functie die ze eigenlijk niet meer leuk vinden. De reden? Hun loyaliteit tegenover het bedrijf en de (financiële) zekerheid die ze hebben.

> **Als je het gevoel hebt dat je moet overleven, dan moet je vertrekken. Neem er geen genoegen mee!**
> JANNEKE NIESSEN, *serie-ondernemer, investeerder en co-founder bij CapitalT*

Maak een keuze en bereid je voor

Het allerbelangrijkst is dat je een keuze maakt. Gefrustreerd rond blijven lopen bij je huidige werkgever is voor niemand goed. Kijk voordat je besluit te vertrekken of je er echt alles uit hebt gehaald en of je goed voorbereid bent.[5] Enkele vrouwen met wie ik heb gesproken, vertelden dat er niets mogelijk was totdat ze aangaven te willen vertrekken. Maar dat is niet meer het moment om terug te krabbelen. Je leidinggevende kan het ook als teken van demotivatie zien. Als je besluit te gaan, ga dan ook echt. En wees dan goed voorbereid.

Kijk om je heen of je een leuke positie voorbij ziet komen. Zorg dat je weet wat je wilt, zodat je direct op de juiste positie kunt starten. Wil je voor een agency werken of juist voor een bedrijf waar je helemaal los kunt gaan op één project? Als het goed is, heb je al gewerkt aan het verbeteren van je netwerk. Gebruik dit netwerk ook! Ook de collega's die je gaat verlaten, worden onderdeel van het netwerk. Laat je vertrek netjes verlopen en houd de eer aan jezelf.

Zorg voor een *f*ck off fund*[6]: gewoon wat geld achter de hand om de vrijheid te hebben eventueel direct een baan op te zeggen. In Nederland krijg je geen ww-uitkering als je zelf ontslag neemt. Sommige mensen vinden het daarom eng om hun baan op te zeggen. Het hebben van zo'n potje geeft je net meer flexibiliteit om aan een giftige werkvloer te ontsnappen.

Niet uitvallen, maar doorgaan

Heb je een slechte ervaring gehad bij een techbedrijf? Troost je dan met de gedachte dat niet alle techbedrijven een giftige werkomgeving vormen. Met werkervaring in de tech ben je van onschatbare waarde. Het zou zonde zijn als je besluit deze sector helemaal te verlaten.

9.2 Stappenplan naar een volgende baan

Misschien ben je er wel achter gekomen dat je in een giftige werkomgeving werkt en ben je op zoek naar een andere baan. Het voordeel van werken in de tech is dat er een gigantische vraag is naar personeel. Onder anderen developers hebben enorm veel keus waar ze zouden willen werken en tegen welke voorwaarden. Waar moet je aan denken tijdens je zoektocht naar een andere werkgever? Hoe pak je de onderhandelingen aan? En waarom moet je je ook na het vinden van een nieuwe baan met je *personal branding* bezighouden?

Wil je als vrouw werken in de tech, dan loop je in de sollicitatieprocedure tegen de onbewuste vooroordelen aan (zoals besproken in hoofdstuk 2). Het is dus belangrijk dat je je goed voorbereidt. Daarvoor kun je onderstaande vijf stappen gebruiken. Ze helpen je om een beter beeld te krijgen van een bedrijf. Uiteindelijk gaat het om een goed salaris voor financiële onafhankelijkheid, om het krijgen van kansen waarmee je kunt groeien en een werkomgeving waarin jij je prettig voelt.

STAP 1: voor welke bedrijven zou je willen werken?

Werkgevers geven aan dat 70% van de ICT-vacatures moeilijk te vervullen is.[7] Je verkeert dus in de positie om kieskeurig te zijn bij welke bedrijven je gaat solliciteren. Maak een lijstje van organisaties waar je graag zou willen werken. Kijk ook naar bedrijven die misschien geen vacatures hebben. Daarbij is het goed om te weten wat je belangrijk vindt bij een werkgever. Hecht je bijvoorbeeld veel waarde aan het verbeteren van je kennis? Kijk dan of het bedrijf goede scholingsregelingen heeft.

TIP Voor de leukste banen wordt bijna nooit een vacature opgesteld. Stuur daarom ook open sollicitaties naar het bedrijf van jouw keuze.

STAP 2: bekijk de vacatures zorgvuldig

Dat vacatures in de tech moeilijk te vervullen zijn, heeft aan de ene kant te maken met het aanbod van developers en aan de andere kant met een *mismatch* in kennis. Elk bedrijf is op zoek naar de pareltjes, bijvoorbeeld naar junioren met zeven jaar werkervaring of naar een SEO-specialist met kennis van SEA en *marketplaces*. Lees de vacatures dus zorgvuldig. Kom je woorden als 'ninja' of 'rockstar' in de vacaturetekst tegen? Dan moet je rekening houden met 'weinig salaris, maar omdat de werkomgeving zo geweldig is, wil je hier gewoon 100 uur per week werken'. Staat er 'geen negen-tot-vijfmentaliteit', dan mag je ervan uitgaan dat je structureel overuren moet maken.

Laat je niet te snel afschrikken. Je kunt geknipt zijn voor de functie, ook als je niet aan alle eisen voldoet. Vacatureteksten beschrijven 'de perfecte persoon'. Die bestaat natuurlijk niet. Waar vrouwen pas solliciteren als er een 100% match is, doen mannen dat vaak al bij 60%. Soms moet je het gewoon proberen om het zeker te weten. Een vacature is net als de ingrediëntenlijst van een voedingsmiddel. De ingrediënten die aan het begin van de lijst staan, zijn het belangrijkst. Voldoe je aan de eerste eis in een vacature, dan staat niets je in de weg om te solliciteren. Voldoe je er niet aan? Solliciteer dan alsnog. Soms zijn er mogelijkheden om tijdens je werk de ontbrekende kennis bij te spijkeren.

TIP Laat je nooit tegenhouden door de wensenlijst van de werkgever. Als ze je graag willen hebben, zijn werkgevers altijd geneigd zelf water bij de wijn te doen. Maar dan moeten ze wel van je bestaan afweten.

STAP 3: maak een up-to-date portfolio

De kans is tegenwoordig groot dat je cv in eerste instantie wordt bekeken met behulp van algoritmes. Het is dus belangrijk om echt elke relevante skill te vermelden. Heb je certificaten behaald? Voeg ze toe. Gebruik sterren om aan te geven wat je niveau is. Ter informatie: het cv van senior developers kan wel acht tot tien pagina's beslaan. Wees dus zo specifiek mogelijk en blijf je cv updaten tijdens je huidige functie (ook al zit je daar nog prima). Vergeet ook je successendocument niet om je portfolio verder aan te vullen.

Uit onderzoek[8] blijkt dat code van een vrouwelijke developer negatiever wordt beoordeeld dan code waarbij een mannennaam staat. Terwijl blijkt dat door vrouwen geschreven code juist minder fouten bevat en voorzien is van duidelijke omschrijvingen of uitleg. Daardoor kan deze makkelijker uitgebreid worden.

TIP Vergeet niet je al geschreven code toe te voegen. Je laat meteen zien wat je kunt als je een online repository zoals Github aan je cv toevoegt.

STAP 4: het interview

Ben je uitgenodigd voor een gesprek? Dan gaat het nu echt beginnen. Waarschijnlijk krijg je een proefopdracht met een taak die je in je dagelijkse werkzaamheden nooit hoeft uit te voeren. Dat wil niet zeggen dat je automatisch een aanbod krijgt als je deze opdracht tot een goed einde brengt. Alles draait om het gesprek dat volgt en waarin je maar één doel hebt: geef ze geen reden om je niet aan te nemen.

Cybersecurity-expert Tarah Wheeler vertelt in haar boek *Women in Tech*[9] over een sollicitatiegesprek bij een gamebedrijf. Ze vloog door de technische vragen heen. Toen de interviewers vroegen of ze het spel weleens gespeeld had, reageerde ze direct ontkennend. Het zal je niet verbazen dat ze de baan niet kreeg. Maar, zegt Tarah: 'Zou deze vraag ook aan de mannelijke kandidaten gesteld worden? Of gaan ze er gewoon van uit dat die het spel gespeeld hebben?'

Het gesprek begint waarschijnlijk met het schrijven van een stuk code op een bord, iets wat compleet voor te bereiden is. Er zijn diverse boeken over geschreven, zoals *Cracking the Coding Interview*[10] van Gayle Laakmann McDowell. Het kan zijn dat je gesprekspartners met volle overtuiging zeggen dat de code fout is. Blijf rustig, want dit is gewoon een manier om te kijken hoe je met een conflict omgaat.

Ga je niet voor een programmeerfunctie, dan krijg je vaak te maken met assessments of een ouderwets sollicitatiegesprek. Het is belangrijk dat je een goed beeld krijgt van de mogelijkheden en de cultuur. Vraag hoe je promotie kunt maken, hoe het salaris wordt bepaald en welke teamuitjes er worden georganiseerd. Hoe inclusief zijn deze? Na het interview ontmoet je waarschijnlijk het team. Houd je vooral niet bezig met de vraag wat ze van JOU denken, maar ga in plaats daarvan na of het team bij jou past.

STAP 5: de onderhandeling

De onderhandeling is de start voor je functie bij het bedrijf. Je volgende onderhandelingen zullen alleen lukken als je een goed startbod hebt gedaan. Veel mensen denken dat vrouwen minder goed kunnen onderhandelen, maar vergeleken met de mannen zijn vrouwen niet per se de slechtere onderhandelaars. Er is namelijk iets anders aan de hand.

TIP 1: breng het speelveld in balans

Fieke Harinck, assistent-professor aan de Universiteit Leiden, vertelt over het 'mokken'-experiment: 'Tijdens het experiment krijgen een groep mannen en een groep vrouwen dezelfde soort mok. De bedoeling is dat iedereen een prijs aan de mok hangt en hem daarna probeert te verkopen. Uiteindelijk verkochten de mannen de meeste mokken.' Betekent dit dan dat mannen betere onderhandelaars zijn? Zeker niet, aldus Fieke. 'Want wat bleek: mannen en vrouwen hadden ongeveer dezelfde prijs aan de mok gegeven. Het verschil lag voornamelijk aan de tegenpartij.' De kopende partij was namelijk bij de vrouwelijke verkopers sneller geneigd een veel lager bod te doen, terwijl de mannen een tegenbod kregen dat niet zo ver bij de aangegeven prijs vandaan lag. Je kunt je voorstellen dat de mannen dus eerder het gegeven tegenbod accepteerden. Bij de vrouwen lag dat zo veel lager dat ze daar niet mee akkoord konden gaan. Het resultaat is dat de mannen meer mokken verkochten, maar de vrouwen van de tegenpartij niet dezelfde aanbieding kregen.'

Hoewel uit onderzoek[11] blijkt dat een eerste bod als ankerpunt werkt en het in je voordeel kan zijn om als eerste een goed bod neer te leggen, is dat voor veel vrouwen lastig. In de praktijk blijkt vaak dat vrouwen toch met een laag bod beginnen om aardig gevonden te worden. Dus weet je van jezelf dat je te bescheiden bent of geen idee hebt wat een 'normaal' tarief is, dan kun je beter niet als eerste een startbod geven. Dat kun je als volgt laten weten: 'Het salaris dat jullie mij bieden, zegt mij veel over deze organisatie en ik denk dat het enorm belangrijk is om deze informatie te hebben, zodat ik die kan vergelijken met de andere aanbiedingen die ik heb gekregen (*ook al heb je geen andere aanbieding liggen*). Natuurlijk begrijp ik dat je tijd nodig hebt om dit salaris te bepalen. Zal ik anders morgen contact met je opnemen?'[12]

Hiermee geef je aan dat jij de controle behoudt en absoluut geen startbod wilt neerleggen. Je loopt ook hier tegen vooroordelen aan als jij de eerste bent met een startbod. Dat ligt óf veel hoger (waarna de anderen zich toch een mening over je vormen) óf veel lager (waardoor je voor altijd onderbetaald wordt).

TIP 2: ga nooit akkoord met het eerste bod

Denk goed na over de vraag welk salaris je zou willen hebben en welke secundaire arbeidsvoorwaarden je belangrijk vindt. Ga niet lager zitten omdat je bang bent dat je anders de baan niet krijgt. Onderzoek wat in de branche een normaal salaris is. Hiervoor heb je diverse websites tot je beschikking, bijvoorbeeld loonwijzer.nl. Ook de secundaire voorwaarden zijn belangrijk. Vraag ook daarin iets meer, zodat je dat als 'wisselgeld' kunt gebruiken. Ga in ieder geval nooit, maar dan ook NOOIT, akkoord met het eerste bod.

TIP 3: neem geen genoegen met een gemiddeld salaris

Het is handig om te weten wat het gemiddelde salaris is in de branche waarin je werkt. Dit kun je te weten komen via een tool als loonwijzer.nl.

TIP Wordt er gevraagd naar geslacht bij het invullen van een salariswijzer? Kies dan altijd voor 'man'. Ook hier zie je soms loonverschillen op basis van geslacht (waarbij het salaris van de man hoger is).

Werkgevers vinden het vaak lastig om een startbod te geven. Ze willen enerzijds voor een dubbeltje op de eerste rang zitten en anderzijds jou binnenhalen. Komt de werkgever met een gemiddeld salaris, dan is dat niet per se verkeerd. Maar wordt het salaris beargumenteerd met 'het is het gemiddelde salaris voor mensen met dezelfde functie', vraag je dan het volgende af: wil je wel werken bij een 'gemiddeld' bedrijf, waar 'gemiddelde' werknemers rondlopen, die een 'gemiddeld' salaris verdienen en waarbij jij dus wordt aangemerkt als 'gemiddeld'? Misschien wil jij wel liever deel uitmaken van een fenomenaal bedrijf, waar uitzonderlijk goede werknemers rondlopen en waar jij als geweldige sollicitant uitstekend zou passen. Waarom zou je dan genoegen nemen met een gemiddeld salaris?[13]

TIP 4: oefenen, oefenen en nog meer oefenen

Alexandra Sips, communicatietrainer, geeft de tip: zie het als een leerervaring. 'Misschien durf je niet te onderhandelen en vind je het eng. Zoek dan naar een vorm die je wel aandurft. Dat is beter dan helemaal niet onderhandelen. Elke keer dat je onderhandelt – en dat is niet alleen werkgerelateerd, maar kan ook tijdens je dagelijkse bezigheden – leer je wat er beter kan en wat je al onder de knie hebt.'

Onderhandelen begint met het verzamelen van informatie. Vraag je collega's – en vooral je mannelijke collega's – hoeveel zij zouden vragen of wat een normaal salaris is. En bedenk ook wat je gaat doen als de uitkomst negatief is. Dreig niet met opstappen als je dat helemaal niet wilt. Heb dus altijd een plan B paraat. Fieke Harinck zegt: 'Start met onderhandelen als je net een succes hebt behaald. Ook managers moeten een goed verhaal hebben als ze gaan onderzoeken wat ze voor je kunnen doen.'

TIP 5: denk aan jezelf
Onthoud dat je moet onderhandelen met een professioneel onderhandelaar, want hr-managers onderhandelen veel. Niet alleen bij het aannemen van nieuw personeel, maar ook met de huidige werknemers. Het is hun werk om jou te laten twijfelen en je vooral te prikkelen op het 'ik wil aardig gevonden worden'-gevoel. Denk bij het onderhandelen aan jezelf. Vrouwen willen nog weleens rekening houden met dat wat is goed voor het bedrijf. Het blijkt ook dat je manager of directe teamleden niet eens weten wat je verdient en/of hoe je onderhandeld hebt. Het hoeft dus niet meteen je relatie met je directe collega's te schaden.

STAP 6: personal branding
Zodra je een akkoord hebt bereikt en het arbeidscontract hebt getekend, kun je beginnen met jezelf verder te promoten. Het gaat niet langer alleen om wat je kunt, maar ook om je netwerk en je imago. Werken aan je personal branding zorgt voor zichtbaarheid binnen de organisatie en helpt je bij het krijgen van nieuwe kansen. Dus als je pas met je personal branding begint op het moment dat je een nieuwe baan zoekt, ben je eigenlijk al te laat. Daarnaast kun je onbewust ook optreden als rolmodel.

Online zichtbaarheid
Moest je het voor corona hebben van evenementen en andere netwerkevents om mensen te ontmoeten, nu kan dat ook online via social media. Zorg ervoor dat je online te vinden bent. Dat kan ook in de vorm van een persoonlijke website. Hier kun je dan je gehele portfolio tonen.

Misschien ben je wel bang om online meer zichtbaar te zijn, omdat je dan de kans loopt te worden gestalkt of onwenselijke berichten zoals *dick pics* te ontvangen. Besef dat jij als je je onzichtbaar maakt, vooral onzichtbaar bent voor eventuele recruiters en dat je daardoor misschien mooie kansen aan je voorbij laat gaan. Zorg er dus voor dat mensen contact met je op kunnen nemen.

Professionele foto
Voeg aan je LinkedIn-profiel of persoonlijke website een professionele foto toe. Je kunt ervoor kiezen deze zelf te maken, maar het plannen van een fotoshoot kan ook helpen je zelfvertrouwen te vergroten. Door het gebruik van gekleurde achtergronden val je meer op. Misschien kun je de 'kop-koffie-shoots' een keer overslaan. Het staat misschien leuk qua kleur en je weet tenminste waar je je handen moet houden, maar heb je ooit een professionele foto gezien waarbij een man een kop koffie vasthoudt – behalve misschien George Clooney?

Bovenstaand stappenplan helpt je om een goede start te maken bij een nieuwe werkgever. Ook kun je het gebruiken om bij je huidige werkgever door te groeien. Besef dat een goede werkgever je niet onaardig vindt als je niet met een bod akkoord gaat. Je oogst juist meer respect als je weet wat je waard bent. Werken aan je online zichtbaarheid is niet alleen belangrijk in tijden dat je op zoek bent naar iets nieuws, maar dient altijd hoog op je prioriteitenlijstje te staan.

9.3 Starten van je eigen onderneming

Misschien kom je er wel achter dat je toch je draai niet kunt vinden in een werknemersrol. Of misschien heb je een briljant idee dat je verder wilt uitwerken en begin je je eigen bedrijf. Sander de Graaf, eigenaar van een Magento agency, vroeg mij waarom hij in de tech zo weinig vrouwelijke ondernemers tegenkomt. Komt dat doordat ze er gewoonweg niet zijn? Of durven ze zichzelf misschien niet te laten zien? Of zijn er andere redenen waarom de verhoudingen ook bij de ondernemers in de tech scheef zijn?

Eerst de cijfers

Uit cijfers van het CBS blijkt dat in Nederland in 2019 bijna 1,5 miljoen mensen als zelfstandig ondernemer actief waren. Vrouwen vormen een minderheid: 37% van de ondernemers is vrouw.[14] Het beroep dat vrouwelijke ondernemers het meest uitoefenen, is kapster of schoonheidsspecialiste. Terwijl bij de mannen het beroep van software- en applicatieontwikkelaar het meest voorkomt. Van de techstart-ups in Nederland heeft 11,9% een vrouwelijke (mede)oprichter.[15]

Gewoon beginnen

Het is dus duidelijk dat we in Nederland ook in het ondernemen een scheve verhouding hebben. Uiteindelijk gaat het om 'gewoon beginnen'. Waarom doen vrouwen dat dan niet? Dat komt vooral doordat ze vaak minder vertrouwen hebben in hun eigen (technische) vaardigheden. Kun je als man enorm geïnspireerd raken door mannen als Pieter van der Does, Arnout Schuijff (beiden Adyen), Pieter Zwart (Coolblue) of Jitse Groen (Thuisbezorgd), voor een vrouw is het vinden van een succesvolle vrouwelijke techondernemer wat moeilijker. Dat betekent niet dat ze er niet zijn, ze zijn alleen minder zichtbaar. Dit kan allemaal tot gevolg hebben dat vrouwen er nooit aan zullen denken om zelf een onderneming te starten, ook al hebben ze uitstekende ideeën om maatschappelijke problemen te koppelen aan technologische innovatie. Precies wat we nodig hebben!

Investeren en diversiteit

Als je investeerders gaat zoeken om jouw bedrijfsidee verder te ontwikkelen, kun je te maken krijgen met vooroordelen. Investeerders Janneke Niessen en Eva de Mol deden onderzoek naar de investering in vrouwen en diversiteit bij durfinvesteerders. Hieruit bleek dat slechts 1,6% van het geld van investeerders naar vrouwelijke ondernemers gaat.[16] Uit een test van Techleap (een organisatie voor Nederlandse start-ups) kwam naar voren dat bij een identiek businessplan en dezelfde voorwaarden, investeerders bijna altijd kiezen voor de man.[17]

Je past niet in het plaatje

Dat komt vooral doordat vrouwen niet in het plaatje passen van bijvoorbeeld een Mark Zuckerberg en dan als minder gezien worden. Daarnaast maken de meeste investeerders deel uit van een netwerk waar vrouwen niet per definitie makkelijk in terechtkomen, aldus Eva de Mol.[18] Terwijl er juist in heel goede founders van bedrijven geïnvesteerd zou moeten worden. 'Het gaat erom dat ze goed zijn', zegt investeerder Janneke Niessen. Statistisch is het helemaal niet mogelijk dat deze founders er allemaal uitzien als de investeerders zelf, of uit hetzelfde netwerk komen.

Bovendien is het volgens Niessen van belang voor brede welvaart. Nu wordt het geld rondgepompt in identieke netwerkgroepen, die vaak uit hetzelfde milieu komen, terwijl investeren buiten het netwerk en in heel goede founders die niet op je lijken, tot gevolg heeft dat het kapitaal onder een bredere groep wordt verdeeld. Het heeft dus niet alleen impact op de vrouwen zelf, maar ook op het netwerk van deze vrouwen.

Toch moet dit je niet ontmoedigen. Er zijn nu juist enorm veel kansen voor vrouwelijk talent. Zo zijn er verschillende organisaties die zich bezighouden met het ondersteunen van startende ondernemers in de tech. Je kunt dan denken aan fondsen als het Borski fonds, maar ook aan organisaties die trainingen verzorgen, mentoren beschikbaar stellen of de mogelijkheid bieden om deel te nemen aan bestaande netwerken. Als vrouwelijke ondernemer in de tech val je op en dat is positief voor je zichtbaarheid. Je moet het alleen wel durven om je te laten zien. Dat is niet alleen positief voor je eigen business, maar ook voor al die jonge meiden die er weer een inspiratie- en rolmodel bij hebben.

Er zijn heel veel instanties die zich inmiddels bezighouden met het vergroten van de diversiteit bij techondernemers en de bewustwording bij durfkapitalisten. Op de website **www.deitgirl.nl** vind je een overzicht van organisaties, podcasts en boeken.

Je vertrek uit een giftige omgeving hoeft niet meteen het einde van je carrière te betekenen, al voelt dat misschien soms wel zo. Het klinkt als een cliché, maar er komen altijd nieuwe kansen op je pad.

DEEL 3

Breek het systeem

Je weet waar vrouwen tegenaan lopen in een door mannen gedomineerde omgeving. Je bent bekend met de trucjes die mannen toepassen als ze zelf de ladder op gaan, en je hebt gelezen hoe je daar je voordeel mee kunt doen. En je ziet hopelijk ook in dat het noodzakelijk is dat vrouwen gaan samenwerken om impact en verschil te maken.

Ik geef toe: ik heb de afgelopen hoofdstukken flink geschopt tegen die verrekte mannen die het ons onmogelijk maken te groeien in een organisatie. Daar wil ik nu een beetje op terugkomen. Het is immers niet alleen belangrijk dat vrouwen gaan samenwerken; we hebben ook de mannen nodig om dit onderwerp op de agenda te zetten en er nu echt iets aan te gaan doen.

> **Ik ga vaak naar diversity workshops of meet-ups. Iedere keer wordt de witte man aangevallen. Het feminisme zie ik nu als boze vrouwen die het anders willen. Ik mis de handreiking en het geeft weinig ruimte voor samenwerking. Ik zie dat er dingen moeten veranderen en heb een voorkeur om dat samen te doen.**
> SANDER MANGEL, *ecommerce solutions architect voor Magento en Shopware*

Ik had ervoor kunnen kiezen om me in de volgende hoofdstukken speciaal te richten tot leidinggevenden en hr-managers, want wat ik behandel is voor hen erg interessant. Dat heb ik expres niet gedaan, omdat het toch vooral mannen zijn die het in de tech voor het zeggen hebben. Pas als we deze meerderheid kunnen aanspreken en bewust kunnen maken van hun onbewuste vooroordelen, kunnen we echt verschil maken. Vergeet niet dat het ook voor mannen een rare tijd is. Zij zijn opgegroeid met het idee dat ze thuis net zo'n luizenleven zouden krijgen als hun vaders. Nu moeten ze ineens zelf voor hun kinderen zorgen en huishoudelijke taken uitvoeren.

Het kostwinnersprincipe zit bij veel mannen nog echt ingebakken. Fulltime aan de bak is de norm. Zij maken zich zorgen of ze wel voor hun gezin kunnen zorgen. Ga je als man parttime werken, dan wordt daar toch lacherig over gedaan. Dankzij het kostwinnersprincipe worden in het conservatieve Nederland ook mannen in een kooi gestopt. Verdien je als vrouw meer dan je man? Dan bezorgt hem dat vaak een gekrenkt ego.

> **Onze dochters zijn opgevoed met het idee dat ze alles kunnen worden, maar onze zonen zijn opgevoed op dezelfde manier als hun vaders.**[1]
> ANNE-MARIE SLAUGHTER, *eerste vrouwelijke directeur beleidsplanning van het Amerikaanse ministerie van Buitenlandse Zaken*

In de ideale wereld hebben we een leger van mannen en vrouwen nodig die de ongelijkheid van vrouwen in het algemeen en in de tech in het bijzonder willen veranderen, verbeteren en oplossen. Wat staat ons dan te doen? Hoe kunnen we het huidige systeem afbreken en opnieuw opbouwen? Aan welke touwtjes moeten we trekken om de grootst mogelijke impact te hebben? Welk dominosteentje moet omgegooid worden om een kettingreactie te veroorzaken? Met de gevaren van het ontbreken van diversiteit in de tech in het achterhoofd besef je misschien dat we hier niet jaren de tijd voor hebben. Wat is het laaghangend fruit? Welke aanpassingen zijn op de korte termijn mogelijk en wat heeft de meeste impact?

Daarvoor heb ik een manifest geschreven, waarbij ik aanpassingen op persoonlijk vlak combineer met aanpassingen op bedrijfs- en overheidsniveau, met een focus op heel Nederland en niet alleen op de Randstad.

Als laatste wil ik jou nog tot actie aanzetten, zodat je echt iets gaat doen met de dingen die je in dit boek hebt geleerd. We hebben je namelijk nodig. Ik heb een aantal jaren als coach gewerkt bij een Amerikaans concern dat mensen helpt om af te vallen. Elke week kwamen cursisten een workshop volgen en werd het gewichtsverlies genoteerd. Ik vertelde altijd dat de cursus geen magie was waardoor je automatisch afviel. De deelnemers moesten tussen de bijeenkomsten door ook echt actie ondernemen. Dat is nu niet anders. Door dit boek alleen maar te kopen en te lezen verander je niets. Wil je echt de door mannen gedomineerde werkvloer overleven en wil je meehelpen met het verspreiden van de boodschap uit dit boek, dan ben je niet alleen. Ik sta naast je!

In de volgende hoofdstukken lees je meer over de dingen waarmee we aan de slag moeten. Ik reken op je. En wil je er ook wat mannelijke bondgenoten bij hebben? Scheur dan vooral hoofdstuk 10 uit het boek en laat ze het lezen!

> If you've never been exposed to these kinds of problems, you don't see them. That is why some men do not see the problem. And that is why we must include them in this.
> LAURA DAMIANO, *editor and funding support bij UMCG*

10 Hallo mannen!

In dit boek heb ik 'de mannen' op één hoop gegooid. Ik heb hun rituelen besproken, de onbewuste vooroordelen die ze hebben en de verschillen met vrouwen die hun op het werk voordelen opleveren, zoals het niet hoeven baren van kinderen. Maar als man heb je ook met allerlei issues te maken. Door de automatisering zijn er minder mensen nodig op het werk. Arbeidsplaatsen van mannen verdwijnen sneller dan beroepen waarin van oudsher meer vrouwen werken. Denk bijvoorbeeld aan het werk in de kolenmijnen in Zuid-Limburg. Dankzij kunstmatige intelligentie en zelfrijdende auto's zal naar verwachting een typisch mannenberoep als vrachtwagenchauffeur op termijn ook verdwijnen.

Dat komt vooral doordat typische vrouwenberoepen een sociale component bevatten, die veel moeilijker door robots of andere vormen van kunstmatige intelligentie is te vervangen. Mannen zijn niet alleen sterk vertegenwoordigd in leidinggevende posities en in de top van veel bedrijven, je vindt ze ook in groten getale terug onder daklozen. Jongens lopen op school vaak behoorlijk achter op meisjes, en hoewel medisch onderzoek in de testfase vooral gericht is op mannen, sterven zij nog steeds eerder dan vrouwen. Het lijkt soms alsof de mannen het goed voor elkaar hebben, maar ondertussen worstelen ze net zo goed met de vele veranderingen in de samenleving. Daarom is dit hoofdstuk speciaal bedoeld voor alle mannen op de werkvloer.

10.1 Waarom zou je willen helpen?

Ik ga er nu even van uit dat jij als man dit hoofdstuk hebt gekregen van iemand die *De IT girl* heeft gelezen. En dat heeft een reden. We hebben namelijk je hulp nodig. Voordat we de mouwen kunnen gaan opstropen, wil ik je eerst tien belangrijke conclusies meegeven uit dit boek, zodat ook jij je bewust wordt van de ernst van de situatie:

- CONCLUSIE 1. Momenteel is 14% van de werknemers in de IT vrouw. Dat heeft tot gevolg dat veel van de huidige technologische ontwikkelingen voornamelijk worden bedacht en gemaakt door mannen. Hierdoor wordt niet het volledige potentieel van een product benut. Denk bijvoorbeeld aan de Apple Health app, waarin het bijhouden van de menstruatiecyclus ontbrak.

- CONCLUSIE 2. Doordat in het verleden voornamelijk mannen betrokken waren bij het maken en taggen van bijvoorbeeld afbeeldingen voor verschillende databases, maken we nu gebruik van zogeheten *biased algorithms*. De gevolgen hiervan zijn nu al zichtbaar. Denk bijvoorbeeld aan de Toeslagenaffaire, maar ook aan het gebruik van gezichtsherkenning waarbij sommige bevolkingsgroepen niet worden herkend.

- CONCLUSIE 3. Net zoals de technische innovaties impact hebben op de samenleving, heeft de buitensluiting van vrouwen in de tech invloed op de kansen die vrouwen krijgen (en dat terwijl de eerste programmeurs vrouwen waren). Daarnaast wordt hun financiële onafhankelijkheid hierdoor beïnvloed. In de techsector worden goede salarissen betaald en veel kansen geboden.

- CONCLUSIE 4. Buitensluiting gebeurt vaak door onbewuste vooroordelen. Denk bijvoorbeeld aan het probleem dat vrouwen, als ze laten zien of zeggen wat ze kunnen, worden gezien als opschepper. Terwijl dat bij mannen geaccepteerd wordt. Of dat mannelijke managers toch sneller geneigd zijn een biertje te drinken met hun mannelijke collega's / teamleden dan met een vrouw. Al deze onbewuste gedragingen maken dat vrouwen minder erkenning krijgen op de werkvloer. Laat dat nu net de reden zijn dat de meeste vrouwen ander werk gaan zoeken.

- CONCLUSIE 5. In Nederland hebben we nog steeds een loonkloof, waarbij mannen meer verdienen dan vrouwen.

- CONCLUSIE 6. Nederland heeft een geschiedenis van vrij conservatieve wetten, voornamelijk gestoeld op christelijke waarden en normen.

Dat is ook een van de redenen dat vrouwen tot 1956 nog als handelingsonbekwaam golden. Dit hield in dat vrouwen geen eigen bankrekening konden aanvragen, hun man verantwoordelijk was voor wat ze deden en ze ontslagen werden als ze gingen trouwen. We moesten tot de jaren 80 wachten om volgens de wet als gelijkwaardig te worden gezien.

- *CONCLUSIE 7.* Veel kinderen worden nog steeds opgevoed volgens gender, wat betekent dat jongens Lego krijgen en meisjes barbies. Meisjes zouden geen ruimtelijk inzicht hebben en niet goed zijn in de bètavakken.

- *CONCLUSIE 8.* Het kostwinnersprincipe (de man zorgt voor het gezin) is nog altijd een onderdeel van de Nederlandse cultuur. Anders dan in veel andere landen kan een Nederlands gezin prima leven van anderhalf salaris (al maken de stijgende huizenprijzen dat wel lastiger). Deze principes zijn zo verweven in de manier van leven dat de vrouw snel in de zorgmodus wordt geduwd, waardoor ze de voorkeur geeft aan een parttimebaan. Sommige mensen zijn van mening dat parttime werken getuigt van het ontbreken van ambitie en dat het de vrije keus van de vrouw zelf is om niet fulltime te werken. Ook het huidige kinderopvangstelsel helpt niet mee om meer vrouwen fulltime te laten werken.

- *CONCLUSIE 9.* De huidige techcultuur is gevormd door de techbedrijven uit Silicon Valley. Op teampagina's of in vacatures wordt mannelijke taal gebruikt. Er heerst een sfeer van *code hard, play hard* en er zijn nog steeds vrouwen die er tijdens hun eerste werkdag achter komen dat er geen vrouwentoilet aanwezig is, of dat dit gebruikt wordt als 'kaktoilet'.

- *CONCLUSIE 10.* Op hun werk worden vrouwen nog steeds niet voor vol aangezien. Ze krijgen te maken met mannen die hun graag hun specialisme nogmaals uit willen leggen, worden weggehouden bij 'moeilijke codes' en krijgen te maken met seksuele intimidatie.

Ik kan nog wel meer punten noemen, maar mocht je hier meer over willen weten, dan raad ik je aan het hele boek te lezen. In de praktijk merk ik dat mannen schrikken als ik met hen over dit onderwerp praat en bovenstaande punten benoem. Ze zijn zich er niet van bewust en spreken uit dat ze graag willen helpen. Ze zien de voordelen van een divers team en uiteindelijk is het maken van te gekke producten het doel van ons allemaal.

10.2 De mouwen opstropen

De reden dat ik een speciaal hoofdstuk voor jou heb geschreven, is omdat de meeste werknemers in de techsector mannen zijn. Je functie, niveau, afdeling en de vraag of je al samenwerkt met vrouwen zijn niet belangrijk. De bovenstaande tien punten hebben je van bepaald gedrag misschien al meer bewust gemaakt. Dat je je meer bewust wordt van je optreden en dat omzet in gedrag waar we allemaal iets aan hebben, is belangrijk. Toen ik tijdens een aflevering van de Dutchento podcast (voor de Nederlandse Magento community) de vraag kreeg wat we concreet konden doen op de werkvloer, was ik geneigd om het snel te hebben over de grote onderwerpen, zoals opvoeding en meer meisjes enthousiast krijgen voor bètastudies. Eigenlijk had ik beter over onderstaande punten kunnen praten. Want al deze kleine veranderingen hebben veel impact. Wat kun je nu concreet doen, niet alleen als collega of leidinggevende, maar ook als partner en vader? Genoeg gepraat, we gaan aan de slag!

> **Having women in the office doesn't turn hostile environments into respectful ones, at least not overnight. And in the meantime, those women are now subject to experiencing whatever problems we were hoping they would solve. It's wrong to ask women to come in and be the fix – because women are not the problem. We also need men to step up and to welcome us.**
> ELISSA SHEVINSKY, *CTO bij CoinTelegraph*[1]

1 Wees je bewust van je vooroordelen

Met deze bewustwording begint het. Misschien denk je dat je helemaal geen onbewuste vooroordelen hebt en ben je ervan overtuigd dat je nieuwe mensen aanneemt op basis van hun kwaliteiten. Het is de beste persoon voor de functie in plaats van degene die gewoon sterk op je lijkt. Toch wil ik je vragen om je hier verder in te verdiepen. Je kunt bijvoorbeeld beginnen met het lezen van deel 2 van dit boek. Daarin ga ik nader in op onbewust gedrag. Ook kan een bedrijf ervoor kiezen om de werknemers hier trainingen in te laten volgen. Alleen dan kun je voor verandering zorgen. En ik geef toe, ook ik heb nog steeds onbewuste vooroordelen.

2 Stop met je te gedragen als een 'brogrammer'

Vroeger waren programmeurs introverte jongens die sociaal niet echt mee konden komen. Nu de technische industrie enorm is gegroeid, is het type programmeur ook veranderd. Het zijn mannen die in eerste instantie voor een financiële of salesbaan hadden gekozen, maar die nu er zoveel geld te verdienen valt in de tech, zijn begonnen als programmeur. Steeds vaker kom je er *The Wolf of Wall Street*-achtige mannen tegen. 'Code hard, play hard' en goed feesten vind je vaak terug in start-upculturen. Dit levert een werkcultuur op waarin seksueel getinte grappen normaal zijn en een inclusieve werkomgeving ver te zoeken is. Het leidt tot events als 'Hackers and Hookers' of *recruiting events* in whiskybars. En dat is zonde, want juist start-ups zouden enorm gebaat zijn bij meer diversiteit in de teams. Herken jij je als brogrammer? Besef dan wat je zou kunnen bereiken als je daarmee zou stoppen.

3 Check je netwerk

Kijk eens goed naar je netwerk. Zitten daar alleen maar mannen in? Grote kans dat je dan ook alleen maar in contact komt met mannen. Wanneer je een vacature deelt in je netwerk, is de kans vanzelfsprekend groter dat je dan merendeels mannelijke sollicitanten krijgt.

> **Ik had de kans om een kabinet samen te stellen, maar alle sollicitanten waren mannen. Ik nam contact op met een aantal vrouwennetwerken en vroeg of ze mij konden helpen met het vinden van mensen. Zij droegen mappen vol geschikte vrouwen aan!**
> MITT ROMNEY, *presidentskandidaat Republikeinse partij*[2]

Als je net zoals Mitt Romney contact opneemt met een Women in Tech-groep in Nederland met het verzoek of ze de vacature willen delen, krijg jij ook die ordner vol geschikte vrouwen (op de website **www.deitgirl.nl** vind je een lijst).

When we organize an event for Lean In Netherlands, we have a quick look at our network. We also want to offer men a stage so that we can hear each other's stories. But it turns out that many men refuse. In the end we managed to get a few male speakers because of the efforts and target we put to have a gender balance on the agenda.
MELISSA ROMERO, *CEO bij BAUBO en co-founder van Lean In Nederland*

4 Wie steun en promoot je het meest?

Als een man succesvol is, wordt hij vaak ook leuker gevonden. Maar als een vrouw succes heeft, werkt dat niet in haar voordeel: zowel mannen als vrouwen vinden haar minder leuk. Als een vrouw competent is, denken veel mensen niet zo positief over haar: ze vinden haar niet aardig. Maar is een vrouw aardig, dan wordt ze als minder competent gezien. Daarin kun jij verandering brengen.

Wie steun en promoot je het meest? Is dat de man die het over de hele linie goed doet, of de vrouw die dezelfde resultaten behaalt, maar gewoon niet zo populair is? Grote kans dat je voor de man kiest. Maar als je verder kijkt dan de populariteitsprijs en je richt op de prestaties, kun je nog verrast worden.

Ik werk in de financiële wereld, waar ik nu nog vooral met mannen samenwerk. Mijn manager is niet te beroerd om op te treden als sponsor richting het hogere management. Zonder mijn eigen harde werken tekort te doen kreeg ik daardoor kansen die ik wellicht zonder hem niet zou hebben gekregen.
SHARON BLOEMENDAL, *senior sustainable funding & ESG ratings advisor bij De Volksbank*

Het sponsoren van vrouwen wordt vaak gemist op de techwerkvloer. Vertel een vrouw hoe ze verder kan komen en schuif haar naar voren bij nieuwe projecten en promoties. Stel haar voor aan invloedrijke mensen en introduceer haar bij het hogere management. Maar ook het tonen van steun ontbreekt. Hoor je bijvoorbeeld dat een vrouw bazig wordt genoemd? Vraag dan naar een specifiek voorbeeld en vraag vervolgens: 'Zou je ook zo reageren als een man hetzelfde zou doen?' In veel gevallen is het antwoord 'nee'. Denk goed na over je eigen reacties op vrouwelijke collega's en maak het bespreekbaar als je dit gedrag bij anderen ziet.

5 Evalueer de prestaties eerlijk

De prestaties van mannen worden vaak overschat in vergelijking met die van vrouwen. Dat wordt niet alleen door de omgeving van de mannen gedaan, maar ook door de mannen zelf. En dat wordt erger naarmate ze ouder worden.[3] Als de beoordelingscriteria bij het aannemen van een nieuwe[4] medewerker of bij een promotie niet duidelijk zijn (of helemaal niet aanwezig), gaan onbewuste vooroordelen een rol spelen. Keuzes worden dan gemaakt op basis van onderbuikgevoel. Het is lastiger om mensen met elkaar te vergelijken, je hebt immers geen referentiekader.

Denk bijvoorbeeld aan het criterium 'de persoon moet passen in de cultuur van het bedrijf'. Hieraan hechten veel techbedrijven waarde, omdat het fijn is als medewerkers dezelfde dingen belangrijk vinden. Maar het heeft een keerzijde: doordat dan alleen mensen met dezelfde achtergronden en interesses worden aangenomen, leidt het tot een homogene cultuur. Bovendien zorgt dit criterium ervoor dat er toch sneller wordt gekozen voor een mannelijke kandidaat dan voor een vrouwelijke. En dat heeft impact op de carrière van de vrouw.

Je kunt dit voorkomen door iedereen in het team bewust te maken van zijn of haar vooroordelen. Wees duidelijk en specifiek over wat excellente prestaties precies zijn. Stel kaders en criteria op en zorg dat ze meetbaar zijn. Licht je evaluaties altijd toe, ook als daar niet om wordt gevraagd. Spreek deze verwachting ook uit naar de rest van het team. Maak bijvoorbeeld een lijst van kwaliteiten waaraan voldaan moet worden bij een promotie en wijk daar niet van af omdat je favoriete kandidaat er misschien niet aan voldoet.

6 Geef vrouwen erkenning

Omdat vrouwen hun succes vaak toeschrijven aan externe factoren – zoals 'hard werken', 'geluk hebben' of 'hulp van anderen' – zijn ze minder geneigd zich aan te melden voor promoties of nieuwe projecten. Daartegenover staat dat ze mislukkingen vaak wel persoonlijk nemen. Mannen gaan daar heel anders mee om: als een man faalt, komt dat door externe factoren. Dit is ook de reden dat vrouwen in een samenwerking minder erkenning krijgen voor succesvolle resultaten en meer verantwoordelijk worden gehouden voor mislukkingen. Dit tast hun zelfvertrouwen aan.

Aan jou de taak om dit goed in de gaten te houden. Zorg dat alle personen de eer krijgen die hun toekomt. Leg bij het introduceren van een nieuwe vrouwelijke collega vooral de nadruk op haar prestaties. Vertel bijvoorbeeld waarom je haar hebt aangenomen en welke successen ze al heeft geboekt. Je zorgt direct voor een juist beeld van deze collega. Is er een vrouwelijke collega die aangeeft ergens niet klaar voor te zijn of niet de juiste certificaten te hebben? Moedig haar dan aan om er gewoon voor te gaan!

7 Haal het meeste uit vergaderingen

Je gelooft het misschien niet, maar mannen hebben de neiging tijdens vergaderingen veel meer te praten dan vrouwen. Terwijl vrouwen bekendstaan om hun communicatieskills, worden ze tijdens vergaderingen juist meer onderbroken, krijgen ze minder erkenning voor hun ideeën en hebben ze minder invloed. Ook zul je vrouwen niet zo snel zien plaatsnemen in het midden of aan het hoofd van de tafel; ze verstoppen zich bij voorkeur. Zo zullen ze bijvoorbeeld geen extra stoel pakken als alle stoelen al bezet zijn en blijven ze staan. Zeker tijdens de grotere groepsbijeenkomsten zie je dat de mannen vooral aan tafel zitten. Dit is trouwens niet alleen bij grote groepen het geval. Zo stond de Europese Commissievoorzitter Ursula von der Leyen perplex toen bleek dat er geen stoel voor haar klaarstond tijdens een ontmoeting met de Turkse president Erdogan in april 2021. Charles Michel, voorzitter van de Europese Raad, kon wel plaatsnemen op een lege stoel en liet Von der Leyen doodleuk staan. Zij moest daarom plaatsnemen op de bank, waardoor ze buitengesloten werd.

Vergaderen wordt door velen als een inefficiënte tijdsbesteding gezien. Het is dan triest om te beseffen dat als vrouwen niet optimaal deelnemen aan deze vergaderingen, een deel van hun vaardigheden en expertise niet benut wordt. Je begrijpt dat dit effect heeft op de teamresultaten. Het is daarom belangrijk dat iedereen iets durft te zeggen en dan ook gehoord wordt.

Moedig vrouwen dus aan om vooraan en centraal te gaan zitten. Zie je dat iemand wordt onderbroken, geef dan het woord terug. Zorg ervoor dat iedereen kan bijdragen, niet alleen de hardste schreeuwers.

8 Kijk goed waar een idee vandaan komt

Ga er niet klakkeloos van uit dat een geopperd idee van die persoon zelf is. Wanneer je je bewust wordt van onbewuste signalen en je meer collega's 'ziet' dan alleen dat kleine groepje waarin je je normaal bevindt, zul je erachter komen dat veel ideeën zogenaamde 'gestolen ideeën' zijn. Dit zijn ideeën die bijvoorbeeld door een vrouwelijke collega zijn aangedragen. Doordat niemand haar laat uitspreken, of zij zichzelf niet durft te uiten, worden die ideeën echter niet door anderen gehoord – laat staan erkend. Geef, wanneer je dit merkt, toch de erkenning aan de juiste mensen. En vergeet niet je collega's ook positief te verdedigen, zeker als je in een leidinggevende positie zit. Aan de ene kant ben je hierdoor een goed rolmodel voor de rest van de organisatie en anderzijds word je automatisch ook gezien als leider.

9 Verdeel het huishoudelijk werk op kantoor

Zodra vrouwen de werkvloer betreden, verandert de dynamiek. Veel mannen gaan er dan voetstoots van uit dat de vrouwen het huishoudelijk werk voor hun rekening nemen. Je kunt dan bijvoorbeeld denken aan het uitruimen van de vaatwasser, maar ook aan ondersteunende werkzaamheden zoals het maken van aantekeningen, het organiseren van evenementen of het opleiden van nieuwe medewerkers.

Wat je dan niet beseft, is dat je vrouwelijke collega deze extra activiteiten naast haar huidige werk moet doen. Het kost dus tijd en kan ervoor zorgen dat het vrouwelijke teamlid wordt afgeleid van haar eigenlijke taken. Degene die tijdens een vergadering notulen maakt, kan het minst actief deelnemen aan de vergadering. Niemand kan twee dingen tegelijk, al helemaal niet praten en notuleren. Het meest vervelend is nog dat vrouwen die wel 'ja' zeggen tegen deze taken, hiervoor geen erkenning krijgen. Weet je waarom? Omdat het al van ze verwacht werd. Zeggen ze 'nee', dan worden ze zelfs bestraft!

Dat geldt niet alleen voor het huishoudelijke werk, maar ook voor bijvoorbeeld het organiseren van uitjes of events. Hoe leuk je vrouwelijke collega het organiseren van een event ook vindt naast haar normale werkzaamheden, het heeft direct effect op de facturabele tijd. En deze facturabele tijd wordt vaak gebruikt bij het functioneringsgesprek. Het heeft dus direct impact op de loopbaan van vrouwen. Let daarom goed op wie zich (weer) aanmeldt om te notuleren. Meld je vrijwillig aan om bepaalde ondersteunende taken op je te nemen. Geef het goede voorbeeld en trap niet in die val door te verwachten dat je vrouwelijke collega's dat doen.

10 Maak werk van ouders

Allereerst: krijg je te horen dat een van je collega's moeder wordt, dan staat je eigenlijk maar één ding te doen en dat is haar feliciteren! Wees blij voor haar en vraag vooral niet hoelang je haar moet missen op het werk. Of erger: of ze gaat stoppen met haar werk. Misschien maak je je zorgen om de continuïteit, maar dat is nu even niet belangrijk. Luister naar wat ze te zeggen heeft en maak tijdens dit gesprek geen afspraken. Waarschijnlijk is het gesprek al emotioneel genoeg.

Het grootste verschil tussen mannen en vrouwen is het feit dat vrouwen kunnen baren. Het vervelende is dat moederschap de veronderstelling oproept dat een vrouw minder competent en minder toegewijd is. Daardoor krijgt ze minder kansen. Dit is vaak al het geval als vrouwen trouwplannen hebben. Vaders kunnen hier trouwens ook last van hebben. Verzuimen ze om gezinsredenen van hun werk, dan is de kans groot dat dit hun beoordelingen en inkomsten beïnvloedt.

Het gekke is dat vrouwen al heel vroeg hun werk zo indelen dat ze ermee uit de voeten kunnen als ze eventueel moeder worden. Ze kiezen voor flexibele mogelijkheden en wijzen daardoor sneller bepaalde projecten af. Vraag daarom altijd door als iemand een positie of project afwijst. Ga er niet van uit dat moeders niet bereid zijn om te reizen of uitdagende opdrachten aan te nemen. Vraag ook zeker niet hoe ze het doen. Hiermee kun je impliceren dat je vindt dat moeders thuis horen te zijn. Heb je zelf kinderen? Praat daar dan over op het werk – en dan vooral positief. Neem als man ook gewoon ouderschapsverlof op en maak je hard voor misschien wel een langer en beter vaderschapsverlof dan wettelijk bepaald is.

11 Maak ruimte

Als je weleens op evenementen spreekt, kun je helpen om meer vrouwen zichtbaar te maken op het podium. Je gelooft het misschien niet, maar er zijn nog steeds evenementen waar de sprekers allemaal mannen zijn. Spreken op een event is het leukste wat er is en zoiets zou iedereen moeten kunnen meemaken. Word je gevraagd om te spreken en zie je dat er alleen mannelijke sprekers zijn, sta dan je plek af aan een vrouw. Geef aan dat je alleen spreekt als de line-up uit een divers team bestaat. Help de organisatie met het vinden van een vrouwelijke spreker en moedig de vrouwen uit je team aan om te presenteren.

12 Wees een mentor

Helaas vinden vrouwen nog steeds minder makkelijk een mentor die hen kan helpen om de carrièreladder te beklimmen of beter te worden in hun werk. Vrouwen krijgen vooral feedback op hun persoonlijke kenmerken (zoals een directe of bazige manier van communiceren), terwijl mannen juist feedback krijgen op vaardigheden, zodat ze hun prestaties kunnen verbeteren.

Wil je als man echt het verschil maken? Zoek dan ten minste één vrouw – het liefst natuurlijk meer – die je gaat begeleiden. Dat hoeft trouwens niet iemand te zijn met wie je al samenwerkt; het kan ook gaan om iemand buiten je bestaande netwerk. Je kunt bijvoorbeeld via LinkedIn laten weten dat je openstaat voor een mentorschap.

13 Zorg voor een gelijke toegang

Alle vrouwen met wie je werkt, dienen net als de mannen toegang te krijgen tot de seniors, managers, leidinggevenden of andere belangrijke personen in een organisatie. Elke keer als jij ervoor kiest om iets te ondernemen met een mannelijke collega, leer je hem ook beter kennen. Laat dit nu net handig zijn op het moment dat jou wordt gevraagd wie je zou willen voordragen voor een promotie of nieuw project. Namen van mensen die je minder goed kent, schieten je nu eenmaal minder snel te binnen.

Vind je het niet prettig om, in verband met eventuele roddels, met een vrouwelijke collega iets te gaan eten? Bedenk dan een andere manier om elkaar beter te leren kennen. Of voorkom dat de roddels überhaupt kunnen ontstaan door ervoor te zorgen dat het normaal gevonden wordt. Roddels duiken vaak op bij onverwachte en zeldzame gebeurtenissen. Als laatste: wees in alles een voorbeeld naar andere mannen. Zodra je de voordelen en positieve resultaten hebt gezien, wil je niet meer terug naar het oude.

Vrouwen kunnen trucjes toepassen en zich tot in den treure aanpassen aan de techwerkvloer. Maar zonder hulp van hun omgeving blijft alles bij het oude. Ga het gesprek aan met mensen die zich hier al mee bezighouden. Wie weet komen er nog verrassende samenwerkingen en inzichten uit voort.

10.3 Update de hardware

Niet alleen je eigen gedrag brengt verandering op de werkvloer. Als je ook zorgt voor een werkomgeving waar vrouwen zich welkom voelen, help je echt mee aan het oplossen van het probleem. Ken je toevallig de serie *Working Moms*, over een stel werkende moeders die met hilarische gebeurtenissen te maken krijgen en in herkenbare situaties terechtkomen? Kate Foster, een van de moeders, heeft net een kind gekregen en begint weer met werken. Op de werkvloer wordt ze met veel enthousiasme naar de kolfruimte gebracht. Want daar was over nagedacht! Wat bleek: de kolfruimte was een kantoor met volledig glazen wanden. Daar stond ze met haar kolfapparaat. Werk je als vrouw in een bedrijf met vooral mannelijke collega's, dan kun je tegen bepaalde 'hardwareproblemen' aan lopen.

1 Naar het kaktoilet

Ook al staat er in de Arbowet dat de toiletten (of het gebruik ervan) naar sekse gescheiden moeten zijn (artikel 3.24)[5], het komt nog vaak voor dat er maar één toilet is. En als ik mijn mannelijke collega's moet geloven, gebeurt er nogal veel op een mannentoilet.

Zo hoorde ik een verhaal van een vrouw die werkte bij een techbedrijf. Ze had nog twee andere vrouwelijke collega's, maar daar hield het wel mee op. Samen hielden ze het toilet ook in de periode tussen de schoonmaakmomenten door in orde en zorgden ze voor voldoende toiletpapier. Maar tot haar verbazing kwam ze steeds mannelijke collega's tegen als ze naar het toilet ging. Wat bleek: de mannen gebruikten het vrouwentoilet voor het uitgebreide toiletbezoek. En zo zaten zij in de stank en de viezigheid – en vaak zonder toiletpapier.

Een ander belangrijk punt is het ontbreken van een afvalbak op het toilet. Een vrouwelijke developer vertelde dat er wel een apart vrouwentoilet was, maar dat niemand eraan had gedacht dat een afvalbakje ook wel handig is. Zorg je als man ook voor verzorgingsproducten, zoals tampons en maandverband, dan kun je helemaal niet meer stuk. Misschien denk je nu: maar dat kunnen vrouwen toch zelf ook allemaal regelen? Een afvalbakje of verzorgingsproducten zijn toch zo gekocht? Dat klopt, natuurlijk kunnen we daar ook zelf voor zorgen. Maar als je ziet dat het al aanwezig is en dat eraan is gedacht, is dat een wereld van verschil. Ik vergeet nooit meer dat ik met een aantal mannelijke collega's de kantine van het nieuwe kantoor binnenliep. Daar stond een koelkast met zo'n doorzichtige deur vol met speciaalbier. Ik zag de ogen van mijn collega's oplichten en hoorde dat ze zich al verheugden op de borrel van die middag. Natuurlijk is iets als speciaalbier niet zo noodzakelijk als bijvoorbeeld verzorgingsproducten, maar het geeft wel een signaal af: we zien jullie en willen graag dat jullie je welkom voelen op de werkvloer. Zorg er dan ook voor dat vrouwen dat gevoel krijgen!

2 Kolven in het serverhok

Toen ik een vrouwelijke hr-manager van een middelgroot agency in Nederland vroeg of er binnen het bedrijf misschien ook was nagedacht over een eventuele kolfruimte, kreeg ik als antwoord: 'O, maar moeders werken toch vaak parttime, dan kunnen ze toch kolven op hun vrije dagen?' De eerste werknemer die moeder is geworden, loopt vast en zeker tegen dit ontstellende gebrek aan kennis aan. Dus laat ik je nu alvast vertellen wat je echt moet weten op het moment dat de eerste moeder zich aandient.

Uit onderzoek van het tijdschrift *Ouders van Nu*[6] blijkt dat werkende moeders nog regelmatig noodgedwongen in het serverhok, de wc of hun auto moeten kolven of voeden. In de Arbowet staat dat de werknemer de eerste negen levensmaanden van het kind het recht heeft om de arbeid te onderbreken om te kolven of het kind te voeden. Hiervoor mag maximaal een kwart van de werktijd gebruikt worden. Daarnaast moet de werkgever een afgesloten ruimte ter beschikking stellen. Ook hiervoor zijn richtlijnen. Zo moet de ruimte van binnenuit af te sluiten zijn, moet die hygiënisch zijn, voldoende privacy bieden, rustig zijn, moet er een bed of rustbank staan, voldoende verse lucht zijn en mogen er geen gevaarlijke stoffen aanwezig zijn. De beschikking over een koelkast is ook heel handig om te voorkomen dat de flessen melk tussen de lunch van de collega's belanden.

Gaat het om een baan waarbij veel gereisd moet worden, dan wordt het wat moeilijker. Er moet dan nagevraagd worden of er bij de klant ruimte is. Dat is een nog grotere drempel. Ook hierbij kun je je collega of medewerker helpen. Er wordt al gepleit voor een database met openbare kolfruimtes. Zo'n database is al beschikbaar voor openbare instellingen, horeca-ondernemingen, winkels en attractieparken. Je kunt deze plekken herkennen aan het beeldmerk 'Voeden kan hier'[7].

Desondanks kiezen veel moeders ervoor om het kolven af te bouwen voordat ze weer aan het werk gaan. Een heel ander beeld zien we in Australië, waar een parlementslid borstvoeding gaf tijdens een vergadering[8], of in Nieuw-Zeeland, waar minister-president Jacinda Ardern haar baby meenam naar een vergadering van de Verenigde Naties.[9]

3 Waggelen over de parkeerplaats

Sheryl Sandberg begint haar boek *Lean In*[10] met een verhaal over haar eerste zwangerschap. Ze werkte toen bij Google. Op een dag moest ze zich haasten om op tijd bij een belangrijke afspraak met een klant te zijn. Google groeide zo snel dat parkeren problemen opleverde en de enige plek die ze kon vinden was een aardig eindje weg. Zo waggelde ze het parkeerterrein over richting de ingang. 's Avonds besprak ze het probleem met haar man, die op dat moment bij Yahoo werkte. Hij vertelde dat daar vlak voor elk gebouw speciale parkeerplekken voor zwangere vrouwen zijn gereserveerd. De volgende dag liep ze meteen naar het kantoor van de Google oprichters om haar idee ter sprake te brengen. Er werd direct mee ingestemd en ze gaven ruiterlijk toe dat ze er zelf nooit aan hadden gedacht. Het werd haar ook al snel duidelijk dat ze niet de enige was die zwanger rondliep bij Google. Er waren dus vrouwen die in stilte leden, misschien geen speciale behandeling wilden hebben of het gewoon niet durfden te vragen.

4 Wel maaltijden maar geen kinderopvang

Je kent misschien wel het kantoor van Apple. Voor bijna 5 miljard dollar werd er een nieuw hoofdkantoor gebouwd. Het complex biedt ruimte aan 15.000 mensen. Aan alles was gedacht, behalve aan een kinderopvang.[11] In Nederland is het misschien niet vanzelfsprekend dat de werkgever meedenkt over de opvang van kinderen. Misschien heb je het idee dat het alleen relevant is voor de heel grote bedrijven. Bij het overwerken wordt wel direct gedacht aan het vergoeden van een avondmaaltijd, maar niet aan een vergoeding voor een oppas, terwijl de oppas het juist mogelijk maakt dat je collega of medewerker kan overwerken. Tijdens de coronapandemie gingen er wel steeds meer werkgevers meedenken. Doordat de scholen dichtgingen, werd de impact op het werk van geen goede kinderopvang ook veel beter zichtbaar. Het aanbieden van kinderopvang of een tegemoetkoming in de kosten kan helpen om vrouwen binnen te halen, én om ze aan je te binden.

Natuurlijk kun je bovenstaande punten bij de vrouw neerleggen en van mening zijn dat zij zelf moet aangegeven waar ze tegenaan loopt. Maar denk dan ook aan alle zaken die er voor mannen geregeld worden: tafelvoetbal, spelcomputers (zoals een Playstation of een Xbox) en een koelkast vol bier. Deze faciliteiten zijn er ook om mensen zich thuis te laten voelen. Het maakt al veel verschil als je zelf met vragen komt in plaats van een afwachtende houding aan te nemen.

Doe het voor je (klein)dochter

Heb ik je nog niet kunnen overtuigen? Dan heb ik nog één heel belangrijke reden achter de hand. Doe het voor je (toekomstige) dochter of kleindochter! Soms kijk ik naar de mannenbolwerken en dan vraag ik mij af hoe deze mannen naar hun dochter of kleindochter kijken. Denken ze misschien dat zij het alleen wel gaat redden? Dat als ze maar heel goed haar best doet, het vast goedkomt? Of denken ze dat een ander hun dochter vast een kans zal geven? Bedenk dan dat jij die ander bent voor de dochter van iemand anders. Jij kunt door de werkvloer net wat eerlijker te maken andermans dochter dat zetje geven.

If you don't catch a fish, you don't blame the fish.
You change your technique.
Stanford VMware Women's Leadership Lab[12]

Ik heb het in dit boek vaak over rolmodellen gehad, over de noodzaak voor vrouwen om meer vrouwelijke rolmodellen te hebben. Maar mannen hebben ook rolmodellen nodig, en dan het liefst mannen die ook keihard werken voor een eerlijke werkvloer. Een werkvloer zonder loonverschillen, promoties die aan schreeuwers worden gegeven en een omgeving waarin vrouwen niet worden uitgesloten. We hebben mannen nodig die niet alleen de bedrijfsvoordelen zien van een 'inclusieve' werkvloer, maar ook intrinsiek gemotiveerd zijn om inclusiviteit te bereiken. Bekijk dit onderwerp niet als een vrouwenprobleem maar eerder als een leiderschaps- of managementprobleem.

Als we hier samen mee aan de slag gaan, hoeven we geen honderden jaren te wachten voordat we een eerlijke verhouding zien in elke managementlaag en kunnen we voorkomen dat we technische ontwikkelingen en producten maken die slechts geschikt zijn voor een beperkte doelgroep.

11

Manifest voor meer vrouwen in de tech

Niet alleen zorgt het gebrek aan vrouwen in de tech voor bevooroordeelde technische ontwikkelingen, het levert ook ongelijkheid op doordat vrouwen minder kans op een goedbetaalde techbaan hebben. Het heeft tot gevolg dat mensen worden buitengesloten en gediscrimineerd. In een meritocratische samenleving, waar je alles kunt worden of krijgen als je er maar hard genoeg voor werkt, leidt deze kansenongelijkheid ertoe dat je blijkbaar als vrouw niet alles kunt worden wat je wilt.

'Maar heb je ook een oplossing voor dit probleem?' vragen veel mensen. Het goede nieuws is dat die er zijn! Het slechte nieuws is dat het niet een kwestie is van even een schakelaar omzetten. Het vereist samenwerking op heel veel vlakken. De punten die in de volgende negen paragrafen aan de orde komen, zullen een beweging in gang moeten zetten. Waar moeten we beginnen? En hoe kunnen we ervoor zorgen deze verandering niet meer te stoppen is?

Women in tech are the canary in the coal mine. Normally when the canary in the coal mine starts dying you know the environment is toxic and you should get the hell out. Instead, the tech industry is looking at the canary, wondering why it can't breathe saying 'Lean in, canary. Lean in!' When one canary dies they get a new one because getting more canaries is how you fix the lack of canaries, right? Except the problem is that there isn't enough oxygen in the coal mine, not that there are too few canaries.
KATE HEDDLESTON, *senior engineering manager bij Samsara*[1]

11.1 Verander de huidige techcultuur

Zoals Kate Heddleston in haar quote al aangeeft, is de huidige stand van zaken niet het resultaat van te weinig vrouwen in de tech, maar het gevolg van een giftige werkcultuur en een omgeving waar vrouwen niet kiezen voor de tech of sneller uitvallen. Hiermee bedoel ik de cultuur van de 'brogrammers', waar het credo 'code hard, play hard' hoog in het vaandel staat, een cultuur waarin minderheden zoals vrouwen en mensen met een biculturele achtergrond onbewust of bewust worden buitengesloten. Deze buitensluiting heeft niet alleen impact op hun werkgeluk, maar ook op hun psychische gezondheid. Een giftige werkcultuur kun je veranderen door zowel op diversiteit als op inclusie te focussen.

> **I don't need to change to fit within my industry. My industry needs to change to make everyone feel included and accepted.**
> ERICA JOY, *chief technology officer bij* DCCC[2]

Het gaat er niet om dat de juiste poppetjes op de juiste plaats staan, maar dat er ook nog samengewerkt wordt. Op een diverse werkvloer gelden verschillende normen en waarden, verschillende achtergronden, culturen, religies en hobby's. Als je je hier niet van bewust bent, sluit je onbewust mensen uit. Mensen zullen dan sneller besluiten het bedrijf te verlaten, waardoor je uiteindelijk weer een homogene werkvloer overhoudt.

> **We need to change the conversation on gender equality because the conversation we've been having hasn't been working. That's where the innovation part comes in. What I've come to understand is that if we could think of achieving gender equality, or any kind of equality, as an innovation challenge, we might be able to make more progress.**
> SARAH KAPLAN, *director bij het Institute for Gender and the Economy University of Toronto*[3]

Wil je aan de slag met het bouwen van een inclusieve werkvloer? Houd dan rekening met de volgende punten.

1 Denk aan alle teamleden

Zorg bij het plannen van een activiteit voor iets waaraan iedereen kan deelnemen. Houd daarbij rekening met de dag (de zaterdag en woensdag zijn misschien minder geschikt als er ouders in het team zitten), maar bijvoorbeeld ook met het sportieve niveau. (Niet iedereen heeft een goede conditie of mogelijkheden om mee te doen aan sportieve uitjes.)

Zo is het vaste prik om *game hackathons* te organiseren op de vrijdagavond. De gamecomputer gaat mee naar het werk, er wordt gezorgd voor een paar kratten bier en wat zakken chips en dan is het GAMEN! Om de avond wat inclusiever te maken wordt er ook gezorgd voor spellen als Mario Kart, maar toch is niet het hele team aanwezig tijdens zulke avonden. Of mensen gaan weer vroeg weg omdat het gezin ook aandacht vraagt. Natuurlijk was het nooit de bedoeling mensen uit te sluiten, maar toch gebeurt het. Voor een manager is het organiseren van een teamuitje nog lastiger. Zodra je geen inclusief uitje organiseert, ontzeg je teamleden de toegang tot jou als manager. En deze toegang is heel waardevol, ook omdat de manager toch onbewust eventuele promoties, nieuwe projecten of salarisverhogingen geeft aan mensen met wie die persoon het meest bekend is.

Het hangt 100% van het huidige leiderschap af hoe een mannelijk developerteam reageert op een eerste vrouw in het team.
SANDER MANGEL, *ecommerce solutions architect voor Magento en Shopware*

Zo vertelde Tina mij het volgende verhaal. Ze werkt bij een IT agency en zou met een paar collega's naar een conferentie gaan. De bedoeling was dat ze met z'n allen de reis zouden maken. Toen het event dichterbij kwam, hoorde ze van de plannen van haar manager en haar directe collega. Deze twee mannen waren namelijk van plan eerder te vertrekken, zodat ze de avond voor de conferentie samen nog naar een feest konden gaan. Op de dag van de conferentie, toen ze samen met haar andere collega's aankwam, waren haar manager en directe collega nog vol van het feest. Er werden grapjes gemaakt die alleen zij snapten en er werd nog veel verwezen naar hun gezamenlijke uitstapje, waarmee ze onbewust de rest buitensloten.

> **Vrouwen die het tot nu toe gered hebben, gedragen zich vaker masculien. Aanpassen aan 'one of the guys' hoort bij de oudere generatie. De nieuwe generatie gaat dit niet meer doen. Zij gaan niet koste wat het kost alles slikken voor hun carrière.**
> SAHAR YADEGARI, *directeur VHTO*

Uit onderzoek blijkt dat juist mensen die werden uitgenodigd voor exclusieve uitjes, eerder kans maken op een promotie, ook al zijn er misschien beter gekwalificeerde mensen in het team. Alleen kent de manager deze mensen onvoldoende om ze een promotie te geven. Dat bleek ook bij Tina het geval. Een jaar na de conferentie werd de betrokken collega een promotie gegund.

2 Leer het team kennen

Met verschillende achtergronden krijg je ook te maken met verschillende manieren van opvoeden. Waar het in de ene cultuur normaal is om je mond te houden, wordt het in de andere juist gestimuleerd om hem open te doen. Het is daarom belangrijk om vragen te stellen, te luisteren en het gedrag van je teamleden in de gaten te houden. Wie praat er veel en wie luistert voornamelijk? Hoe beter je je team kent, hoe succesvoller het kan presteren.

11.2 De pijplijn is niet het probleem

Als we het hebben over het probleem van te weinig vrouwen in de tech, valt vaak de vergelijking met een lekkende pijplijn. Hiermee wordt bedoeld dat er geen doorstroming plaatsvindt van vrouwen vanuit hun studie richting een baan in de tech. We geven dan vaak het onderwijs de schuld. Daar stromen te weinig meisjes door naar bètaopleidingen en als ze dat wel doen, kiezen ze na hun studie niet voor een vervolgbaan in de tech. Ik beweer zeker niet dat het onderwijs momenteel perfect functioneert. Idealiter kiezen meer meisjes voor een technische opleiding. Maar de echte oorzaak waardoor er minder vrouwen in de tech werken, is gelegen in individuen en subculturen in deze industrie, die vrouwelijke sollicitanten en werknemers negeren of slecht behandelen. Dat is de reden dat net afgestudeerde vrouwen geen plek kunnen veroveren bij een techbedrijf. En daardoor verlaten vrouwen na het missen van een promotie of het niet gegund krijgen van een nieuw project deze bedrijfstak. We kunnen dus wel bakken met geld uitgeven om meer meisjes warm te krijgen voor een baan in de tech, maar zolang techbedrijven geen inclusief aannamebeleid hanteren, krijgen we geen verandering.

Grote techbedrijven zien het diversiteitsprobleem als een nieuw businessmodel. In het kader van maatschappelijk verantwoord ondernemen en omdat uit onderzoek blijkt dat diversiteit in een team meer omzet oplevert, springen ze met z'n allen in dit 'gat in de markt'. Ze organiseren development-opleidingen of andere workshops speciaal voor vrouwen. Dat is natuurlijk erg nobel van ze, maar zolang ze deze vrouwen na het afronden van hun opleiding niet aannemen of hen eerlijk behandelen op de werkvloer, maakt het geen verschil. Dat er überhaupt speciale opleidingen nodig zijn om vrouwen op te leiden voor een baan in de tech, geeft eigenlijk al te denken.

> **Instead of showing me your diversity statement, show me your hiring data, your discrimination claim stats, your salary tables, your retention numbers, your diversity policies, and your leaders' public actions against racism. End performative allyship. Stop playing diversity.**
>
> DR. MONICA COX, *Professor The Ohio State University*[4]

Zolang techbedrijven de schuld schuiven op het pijplijnprobleem, ontslaan ze zich van hun verantwoordelijkheid om hun verkeerde recruiting- en aannamebeleid aan te passen of te zorgen voor een veilige werkomgeving.

Zorg voor een inclusief aannamebeleid

Iedereen die verantwoordelijk is voor het aannemen van personeel heeft ook te maken met onbewuste vooroordelen. Uit onderzoek van Columbia University, Northwestern University en University of Chicago blijkt dat – ongeacht of de manager een man of een vrouw is – als managers iemand aannemen voor bijvoorbeeld wiskundige werkzaamheden, ze kiezen voor een mannelijke sollicitant, ook al beschikken alle sollicitanten over dezelfde kwaliteiten. Zelfs als de mannelijke kandidaat minder presteerde dan de vrouwelijke, werd er toch in twee derde van de gevallen gekozen voor de man.[5]

> **Je bent vaak veertig uur samen met je collega's. Met je partner breng je minder tijd door. Het kan jaren duren voordat je een juiste partner hebt gevonden, terwijl je wel in een uur een nieuwe collega kunt kiezen met wie je wilt samenwerken. Laten we daar meer tijd voor uittrekken.**
> MARJORIE WOUDENBERG, *initiatiefnemer van Vrouwen in de Techniek*

In gesprekken over dit onderwerp hoorde ik vaak: 'Ja, maar ik heb helemaal geen onbewuste vooroordelen. Ik handel naar eer en geweten.' Of hr-managers zeiden: 'Maar wij gaan altijd voor de beste kandidaat.' Rolpatronen zitten niet alleen vastgeroest in organisaties, maar ook in de mensen die er werken. Marie Lotte Hagen en Nydia van Voorthuizen van het feministisch platform DAMN, HONEY raken altijd een beetje geïrriteerd als ze horen dat organisaties altijd voor de beste personen gaan. 'Zie jij om je heen dan allemaal Beyoncés lopen? Ik heb het in ieder geval nooit meegemaakt.' Wat is de definitie van 'de beste persoon'? Is dat letterlijk de beste persoon, gezien de prestaties? Of is het een beste persoon omdat de kandidaat gewoon heel erg op de manager lijkt?

> **Ik ben in de loop van mijn loopbaan vaak mannen tegengekomen waarvan ik dacht: 'Als je een vrouw was geweest, had je alleen koffie mogen brengen.'**
> FEMKE HALSEMA, *burgemeester van Amsterdam*[6]

Dunning-Kruger effect

Volgens Ben Tiggelaar speelt er ook nog iets anders, namelijk het Dunning-Kruger effect. In zijn column in *NRC*[7] schrijft hij: 'Volgens dit effect leidt incompetentie op een bepaald terrein er gemakkelijk toe dat we onszelf op dat gebied overschatten en anderen juist onderschatten. Deze overschatting zorgt er wel voor dat we zelfverzekerd zijn. En zelfverzekerde mensen worden vaak gezien als leiders. Onderzoekers zien dit als een van de redenen dat meer mannen dan vrouwen in leidinggevende functies werken. Mannen blijken namelijk eerder geneigd te zijn hun kennis en vaardigheden te overdrijven dan vrouwen. Zo schatten ze bijvoorbeeld hun eigen IQ gemiddeld hoger in. Tel hier nog wat Dunning-Kruger bij op en het is opeens niet zo gek meer dat er op allerlei leidinggevende posities mannen zitten van wie je denkt: Hoe komt híj daar?'

Verander je sollicitatieprocedure

Zolang een bedrijf nog steeds teampagina's online zet met mannelijke teksten en foto's (zoals de aanwezigheid van een tafelvoetbalspel, een Xbox of Playstation) en alleen maar mannen laat zien, is de kans groot dat zich ook alleen maar mannen aanmelden. Bekijk je de binnengekomen sollicitatiebrieven handmatig of gebruik je een algoritme? In beide gevallen kun je te maken krijgen met die onbewuste vooroordelen. Maak het proces daarom transparanter.

Zo maakt een onderzoek van Harvard duidelijk dat het voeren van een groepsgesprek als onderdeel van het sollicitatiegesprek vooroordelen kan voorkomen. In plaats van dat de kandidaten werden geëvalueerd op persoonlijke kenmerken, werden ze in een groepsgesprek juist meer op prestaties beoordeeld. De kandidaten kunnen beter worden vergeleken en dat heeft een positief effect op het sollicitatieproces.[8]

Daarom is het nodig om verder te gaan dan de quota. Een eerste aanbeveling is om blinde wervingspraktijken te implementeren, die helpen om persoonlijke vooroordelen uit het talentverwervingsproces te halen. Denk aan het verwijderen van identificerende informatie uit sollicitaties, het wijzigen van de taal in vacatures om seksuele vooringenomenheid ten gunste van mannelijke kandidaten te elimineren en ervoor zorgen dat de selectie van kandidaten vrij is van vooringenomenheid door gebruik te maken van diverse wervingscommissies (in plaats van individuen).
DR. RONDA ZELEZNY, *medeoprichter en directeur van Panoply Digital en lid van Ada's List*[9]

Er is een tekort aan personeel in de techindustrie. Veel bedrijven hebben daarom ook een enorme focus op het wervingsproces. Ze kunnen bijvoorbeeld een intensieve wervingscampagne opzetten via LinkedIn, of intermediairs inschakelen. Er kan ook voor gekozen worden om de vacature aan te passen. Is de gevraagde opleiding wel noodzakelijk en is het nodig om vijf jaar werkervaring te vragen bij een startersfunctie, als je in gedachten houdt dat vrouwen bijvoorbeeld pas solliciteren als ze voldoen aan alle eisen in de vacature?

Behoud je vrouwelijke werknemers

Oké, dan hebben we meisjes bijvoorbeeld geleerd om te programmeren. Ze studeren af en gaan de werkvloer op. Daar verliezen ze helaas toch hun motivatie, omdat ze bijvoorbeeld buiten de boot vallen bij het toekennen van promoties. Dat terwijl op hoger niveau het bedrijf voldoet aan het vrouwenquotum.

Om dit te voorkomen en om de doorstroming te bevorderen moet er juist een quotum komen voor het lagere management. Zo zorg je ervoor dat in alle lagen van het management rolmodellen te vinden zijn. Banken zoals ABN Amro en De Volksbank maken bijvoorbeeld gebruik van targets om meer diversiteit op de werkvloer te krijgen. Maar laten we wel iets afspreken: we noemen deze vrouwen geen excuustruus. Zie jezelf ook vooral niet als excuustruus als je hierdoor een stap omhoog kunt.

Tijdens de eerste webwinkelvakdagen stonden de eerste vrouwen in *cat suits* te flyeren. Dat is inmiddels wel veranderd.
HANS SIEBUM, *managing director global bij Salesupply*

Voorkom tunnelvisie

Uiteindelijk gaat het om voorkomen van tunnelvisie. Aylin Bilic schreef in *NRC* een rake column over diversiteit. Zo schreef ze: 'Diversiteitsmanagers wijzen er graag op dat diversiteit leidt tot meer creativiteit en zelfs een hogere productiviteit. En het voorkomt tunnelvisie. Maar zou dat echt komen omdat er meer homo's rondlopen op de werkvloer, of meer mensen van kleur? Of zou het primair komen doordat een bedrijf mensen aanneemt die anders denken (en ja, die hebben soms een kleurtje)?

Als dat zo is, zou diversiteit zich daar niet veel meer op moeten richten? Dat er in het bestuur van een bank iemand zit met een kunstzinnige achtergrond. En iemand die niet van de universiteit komt, maar een groot deel van zijn leven met zijn poten in de klei stond.'[10] En precies dat hebben we nodig in de tech. Maar omdat we mensen blijven aannemen die op ons lijken en die hetzelfde denken, komen we geen stap verder.

11.3 Niet alleen focus op bètaopleidingen

Software is overal om ons heen. Zelfs de bestorming van het Capitool ging uiteindelijk om software, vertelt Felienne Hermans, universitair hoofddocent aan de Universiteit Leiden. 'Het ging toen al snel over de rol van social media, de tweets van Trump, fake news via Facebook, bestormers die zich via Parler organiseerden.'[11] Het is dus belangrijk dat we allemaal weten hoe tech werkt. Dit houdt in dat techonderwijs niet alleen onderdeel moet zijn van de STEM-gerichte (Science, Technology, Engineering, Mathematics) studies, maar van elke vorm van onderwijs.

Omdat er zoveel tekorten zijn in bèta-gerichte banen, is het logisch om je vooral te richten op de bèta-opleidingen. Dat is toch de kortste klap. Maar als gevolg van deze focus wordt het techonderwijs in andere opleidingen maar mondjesmaat toegepast. Terwijl het probleem in de tech alleen opgelost kan worden als er mensen uit diverse richtingen aanschuiven.

Breng kinderen op jonge leeftijd in contact met tech

In de Verenigde Staten worden kinderen – anders dan in Nederland – al op jonge leeftijd in contact gebracht met het vak programmeren. Hermans zegt: 'Momenteel is informatica op de middelbare school een bovenbouwvak. Ongeveer de helft van de basisscholen doet er iets mee. Maar als je pas op vijftienjarige leeftijd de mogelijkheid krijgt om informatica als vak te kiezen, is dat voor de meeste meisjes al te laat. Die hebben dan allang gehoord: "Dat is niets voor jou."' Ze pleit er dan ook voor om programmeren toe te voegen aan het aanbod op de basisschool. Daarvoor heeft ze een eigen programmeertaal voor kinderen ontwikkeld: Hedy[12]. Het einde van Hedy is het begin van Python. Omdat Hedy een open source constructie heeft, kan iedereen ermee aan de slag.

> **Met Techionista organiseren wij in samenwerking met Microsoft opleidingen om vrouwen klaar te stomen voor een baan in de tech. We hebben niet de tijd of luxe om te wachten totdat meiden uit de schoolbanken komen. We zien nu een probleem. We willen nu een oplossing.**
> VIVIANNE BENDERMACHER, *founder Techionista*

Je leven lang leren

Uit gesprekken met techondernemers wordt al snel duidelijk dat het hoger onderwijs en het wetenschappelijk onderwijs niet aansluiten op de arbeidsmarkt. Studenten komen dan wel met een bachelor- of masterpapiertje binnen, maar pas daarna beginnen ze het vak te leren. Docenten hebben weinig *feeling* met het bedrijfsleven of zijn van docentfunctie naar docentfunctie gehopt, zodat ze alleen theoretische kennis in huis hebben. De praktische invulling is ver te zoeken. Bovendien zitten de docenten er vaak al tientallen jaren en worden curricula niet regelmatig geüpdatet.

> **Vanuit de overheid wordt er gigantisch veel geld gepompt in de publieke opleidingen. Deze opleidingen laten niet alleen een enorme *skills gap* zien, de studenten die er afstuderen ook. Terwijl de private opleidingen mensen in korte tijd klaarstomen voor een baan in de tech.**
> NIKKY HOFLAND, *managing director van TechMeUp*

Private opleidingen – zoals Techionista, CodeGorilla, Femture en TechGrounds – zijn ideaal voor het omscholen van zij-instromers richting tech-gerelateerde banen. In zo'n drie tot zes maanden word je omgeschoold tot data scientist of back-end developer. Alleen lopen deze zij-instromers wel tegen een financieel probleem aan. TechMeUp voorziet in studievoorschotten, die enerzijds gebruikt kunnen worden voor de kosten van de opleiding en anderzijds voor de dagelijkse kosten die je hebt als je tijdelijk weer fulltime gaat studeren.

> **Door middel van het online en gratis programma van Codecademy heb ik de eerste stappen gezet in het leren programmeren. Ik vind het geweldig!**
> ROSITA RAMPERTAAP, *front-end developer bij Connect op Maat*

Studeer voor de toekomst

Ons onbewuste gedrag wordt niet alleen beïnvloed door de calvinistische en conservatieve achtergrond van Nederlanders. Ook de zogenoemde gendergelijkheidsparadox speelt ons parten. Uit een rapportage van UNESCO[13] blijkt namelijk dat vrouwen uit vrije en geëmancipeerde landen minder snel geneigd zijn voor een technische opleiding en baan te kiezen. Ze kiezen veel vaker voor een 'leuke' baan, zonder te kijken naar de baankansen. In Arabische of Oost-Europese landen kiezen vrouwen massaal voor technische opleidingen en banen, omdat die ook financiele zekerheid bieden. Er zit dus niets anders op dan via kleine en grote aanpassingen meer vrouwen enthousiast te krijgen voor een functie in de tech. Daarna is het zaak om ze enthousiast te houden en uiteindelijk op een organische manier te laten groeien.

> **Ik zei vroeger: ik wil programmeur worden én cabaretier én schrijver. Achteraf gezien gaf in mijn studiekeuze het beroepsperspectief toch de doorslag. Als je programmeur bent, kun je makkelijk op zaterdag nog aan toneel doen, maar andersom is het moeilijker.**
> FELIENNE HERMANS, *universitair hoofddocent aan de Universiteit Leiden bij het Leiden Institute of Advanced Computer Science*[14]

Nu geeft Hermans ook lezingen voor een publiek van 3000 mensen. Jarenlang studeerde ze wat ze leuk vond, kunst en cultuur, maar een baan vond ze niet, schrijft Rosalie Bouwman in een opiniestuk in *de Volkskrant*[15]. Ze pleit er dan ook voor dat opleidingen eerlijker zijn over de baankansen na het afstuderen. Aan de andere kant moet je als student zelf ook nagaan of je met je gekozen studie goed voorbereid bent op de arbeidsmarkt.

In de ideale wereld worden kinderen al op jonge leeftijd in contact gebracht met programmeren en gaan ze hiermee verder in het voortgezet onderwijs. De skills gap moet door samenwerking met het bedrijfsleven worden verkleind. Ook moet het voor mensen makkelijker worden om zich om te scholen. Daarbij moet niet alleen gekeken worden naar de kosten van een opleiding, maar ook naar de maandelijkse kosten. Daarnaast is het belangrijk dat de geboden kwaliteit beoordeeld wordt. Private opleidingen hebben vaak een slecht imago, terwijl er ook goede opleidingen zijn. Laten we er ten slotte ook voor zorgen dat tech-gerelateerde onderwerpen in alle studies terugkomen. Alleen zo maken we tech bereikbaar.

11.4 Laat het zien

Tech – of specifiek IT – lijkt heel abstract, maar is overal om je heen: in je telefoon, social media, de YouTube-filmpjes waar je naar kijkt, maar ook in je stappenteller of slimme apparatuur zoals verlichting of een deurbel. Als programmeren uit het stoffige hoekje wordt gehaald en juist concreet wordt uitgebeeld door middel van alle software waarmee we omringd zijn, gaat het voor veel mensen veel meer leven. Vraag je mensen of ze interesse hebben in het leren programmeren, dan heb je een grote kans dat ze een negatief antwoord geven. Vraag je ze of ze bij Instagram willen werken, dan is dat antwoord een stuk positiever.

> **Het is belangrijk dat we de toepasbaarheid van tech meer laten zien. Waarom is bepaalde software belangrijk, wat kun je ermee? Hoe doe je het? En laat met alledaagse voorbeelden zien wáár die software gebruikt wordt. Zo ziet de doelgroep het letterlijk voor zich, en begint het bij iedereen meer te leven.**
> ANKE HORSTMAN, *founder van TechGirl*

Toen Kamala Harris werd ingehuldigd als eerste vrouwelijke vicepresident van de Verenigde Staten, werd er al snel gezegd: 'Als je ziet dat zij het kan, is het ook voor jou mogelijk.' Dat is natuurlijk een vrij meritocratische gedachtegang, maar rolmodellen zijn wel belangrijk.

> **Er zijn weinig rolmodellen; hopelijk zien we meer vrouwen in science en tech.**
> EFI GKOUMASSI, PH.D., *team lead Digital Competence Center* UMCG

Een organisatie die zich hier sterk mee bezighoudt is VHTO, het Landelijk Expertisebureau meisjes/vrouwen in bèta/techniek. Je kunt je bijvoorbeeld aanmelden om als rolmodel naar basis- en middelbare scholen te gaan en daar te laten zien dat jij als vrouw in de tech werkt. Je bent niet alleen rolmodel voor deze meisjes, maar ook voor je kinderen, nichtjes en alle vrouwen in je omgeving. En vergeet ook de mannen niet. Wanneer zij doorhebben dat steeds meer vrouwen werkzaam zijn in de tech, verandert dit ook hun beeld. Verstop je dus niet en laat je zien!

11.5 Slecht de barrières voor vrouwen om in de tech te werken

In de meeste techbedrijven wordt een fulltimedienstverband gewenst. Dit weerhoudt veel vrouwen ervan om te solliciteren. Het is een utopie om te denken dat we in Nederland van het deeltijdwerken afkomen. Dit zit zo verankerd in onze cultuur, dat verdwijnt niet zomaar. Een optie is het aanbieden van gratis kinderopvang om vrouwen de ruimte te geven om meer te werken. Momenteel kennen we een ingewikkelde structuur van toeslagen en financiële prikkels als het om kinderopvang gaat. Onderzoek van het Centraal Planbureau[16] wijst uit dat het aanbieden van gratis kinderopvang niet direct tot gevolg heeft dat vrouwen meer gaan werken. Als de gratis opvang niet alleen voor werkenden beschikbaar komt, maar ook voor niet-werkenden, verdwijnt een financiële prikkel. Volgens het rapport kan dit er zelfs toe leiden dat een klein deel stopt met werken. Ook hier zie je onze cultuur van 's middags klaarzitten met thee en een koekje terug.

> **In de hospitality gaat het werk ook 24 uur per dag door. Toch is het daar wel mogelijk om in deeltijd te werken. Planning is *key*.**
> MARJORIE WOUDENBERG, *initiatiefnemer van Vrouwen in de Techniek*

WOMEN Inc., een belangenorganisatie die als doel heeft de emancipatie in Nederland te versnellen, geeft juist aan dat aanpassingen in de kinderopvang het laaghangend fruit vormen als we willen dat mensen meer gaan werken. Maar liefst 70% van de ouders ziet de voordelen van kinderopvang voor de ontwikkeling van het kind, maar de hoge kosten weerhouden 33% van de ouders ervan om daadwerkelijk kinderopvang aan te vragen. Daarnaast zijn de diverse regelingen en toeslagen zo complex dat dit financiële stress oplevert, het meest voor ouders met lage inkomens. Uit onderzoek van WOMEN Inc. blijkt dat 50% van de ouders tot tien uur per week meer gaat werken als de kinderopvang gratis zou zijn, terwijl dit ook de financiële stress die de ouders ervaren vermindert.[17] Alleen, hoe krijgen we dat voor elkaar in een land waar nu al enorme wachtlijsten zijn voor de kinderopvang?

Soms hoor ik vrouwen zeggen dat ze niet meer kunnen/willen werken omdat dit niet loont ten opzichte van de kosten van de kinderopvang. Als je je werk niet leuk vindt, dan is dit sneller een reden om er dan maar mee te stoppen. Gratis kinderopvang gaat deze beredenering tegen en stimuleert vrouwen misschien wel om verder te kijken.

ANNA JACOBS, *oprichter How about mom*

Ook ik vind de huidige regeling rondom de kinderopvangtoeslag te complex, maar het lijkt mij te makkelijk om te denken dat ouders hierdoor meer gaan werken. Ook vrouwen zonder kinderen hebben een betaalde baan van minder dan veertig uur per week. Dat is voor sommigen een bewuste keuze, maar voor anderen niet. Vrouwen werken namelijk vaker in sectoren waar fulltimebanen niet voor het oprapen liggen. Denk bijvoorbeeld aan de zorg, waar werken in deeltijd eerder normaal is dan een uitzondering. En dat terwijl uit onderzoek blijkt dat een kwart van de medewerkers in de zorg openstaat voor het idee om meer uren te gaan werken.[18] Daarnaast blijkt dat volgende generaties helemaal niet zitten te wachten op een fulltimebaan. Zij hechten veel belang aan een goede werk-privébalans.

Misschien moeten we accepteren dat we het oer-Hollandse deeltijdfenomeen nooit zullen kwijtraken. Je kunt Nederland blijven vergelijken met landen als België en Frankrijk, maar cultuurverschillen zijn moeilijk uit te bannen.

> **Er wordt gezegd dat als vrouwen iets willen bereiken ze moeten stoppen met parttime werken. Maar als ik dan kijk naar al die directeuren en CEO's met een lijst van commissariaten, dan denk ik: is dat ook niet parttime werken?**
> PETRA VAN SCHAYIK, *CEO & co-owner Compumatica*

Waarom accepteren we onze deeltijdwerkers niet veel meer! Waarom kijken we niet eens naar de voordelen die parttime werken kan hebben; bijvoorbeeld dat een fulltimebaan gedeeld kan worden. Nu kun je hier natuurlijk meteen tegen inbrengen dat het delen van een baan niet praktisch is, maar als je verder kijkt zijn er alleen maar voordelen. Een bedrijf krijgt op die manier namelijk twee keer zoveel kennis, twee keer zoveel ideeën en zo kan ik nog wel even doorgaan.

Ook bij leidinggevende functies is dit mogelijk! Ik vergeet nooit dat ik met een manager sprak, die zei: 'Als je niet fulltime werkt, kom je nooit in aanmerking voor een leidinggevende functie.' Maar het is natuurlijk enorm kortzichtig om te denken dat fulltime werken mensen beter geschikt zou maken. Misschien krijg jij je werk wel gedaan in minder uren omdat je gewoon wat minder aan het lummelen bent, of zorgt dat lummelen ervoor dat je juist meer tijd hebt om koffie te drinken met andere fulltime werkende managers, waardoor je je meer in de kijker kunt spelen. (Of gebruik je die extra tijd om tijdens het werk de Olympische Spelen of Tour de France te kijken ;).

Als we in plaats van het kostwinnersprincipe het in deeltijd werken als standaard gaan zien, kunnen we in Nederland ons juist onderscheiden op iets waar we al heel goed in zijn. Ik heb het dan over banen van 32 tot 36 uur. Laten we de barrière van het fulltime werken in de tech eens loslaten en uitvinden wat dat ons kan opbrengen. Of kijk als werkgever eens hoe je kunt bijdragen aan de oplossing van het kinderopvangprobleem. Misschien kun je met andere ondernemers in de buurt zelf een kinderopvang opzetten.

11.6 Zorg voor een veilige onlineomgeving voor vrouwen

Willen we vrouwen enthousiast krijgen voor de tech, dan is het belangrijk dat zowel de offline als de online omgeving veilig is. Gebruik van apps als Instagram, Snapchat of TikTok, maar ook het spelen van games, is niet voor iedereen een leuke kennismaking met tech. Meiden worden gepest, krijgen oneerbare voorstellen of worden zelfs seksueel geïntimideerd terwijl ze een spelletje spelen. Vrouwen krijgen doodsbedreigingen als ze kritiek uiten op bijvoorbeeld de game-industrie.

Zelf maakte ik zoiets mee toen ik een jaar of twintig was. Iemand uit mijn omgeving had bij wijze van wraak een nieuw Facebook-account aangemaakt met mijn naam en foto. Mijn gezicht was op een heel dik lijf geplakt en het account stond vol met seksuele toespelingen. Als kers op de taart waren ook al mijn contacten uitgenodigd voor dit nieuwe account. Gelukkig gaf iemand die ik kende al heel gauw door wat er aan de hand was. De impact was enorm. Tot op de dag van vandaag weet ik niet wie er achter deze 'grap' heeft gezeten. Met mijn aangifte bij de politie is nooit iets gedaan.

Als we als vrouw 's avonds alleen naar huis lopen, zijn we gewend onze sleutels in de hand te houden. We zijn ons bewust van onze omgeving en appen vriendinnen zodra we thuis zijn. Online zien we veel minder gevaren, hoewel ook de huidige onlineomgeving gebouwd is door een homogene groep mannen. Zij voelen zich daardoor al veel meer thuis. Laten we ervoor zorgen dat het door educatie en bewustwording ook een thuis wordt voor vrouwen.

11.7 Investeer meer in vrouwelijke ondernemers

Zolang slechts een paar procent van het durfkapitaal wordt geïnvesteerd in vrouwelijke ondernemers, zullen we geen verandering zien in de manier waarop de techindustrie nu is opgezet. In de tech zijn vrouwelijke ondernemers zeker aanwezig, ze zijn alleen minder zichtbaar of worden overschreeuwd door de mannelijke ondernemers. Dat is zonde, want het blijft een feit dat rolmodellen ervoor kunnen zorgen dat vrouwen geïnspireerd raken hetzelfde pad te volgen.

Daarnaast hebben vrouwelijke ondernemers vaak een andere manier van ondernemen. Zo nemen ze minder risico en blijken ze een andere leiderschapsstijl te hebben. Vrouwelijke ondernemers zijn sneller geneigd om andere vrouwen mee te nemen in hun succes. Het is dus zaak dat die vrouwelijke ondernemers voldoende kansen krijgen.

11.8 Ga aan de slag met de loonkloof

In de *Emancipatienota 2018-2021* staat dat de overheid streeft naar een gelijke positie van vrouwen en mannen op de arbeidsmarkt.[19] Volgens het actieplan Arbeidsdiscriminatie wilde het kabinet beloningsdiscriminatie bestrijden. Het is inmiddels 2021 en zelfs binnen de overheid zelf zijn er salarisverschillen tussen mannen en vrouwen. De oplossing ligt dus blijkbaar niet in de energie die de overheid erin stopt.

Het fenomeen 'loonkloof' is niet alleen nadelig voor werknemers, ook bedrijven willen er liever niet van beschuldigd worden. Er ligt dus een kans. Het verschil in salaris is niet een individueel probleem, maar een groepsprobleem. Als dit bij jou speelt, sta je er dus niet alleen voor – ook al voelt dat soms wel zo.

Als je met andere vrouwen in het bedrijf gaat samenwerken om dit onderwerp op de agenda te zetten, krijg je direct meer macht. Misschien kun je het wel bespreekbaar maken bij de ondernemingsraad, of is je sponsor bereid je hiermee te helpen. Soms is het voldoende om er alleen maar naar te vragen. Bereid dit goed voor, want de kans is groot dat je smoesjes te horen zult krijgen. Niemand wil namelijk beschuldigd worden van loondiscriminatie. Wordt er niets aan het probleem gedaan, dan zit er niets anders op dan om je heen te gaan kijken. Want dan is zo'n bedrijf je gewoon niet waard.

11.9 Haal de COVID-19-achterstanden in

Toen in 2020 de COVID-19-epidemie uitbrak, moesten we ineens allemaal thuiswerken. Werk- en privétaken liepen daardoor steeds meer door elkaar. Uit onderzoek bleek dat mannen daardoor meer zorgtaken oppakten, iets waar de kranten vol van stonden. Dat is voor een deel te verklaren vanuit het feit dat de 'soldaten aan het front' voornamelijk vrouwen waren; zij werken immers vaker in beroepen in de zorg en kinderopvang. Ze moesten meer uren maken en dat gaf vaders de kans om meer te gaan zorgen. Toch bleek dat vrouwen 14,3 uur meer zorgden, terwijl dit voor mannen 10,5 uur meer was. Onderaan de streep zorgden de vrouwen dus nog steeds veel meer. Wel heeft de pandemie mannen doen inzien dat ze veel meer kunnen bijdragen.[20]

Helaas heeft COVID-19 de kansenongelijkheid in Nederland nog verder vergroot, niet alleen op de werkvloer, maar ook in het onderwijs. Het is zaak dat deze achterstand zo snel mogelijk wordt ingelopen.

> **Weet waar je nu staat, weet waar je naartoe wilt en probeer dat cijfermatig te onderbouwen. Kijk ook naar de producten en diensten die je aanbiedt. Hoe inclusief zijn die? Maak het concreet en begin klein, bijvoorbeeld met het voeren van gesprekken. Je kunt niet alles doen, maar je kunt altijd iets doen.**
> NICOLE REIMINK-BÖTTGER, *Product Owner Diversity & Inclusion bij ABN-AMRO*[21]

Wil je echt overleven in een door mannen gedomineerde werkomgeving?

Uit onderzoek van Kaspersky's blijkt dat 56% van de vrouwen in de tech de afgelopen twee jaar het niveau van gendergelijkheid in hun organisatie zag verbeteren.[22] Er is echter nog meer ruimte voor verbetering. Om meer diversiteit te krijgen kunnen we de verantwoordelijkheid bij de overheid leggen. We kunnen bedrijven bewust maken van hun aanname- en promotiebeleid. We kunnen de mannen aanspreken op hun onbewuste vooroordelen. We kunnen onze ouders vertellen dat die typische meisjesopvoeding anders had gemoeten. We kunnen zelfs naar andere vrouwen wijzen omdat zij zich niet voldoende aanpassen aan de mannenwereld, of omdat ze meer willen gaan werken en dus niet thuis kunnen wachten met thee en koekjes. Maar uiteindelijk begint het bij jezelf.

Zwicht jij voor groepsdruk en ga je een studie volgen waarvan je al weet dat die later weinig arbeidsperspectief biedt? Of ga je een studie doen omdat die je 'leuk' lijkt? Maak jij jezelf onzichtbaar omdat je bang bent om te falen of omdat anderen je dan niet leuk vinden? Accepteer jij een werkomgeving waar je niet wordt gewaardeerd en waar kansen aan jou voorbijgaan? Kies jij ervoor om andere vrouwen te blijven veroordelen, zodat je er altijd alleen voor staat? Denk je misschien dat het je wel gaat lukken als je 'one of the boys' wordt, als je vrouwen om je heen liever naar beneden haalt dan dat je ze een zetje geeft? Wil je echt in een door mannen gedomineerde werkomgeving overleven?

Laat je dan zien. Overal! Sluit bondgenootschappen met de vrouwen om je heen. Zorg ervoor dat jullie elkaar kunnen vertrouwen en help elkaar vooruit. Sta achter elkaar en leer van elkaar. Spreek een pact af en houd je eraan. Wij zijn de wolven. Wij kunnen met elkaar het verschil maken. Wij hebben de kracht en macht om het te veranderen. Geen overheid of bedrijf kan daartegenop. Doe je mee?

If one man can destroy everything, why can't one girl change it?
MALALA YOUSAFZAI, *Pakistaanse kinderrechtenactiviste*[23]

Dankwoord

Aan het begin van mijn onderzoek voelde ik mij erg alleen. Ik had niemand om alles wat ik las mee te bespreken. Ik besloot toen om naast mijn onderzoek ook mensen te interviewen en ze te vragen naar hun ervaringen. Geluk bij een ongeluk was dat dit net speelde aan het begin van de coronalockdown in 2020. Vrijwel alle mensen waren thuis aan het werk en hadden juist meer tijd in de agenda gekregen. Iedereen die ik benaderde, was positief en wilde graag meewerken. Elk gesprek gaf mij enorm veel energie. Ook de noodzaak van het onderwerp drong met elk gesprek meer tot mij door. De meeste mensen die ik toen heb gesproken, heb ik tot op heden nog niet in het echt gezien. Daarom wil ik ze via deze weg bedanken voor hun verhalen en openheid. In willekeurige volgorde zijn dat: Anja Smykowski, Fieke Harinck, Alexandra Sips, Ingelou Stol, Vivianne Bendermacher, Anna Jacobs, Stela Suils Cuesta, Melissa Romero, Areej Abuli, Nydia van Voorthuizen, Marie Lotte Hagen, Maaike van der Linden, Kristina Azarenko, Cécile Wansink, Carine de Meyere, Jessika Lynch, Sander Mangel, Marjorie Woudenberg, Laura Damiano, Stella Tsoutsouri, Hans Siebum, Marlies Ott, Efi Gkoumassi, Janneke Niessen, Lotte de Bruijn, Petra van Schayik, Melanie Rieback, Ilka Timofei, Nikky Hofland, Loraine Nijhuis, Sahar Yadegari, Cocky Booij, Rosita Rampertaap, Madelon van Oostrom, Nicole Reimink-Böttger, Elizabeth Koier en Sharon Bloemendal.

Een speciaal dankwoord voor drie vrouwen die mij gedurende het schrijfproces hebben geholpen met extra Zoom-gesprekken, appjes, telefoongesprekken en zich hebben opgeworpen als proeflezers. Ook hen heb ik nog niet in het echt mogen ontmoeten, maar ze hebben – misschien zonder dat ze het weten – heel veel voor mij betekend. Ze hebben laten zien dat een 'wolfpack' echt mogelijk is. Ik heb het dan over Anke Horstman, Gina Doekhie en Mary-Jo de Leeuw. Dank jullie wel. Toen ik Mary-Jo na een paar maanden schoorvoetend ook nog eens vroeg of ze misschien het voorwoord voor dit boek wilde schrijven, was ze meteen enthousiast. Het is bijzonder iemand te ontmoeten die net zo 'direct' door het leven gaat als ik. Proeflezer van het eerste uur is Haimanti Dekker. Zij heeft zich door de eerste versies kunnen worstelen, maar was het onderwerp nooit zat. Haar feedback en steun hebben mij erg geholpen. Ook dank aan Julian van der Heijden. Hij wist nog eerder dan ik dat mijn boek online te reserveren was en kocht direct het eerste exemplaar. Mitsuko Fliervoet, bedankt voor de geweldige fotoshoot waar de coverfoto voor dit boek is gemaakt. Je zorgt voor een veilige omgeving waardoor mooie dingen kunnen ontstaan.

Toen ik hoorde dat ik de beschikking kreeg over een schrijfcoach, was ik in eerste instantie erg terughoudend. Eefje Gerits heeft zichzelf tijdens het eerste gesprek echt moeten verkopen. Maar o, wat was en ben ik blij met haar. Ze heeft mij in twee maanden tijd de fijne kneepjes van het schrijven geleerd en mij geholpen meer structuur in het boek aan te brengen. Daarnaast is ze een echte cheerleader en ze kon mij met menig mailtje of telefoontje weer opbeuren als ik er even doorheen zat. Dank daarvoor Eefje! Zodra ik aan het tweede boek begin, weet ik je weer te vinden.

Ik zie vaak dat ook de redacteur bedankt wordt in het dankwoord. Nu weet ik niet wat er zo fijn aan is om een bestand terug te krijgen dat bol staat van de roodgekleurde aanpassingen. Maar nadat ik alle aanpassingen en opmerkingen had doorgevoerd, bleek het boek nog beter in elkaar te zitten. Josien Moerman, dank voor het zorgvuldig aanpassen van de tekst, waarbij mijn schrijfstijl gewaarborgd bleef. Danique Ruizendaal voor je hulp bij de marketingkant van het boek. Het is enorm prettig om met je samen te werken. Zonder uitgever Monique Lindzen had ik nooit kunnen samenwerken met dit supersterke vrouwenteam. Vanaf het eerste gesprek klikte het met Monique. Dankzij haar directe en eerlijke vorm van communiceren wist ik altijd waar ik aan toe was. Monique, bedankt dat je mij de kans gaf om dit boek te schrijven.

Het schrijven van dit boek vond ik geweldig. Ik las alles wat los en vast zat. Elke week kwamen er wel nieuwe boeken binnen en alle gesprekken leidde ik gemakkelijk naar 'iets wat ik die dag weer had gelezen'. Naar talkshows kon ik niet meer normaal kijken zonder weer een 'mansplainer' te spotten. Mijn omgeving heeft dus geweten dat ik met dit boek bezig was. Mama, dankjewel dat ik je altijd kon bellen, al was dat soms wel vijf keer op een dag. Mijn schoonouders Frits en Ineke voor de steun en het beschikbaar stellen van een ruimte waar ik ongestoord, maar toch niet alleen, aan het werk kon. En natuurlijk voor alle pindarotsjes en koppen thee. Roy, bedankt voor al je steun, je deelname aan discussies waarvan je wist dat je ze toch niet kon winnen en het aanhoren van nieuwe verhalen en feiten. Dank voor je peptalks als ik door de stress even het overzicht kwijt was. Zonder jou had ik nooit de rust gehad om dit project af te ronden.

Als laatste knuffels voor mijn twee hondjes, Jimmy en Noa. Zij lagen tijdens het schrijven altijd bij mij in de buurt. Op sommige dagen lagen ze urenlang op mijn schoot (met slapende benen/voeten als gevolg) of lagen ze als een kussentje achter mijn rug. En zat ik even vast, dan waren ze altijd bereid om een stukje te wandelen.

Vaak zijn schrijvers blij als een boek af is. Ik voel naast blijheid en trots ook een klein beetje verdriet. Het is moeilijk om dit boek los te laten. Het schrijven ervan was namelijk een mooi proces. Het heeft mij niet alleen bewuster gemaakt van mijn eigen gedrag, maar het heeft er ook voor gezorgd dat ik met meer (zelf)vertrouwen naar de toekomst kijk. Dat wens ik jou ook toe.

Sterker door strijd

Inspiratie

Heeft dit onderwerp jou ook gegrepen en wil je meer lezen? Voor dit boek heb ik tientallen boeken gelezen, podcasts beluisterd en deelgenomen aan diverse communities. Dat heeft mij niet alleen veel kennis opgeleverd, maar ook inspiratie. Natuurlijk blijf ik verder lezen en luisteren. Een up-to-date versie van onderstaande lijst vind je dan ook op www.deitgirl.nl. Veel lees- en luisterplezier!

Boeken

- Ahmed, S. (2017), *Living a Feminist Life*. Duke University Press Books.
- Arianna, H. (2014), *Thrive*. WH Allen.
- Aries, E. (2019), *Bossed Up: A Grown Woman's Guide to Getting Your Sh*t Together*. PublicAffairs.
- Bates, L. (2017), *Girl Up*. Touchstone.
- Belinfante, F. (2021), *Bedtijdverhalen voor rebelse meisjes*. Rose Stories.
- Bennett, J. (2017), *Feminist Fight Club: A Survival Manual for a Sexist Workplace*. Harper Wave.
- Bergsma, S. (2020), *Nouveau Fuck*. Nijgh & van Ditmar.
- Borrel, D., & M. Deelen (2020), *Krabben*. Nijgh & van Ditmar.
- Branson, D.M. (2018), *Future of Tech Is Female, The: How to Achieve Gender Diversity*. NYU Press.
- Breeveld, C. (2020), *Het geheim van het old boys network*. De Vrije Uitgevers.
- Cabot, H., & S. Walravens (2017), *Geek Girl Rising: Inside the Sisterhood Shaking Up Tech*. St. Martin's Press.
- Challouki, H. (2021), *Inclusieve communicatie*. Pelckmans Uitgevers - Nbc.
- Chang, E. (2019), *Brotopia: Breaking Up the Boys' Club of Silicon Valley*. Portfolio.

- Cooper, S. (2020), *Succesvol zijn zonder het ego van de heren te kwetsen*. Anderz.
- Curtis, S. (2018), *Feminists Don't Wear Pink (And Other Lies)*. Penguin Random House.
- Forleo, M. (2019), *Everything is Figureoutable*. Penguin Random House.
- Foth, S. (2006), *Op de ladder door het glazen plafond*. Reed Business Education.
- Frankel, L.P. (2021), *Nice Girls Still Don't Get The Corner Office*. Business Plus.
- Gascoigne, A. (2019), *Tech Boss Lady: How to Start-up, Disrupt, and Thrive as a Female Founder*. Seal Press.
- Gates, M. (2019), *The Moment of Lift: How Empowering Women Changes the World*. Flatiron Books.
- Gay, R. (2014), *Bad Feminist*. HarperCollins.
- Glasbergen, C. (2021), *New Female Leader*. Lev.
- Gluckman, P.R. (2018), *Nevertheless, She Persisted: True Stories of Women Leaders in Tech*. FriesenPress.
- Groskop, V. (2020), *Lift as You Climb: Women and the art of ambition*. Bantam Press.
- Groskop, V. (2021), *How to Own the Room*. Bantam Press.
- Guthrie, J. (2019), *Alpha Girls: The Women Upstarts Who Took On Silicon Valley's Male Culture and Made the Deals of a Lifetime*. Currency.
- Hagen, M.L., & N. van Voorthuizen (2018), *Damn, Honey*. Blossom Books.
- Hagen, M.L., & N. van Voorthuizen (2019), *Heb je nou al een vriend?*. Blossom Books.
- Hardey, M. (2019), *The Culture of Women in Tech: An Unsuitable Job for a Woman (Emerald Points)*. Emerald Publishing.
- Hibberd, J. (2019), *The Imposter Cure: Escape the mind-trap of imposter syndrome*. Aster.
- Hubregtse, M. (2019), *Profileren zonder Opscheppen*. De Vrije Uitgevers.
- Huygen, M. (2021), *Het nut van de man*. Atlas Contact.
- Irwin, K., & D. Christmas (2020), *Please Stay: How Women in Tech Survive and Thrive*. Women in Tech Tribe Publishing.
- Kantor, J., & M. Twohey (2019), *Zij zei*. Atlas Contact.

- Karen, A. (2020), *The Adventures of Women in Tech: How We Got Here and Why We Stay.* Wise Ink Creative Publishing.
- Leyba, C.A. (2017), *Girl Code*. Portfolio Penguin.
- Licht, A. (2015), *Leave Your Mark*. Piatkus.
- Liswood, L.A. (2009), *The Loudest Duck: Moving Beyond Diversity while Embracing Differences to Achieve Success at Work.* Wiley.
- Lockman, D. (2019), *All the Rage: Mothers, Fathers, and the Myth of Equal Partnership*. Harper.
- Mierlo, L. van (2021), *Gelijkspel wint*. Boom Lemma.
- Mohr, T. (2021), *Playing Big*. Arrow Books Ltd.
- Morrissey, H. (2018), *Good Time To Be A Girl*. HarperCollins.
- Murray, C. (2020), *Human Diversity: The Biology of Gender, Race, and Class*. Twelve.
- Perez, C.C. (2019), *Invisible Women*. Chatto & Windus.
- Petersen, A.H. (2018), *Too Fat, Too Slutty, Too Loud: The Rise and Reign of the Unruly Woman*. Plume.
- Portas, M. (2019), *Work Like a Woman: A Manifesto For Change*. Black Swan.
- Saini, A. (2018), *Ondergeschikt*. Ten Have.
- Sandberg, S. (2014), *Lean In*. Lev.
- Saujani, R. (2013), *Women Who Don't Wait in Line*. New Harvest.
- Saujani, R. (2018), *Girls Who Code: Learn to Code and Change the World*. Puffin Books.
- Saujani, R. (2019), *Brave, Not Perfect: Fear Less, Fail More, and Live Bolder*. Currency.
- Shevinsky, E. (2015), *Lean Out: The Struggle for Gender Equality in Tech and Start-Up Culture*. OR Books.
- Skurnick, L. (2020), *Pretty Bitches: On Being Called Crazy, Angry, Bossy, Frumpy, Feisty, and All the Other Words That Are Used to Undermine Women*. Seal Press.
- Stadelmaier, V. (2016), *F*ck die Onzekerheid*. Shemedia.
- Steinem, G. (2019), *The Truth Will Set You Free, But First It Will Piss You Off*. Murdoch Books.
- Tedrick, S. (2020), *Women of Color in Tech: A Blueprint for Inspiring and Mentoring the Next Generation of Technology Innovators*, Wiley.
- Uwagba, O. (2017), *Little Black Book*. Fourth Estate.

- Wachter-Boettcher, S. (2018), *Technically Wrong*. W.W. Norton & Company.
- Wambach, A. (2019), *WOLFPACK*. Adfo Books.
- Wheeler, T. (2017), *Women in Tech*. Sasquatch Books.
- Williams, J.C., & R. Dempsey (2018), *What Works for Women at Work*. NYU Press.
- Young, V. (2011), *The Secret Thoughts of Successful Women*. Currency.

Podcasts

- Harvard Business Review: Women at Work
- New Female Leaders
- DAMN, HONEY Podcast
- WOMEN Inc. Podcast
- NOS op 3 Tech Podcast
- Women in Tech Podcast, hosted by Espree Devora

Organisaties

- Lean In Nederland – www.leaninnl.org
- Equals: www.equals.amsterdam/
- Female Tech Heroes – www.hightechcampus.com/female-tech-heroes
- WOMEN Inc. – www.womeninc.nl
- VHTO – www.vhto.nl
- Women in Tech SEO – www.womenintechseo.com
- Women in Tech – www.women-in-tech.org
- #IamRemarkable – iamremarkable.withgoogle.com
- TechMeUp – www.techmeup.nl
- Techleap – www.techleap.nl
- TechYourFuture – www.techyourfuture.nl
- #Fundright – fundright.nl
- AnitaB.org – anitab.org
- Girl Code – www.meetup.com/nl-NL/girlcode
- Vrouwen in de techniek – techniekvrouwen.nl/
- DAMN, HONEY – www.damnhoney.nl/
- NLdigital – www.nldigital.nl/
- Websummit – websummit.com
- Techgirl – www.techgirl.nl

Noten

Inleiding

1 NOS (25 januari 2020), *Nederlanders zitten anderhalf uur per dag op sociale media*: https://nos.nl/artikel/2320098-nederlanders-zitten-anderhalf-uur-per-dag-op-sociale-media
2 Techniekpact (2021), *Kenmerken van de technische arbeidsmarkt*: https://www.techniekpactmonitor.nl/arbeidsmarkt-nieuw
3 *The State of Dutch Tech 2020 Report*, Techleap: https://www.techleap.nl/reports/the-state-of-dutch-tech-2020-report/
4 E. Blakemore (6 maart 2019), *When Sally Ride Took Her First Space Flight, Sexism Was the Norm*. History: https://www.history.com/news/sally-ride-first-astronaut-sexism
5 D. Voss (7 maart 2020), *Er zijn meer Nederlandse ceo's die Peter heten dan directeuren die vrouw zijn*. AD: https://www.ad.nl/werk/er-zijn-meer-nederlandse-ceos-die-peter-heten-dan-directeuren-die-vrouw-zijn~a20649df/
6 Wikipedia, *It (1927 film)*: https://en.wikipedia.org/wiki/It_(1927_film)

Deel 1

1 M. Kooistra (17 juli 2021), *Een vrouw is een bitch waar een man hardwerkend is: white male privilege bestaat nog steeds, zegt hoogleraar.* AD: https://www.ad.nl/binnenland/een-vrouw-is-een-bitch-waar-een-man-hardwerkend-is-white-male-privilege-bestaat-nog-steeds-zegt-hoogleraar~aa885cc3/

Hoofdstuk 1

1 M. Janssen (2015), *Heldin van de digitale revolutie*. Historisch Nieuwsblad: https://www.historischnieuwsblad.nl/heldin-van-de-digitale-revolutie/
2 Y. Visser (10 januari 2021), *Hedy Lamarr (1914-2000) – Uitvindster en actrice*. Historiek: https://historiek.net/doodle-voor-uitvindster-en-actrice-hedy-lamarr/54391/
3 Wikipedia, *ENIAC*: https://en.wikipedia.org/wiki/ENIAC
4 Wikipedia, *Grace Hopper*: https://nl.wikipedia.org/wiki/Grace_Hopper
5 C. Shapiro (11 augustus 2017), *Women Used To Dominate Tech… Until They Were Pushed Out*. The Wisdom Daily: https://thewisdomdaily.com/women-used-to-dominate-tech-until-men-pushed-them-out/
6 Redactie (24 februari 2020), *Deze zwarte vrouwen hielpen NASA getallen te kraken*. De Volkskrant: https://www.volkskrant.nl/cultuur-media/deze-zwarte-vrouwen-hielpen-nasa-getallen-te-kraken~b1cb6e0d/
7 New Visions (16 mei 2017), *Women pioneered computer programming. Then men took their industry over.* Timeline: https://timeline.com/women-pioneered-computer-programming-then-men-took-their-industry-over-c2959b822523

8 B.D. Frink (1 juni 2011), *Researcher reveals how "Computer Geeks" replaced "Computer Girls".* The Clayman Institute for Gender Research: https://gender.stanford.edu/news-publications/gender-news/researcher-reveals-how-computer-geeks-replaced-computer-girls
9 B.D. Frink (1 juni 2011), *Researcher reveals how "Computer Geeks" replaced "Computer Girls".* The Clayman Institute for Gender Research: https://gender.stanford.edu/news-publications/gender-news/researcher-reveals-how-computer-geeks-replaced-computer-girls
10 S.C.D.H. Shirley & R. Askwith (2019), *Let It Go.* Adfo Books.
11 S. Henn (21 oktober 2014), *When Women Stopped Coding | WBUR News.* wbur.org: https://www.wbur.org/npr/357629765/when-women-stopped-coding
12 S. Henn (21 oktober 2014), *When Women Stopped Coding | WBUR News.* wbur.org: https://www.wbur.org/npr/357629765/when-women-stopped-coding
13 F.D. Smith (3 november 2014), *Did the Computer Science Gender Gap Begin in 1984?* Technology Solutions That Drive Education: https://edtechmagazine.com/higher/article/2014/11/did-computer-science-gender-gap-begin-1984
14 A. Jong (19 juni 2020), *Why We Need to Rethink "Women in Tech".* The Muse: https://www.themuse.com/advice/why-we-need-to-rethink-women-in-tech
15 Redactie DFT (27 april 2021), *Machocultuur bij Optiver: beurstraining met beha's.* De Telegraaf: https://www.telegraaf.nl/financieel/1286093688/machocultuur-bij-optiver-beurstraining-met-beha-s
16 CBS & TNO (april 2019), *Nationale Enquête Arbeidsomstandigheden 2018.* CBS: https://www.cbs.nl/nl-nl/publicatie/2019/15/nationale-enquete-arbeidsomstandigheden-2018
17 N. de Groot & S. Phlippen (8 juli 2017), *Seksuele intimidatie hoogst in de ict.* AD: https://www.ad.nl/binnenland/seksuele-intimidatie-hoogst-in-de-ict~a76634fa/
18 J. Groen (11 juli 2017), *Seksuele intimidatie in de ict: "Ben je ongesteld of zo?"* Opzij: https://www.opzij.nl/2017/07/11/seksuele-intimidatie-ict-ongesteld-zo/
19 N. de Groot & S.P. Phlippen (11 juli 2017), *Seksuele intimidatie in de ict: 'Zeg je iets, heb je 'n beurt nodig'.* AD: https://www.ad.nl/economie/seksuele-intimidatie-in-de-ict-zeg-je-iets-heb-je-n-beurt-nodig~a6b100e6/
20 HO-Monitor Techniekpact (2021): https://www.techniekpactmonitor.nl/hoger-onderwijs
21 Cijfers - VHTO (2020): https://www.vhto.nl/kennis/cijfers/
22 J. Koster (19 april 2019), *Vijf vragen over het schaarse aantal vrouwen in de techniek in Nederland.* Dagblad van het Noorden: https://www.dvhn.nl/drenthe/Vijf-vragen-over-het-schaarse-aantal-vrouwen-in-de-techniek-in-Nederland-24382755.html
23 New Female Leaders (7 april 2020), *Leer voor jezelf op te komen om te doen wat je leuk vindt*: https://www.newfemaleleaders.org/podcasts/ineke-scheffers/

24 M. de Bont (20 december 2019), *De Leerstoel met Caroline Criado-Perez: "Shocking, hoe de wetenschap vrouwen vergeet te meten"*. Elle: https://www.elle.com/nl/leven-liefde/a30269839/caroline-criado-perez-vrouw-wetenschap/
25 S. Tiel (8 februari 2021), *Wat is een algoritme?* NPO Kennis: https://npokennis.nl/story/39/wat-is-een-algoritme
26 S. Keukenkamp (26 januari 2021), *Rekenkamer: te weinig aandacht voor discriminatie bij gebruik algoritmes door overheid.* Trouw: https://www.trouw.nl/binnenland/rekenkamer-te-weinig-aandacht-voor-discriminatie-bij-gebruik-algoritmes-door-overheid~bcfdd126/
27 S. Keukenkamp (26 januari 2021), *Rekenkamer: te weinig aandacht voor discriminatie bij gebruik algoritmes door overheid.* Trouw: https://www.trouw.nl/binnenland/rekenkamer-te-weinig-aandacht-voor-discriminatie-bij-gebruik-algoritmes-door-overheid~bcfdd126/
28 N.J. Reventlow (15 juli 2021), *Opinie: Stop algoritmen van overheid die tot discriminatie en uitsluiting leiden.* De Volkskrant: https://www.volkskrant.nl/columns-opinie/opinie-stop-algoritmen-van-overheid-die-tot-discriminatie-en-uitsluiting-leiden~b1362511/
29 Wikipedia, *ImageNet*: https://en.wikipedia.org/wiki/ImageNet
30 I.A. Hamilton (13 oktober 2018), *Why it's totally unsurprising that Amazon's recruitment AI was biased against women*. Business Insider Nederland: https://www.businessinsider.nl/amazon-ai-biased-against-women-no-surprise-sandra-wachter-2018-10/
31 J. Kasperkevic (14 juli 2017), *Google says sorry for racist auto-tag in photo app.* The Guardian: https://www.theguardian.com/technology/2015/jul/01/google-sorry-racist-auto-tag-photo-app
32 S. Samuel (6 maart 2019), *Study finds a potential risk with self-driving cars: failure to detect dark-skinned pedestrians.* Vox: https://www.vox.com/future-perfect/2019/3/5/18251924/self-driving-car-racial-bias-study-autonomous-vehicle-dark-skin
33 D.M. Branson (2018), 'Reforming the gaming industry'. In *The Future of Tech Is Female.* New York University Press (pp. 218-219).
34 L.T. Velde (24 december 2020), *Game industrie in 2020 meer waard dat Hollywood en sportwereld samen.* xgn.nl: https://www.xgn.nl/nieuws/game-industrie-in-2020-meer-waard-dat-hollywood-en-sportwereld-samen
35 Wikipedia, *Custer's Revenge*: https://en.wikipedia.org/wiki/Custer%27s_Revenge
36 D. Grandoni (3 september 2014), *The Disturbing New Trend In "Grand Theft Auto" Is Virtual Rape.* The Huffington Post: https://www.huffpost.com/entry/grand-theft-auto-rape_n_5671400
37 G.S. Reporter (16 april 2014), *Game of trolls: how I took on the internet sexists with Misogyny Monday*. The Guardian: https://www.theguardian.com/technology/2015/oct/19/game-trolls-internet-sexists-misogyny-monday-twitter-youtube
38 A. Romano (7 januari 2021), *What was Gamergate? The lessons we still haven't learned.* Vox: https://www.vox.com/culture/2020/1/20/20808875/gamergate-lessons-cultural-impact-changes-harassment-laws

39 C. Criado Perez (2021), *Invisible Women*. Chatto & Windus.
40 Studium Generale Universiteit Utrecht (3 maart 2020), *Hoe de wereld is ontworpen voor en door mannen:* https://www.sg.uu.nl/artikelen/2020/02/hoe-de-wereld-ontworpen-voor-en-door-mannen
41 C. Criado Perez (2019), *Invisible Women*. Chatto & Windus (p. 157).
42 *Global Gender Gap Report 2021* (2021). World Economic Forum: https://www.weforum.org/reports/global-gender-gap-report-2021

Hoofdstuk 2

1 *Gedragsverandering aan de hand van het ijsbergmodel* (2018). InfoNu: https://mens-en-samenleving.infonu.nl/psychologie/185743-gedragsverandering-aan-de-hand-van-het-ijsbergmodel.html
2 Wikipedia, *Feminisme*: https://nl.wikipedia.org/wiki/Feminisme
3 *Het leven en werk van Aletta Jacobs | Aletta Jacobs* (21 juni 2013). Atria: https://atria.nl/nieuws-publicaties/feminisme/bekende-feministen/het-leven-en-werk-van-aletta-jacobs/
4 *Vrouwenkiesrecht in Nederland | Kennis* (1 januari 2019). Atria. https://atria.nl/nieuws-publicaties/vrouwen-in-de-politiek/vrouwenkiesrecht-in-nederland/
5 *Kiesrecht* (z.d.). Alettajacobs.org: http://www.alettajacobs.org/thema/kiesrecht.html
6 *Vrouwenkiesrecht in Nederland | Kennis* (1 januari 2019). Atria: https://atria.nl/nieuws-publicaties/vrouwen-in-de-politiek/vrouwenkiesrecht-in-nederland/
7 A. Pegtel (23 juni 2021), *Handelingsonbekwaamheid van vrouwen*. Historisch Nieuwsblad: https://www.historischnieuwsblad.nl/handelingsonbekwaamheid-van-vrouwen/
8 F. Veldman (30 maart 2018), *Een omgekeerde werkelijkheid | Beeldvorming en stereotypering*. Atria: https://atria.nl/nieuws-publicaties/beeldvorming-stereotypering/een-omgekeerde-werkelijkheid/
9 Historiek (15 maart 2021), *Vrouwen tot 1956 handelingsonbekwaam*: https://historiek.net/vrouwen-tot-1956-handelingsonbekwaam/15127/
10 M. Oostveen (1 juni 2021), *Gezocht: De 'handelingsonbekwame' vrouwen en hun echtgenoten*. De Volkskrant: https://www.volkskrant.nl/columns-opinie/gezocht-de-handelingsonbekwame-vrouwen-en-hun-echtgenoten~bfaeb926f/
11 E. Koops (10 augustus 2018), *Feminisme – Betekenis en geschiedenis*. Historiek: https://historiek.net/feminisme-betekenis-vrouwen-emancipatie/81753/
12 Regeling - Wet gelijke behandeling van mannen en vrouwen - BWBR0003299 (1 juli 2015). Overheid.nl: https://wetten.overheid.nl/BWBR0003299/2015-07-01
13 VHTO (2017), *Vroege stereotypering*: https://www.vhto.nl/kennis/onderzoek/vroege-stereotypering/
14 VHTO (2018), *De 10 inzichten in gender en STEM*: https://www.vhto.nl/kennis/publicaties-vhto/de-10-inzichten-in-gender-en-stem/
15 VHTO (2018), *De 10 inzichten in gender en STEM*: https://www.vhto.nl/kennis/publicaties-vhto/de-10-inzichten-in-gender-en-stem/

16 N. Lucas (30 maart 2019), *Zo verschillend zijn mannen en vrouwen niet, betoogt Gina Rippon: 'Gender leren we onszelf aan'.* Trouw: https://www.trouw.nl/nieuws/zo-verschillend-zijn-mannen-en-vrouwen-niet-betoogt-gina-rippon-gender-leren-we-onszelf-aan~b5d1d41f/
17 VHTO (2018), *De 10 inzichten in gender en STEM*: https://www.vhto.nl/kennis/publicaties-vhto/de-10-inzichten-in-gender-en-stem/
18 D. Tzuriel & G. Egozi (2010), 'Gender Differences in Spatial Ability of Young Children: The Effects of Training and Processing Strategies'. In: *Child Development, 81*(5), pp. 1417-1430: https://doi.org/10.1111/j.1467-8624.2010.01482.x
19 I. Smeets (20 januari 2016), *Wiskunde en meisjes*: https://www.ionica.nl/wiskunde-en-meisjes/
20 E. Dierickx (20 maart 2019), *Geef jongens en meisjes gelijke kansen door gelijk spel!* Kleutergewijs: https://kleutergewijs.wordpress.com/2019/03/20/gender-speelgoed/
21 L. Bian (27 januari 2017), *Gender stereotypes about intellectual ability emerge early and influence children's interests.* Science: https://science.sciencemag.org/content/355/6323/389
22 A. Kruis (juni 2017), *Echt iets voor meisjes.* VHTO: https://www.vhto.nl/fileadmin/user_upload/images/projecten/Beeldenbrekers/scan_artikel_vroege_stereotypering_didactief_juni_2017.pdf
23 VHTO (2020), *Cijfers havo/vwo*: https://www.vhto.nl/kennis/cijfers/cijfers-havo/vwo/
24 VHTO (2018), *De 10 inzichten in gender en STEM*: https://www.vhto.nl/kennis/publicaties-vhto/de-10-inzichten-in-gender-en-stem/
25 VHTO (2020), *Cijfers havo/vwo*: https://www.vhto.nl/kennis/cijfers/cijfers-havo/vwo/
26 M. Huygen (2021), *Het nut van de man.* Atlas Contact (pp. 246-247).
27 Onderwijsraad (oktober 2020), *Een verkenning van sekseverschillen in het onderwijs*: https://www.onderwijsraad.nl/publicaties/publicaties/2020/10/07/een-verkenning-van-sekseverschillen-in-het-onderwijs-in-het-kort
28 VHTO (2020), *Cijfers hbo*: https://www.vhto.nl/kennis/cijfers/cijfers-hbo/
29 VHTO (2020), *Cijfers wo*: https://www.vhto.nl/kennis/cijfers/cijfers-wo/
30 J. Tieleman (10 oktober 2020), *Eens een dubbeltje, altijd een dubbeltje?* De Volkskrant: https://www.volkskrant.nl/kijkverder/v/2020/eens-een-dubbeltje-altijd-een-dubbeltje~v393725/
31 S. Cooper (2020), *Succesvol zijn zonder het ego van de heren te kwetsen.* Uitgeverij Anderz.
32 A.Tommasini (16 juli 2020), *To Make Orchestras More Diverse, End Blind Auditions.* The New York Times: https://www.nytimes.com/2020/07/16/arts/music/blind-auditions-orchestras-race.html
33 *Understanding unconscious bias and how it impacts women* (2020). Lean In: https://leanin.org/education/what-is-unconscious-bias
34 *How women walk the line of likeable and competent.* Lean In: https://leanin.org/education/what-is-likeability-bias
35 R.E Steinpreis, K.A. Anders & D. Ritzke (1999), 'The impact of gender on the review of curricula vitae of job applicants and tenure candidates: A national empirical study'. In: *Sex Roless, 41*, pp. 509-528.

36 J.C. Williams & R. Dempsey (2018), *What Works for Women at Work*. New York University Press (pp. 28-29).
37 *We tend to believe mothers are less committed to their careers* (2020). Lean In: https://leanin.org/education/what-is-maternal-bias
38 NOS (23 november 2020), *Zwangerschapsdiscriminatie nog steeds probleem op arbeidsmarkt*. NOS: https://nos.nl/artikel/2357747-zwangerschapsdiscriminatie-nog-steeds-probleem-op-arbeidsmarkt.html
39 *Zwangerschapsdiscriminatie is een probleem dat helaas nog niet minder wordt* (11 augustus 2020). College voor de Rechten van de Mens: https://mensenrechten.nl/nl/toegelicht/zwangerschapsdiscriminatie-een-probleem-dat-helaas-nog-niet-minder-wordt
40 NOS (23 november 2020), *Zwangerschapsdiscriminatie nog steeds probleem op arbeidsmarkt*. NOS: https://nos.nl/artikel/2357747-zwangerschapsdiscriminatie-nog-steeds-probleem-op-arbeidsmarkt
41 M. Bolwijn (4 maart 2006), *De beste werknemer is een moeder*. De Volkskrant: https://www.volkskrant.nl/nieuws-achtergrond/de-beste-werknemer-is-een-moeder~b1c3afbe/
42 M. Kooyman (13 februari 2020), *'Moeder worden is het beste wat je carrière kan overkomen'*. AD: https://www.ad.nl/werk/moeder-worden-is-het-beste-wat-je-carriere-kan-overkomen~af70c828/
43 A.H. Gauthier (2014), *Van voorloper tot achterblijver: 100 jaar zwangerschapsverlof in Nederland*. KNAW: https://pure.knaw.nl/portal/en/publications/van-voorloper-tot-achterblijver-100-jaar-zwangerschapsverlof-in-n
44 *Mijn werknemer is zwanger*. UWV: https://www.uwv.nl/werkgevers/werknemer-krijgt-kind/zwanger/index.aspx
45 L. van der Velden (12 mei 2017), *De drie grootste Europese leiders zijn kinderloos. En dat is geen toeval*. De Morgen: https://www.demorgen.be/nieuws/de-drie-grootste-europese-leiders-zijn-kinderloos-en-dat-is-geen-toeval~b85661a8/
46 RTV Noord (29 januari 2019), *Steeds meer mensen blijven ongewild kinderloos*: https://www.rtvnoord.nl/nieuws/204271/steeds-meer-mensen-blijven-ongewild-kinderloos
47 L. van der Velden (12 mei 2017), *De drie grootste Europese leiders zijn kinderloos. En dat is geen toeval*. De Morgen: https://www.demorgen.be/nieuws/de-drie-grootste-europese-leiders-zijn-kinderloos-en-dat-is-geen-toeval~-b85661a8/
48 *Why women are often less confident at work*. Lean In: https://leanin.org/education/what-is-attribution-bias
49 Hersenonderzoek.nl. (28 mei 2020), *Mannen overschatten zichzelf systematisch*: https://hersenonderzoek.nl/resultaten-onderzoek-navigeren-kun-je-leren-mannen-overschatten-zichzelf-systematisch/
50 T.S. Mohr (8 maart 2021), *Why Women Don't Apply for Jobs Unless They're 100% Qualified*. Harvard Business Review: https://hbr.org/2014/08/why-women-dont-apply-for-jobs-unless-theyre-100-qualified
51 *We tend to gravitate toward, and prefer, people like us*. Lean In: https://leanin.org/education/what-is-affinity-bias

52 *Double discrimination and intersectionality, explained.* Lean In: https://leanin.org/education/what-is-double-discrimination
53 M. Willemsen (10 maart 2021), *Sexy op kantoor is gewoon gevaarlijk.* NRC: https://www.nrc.nl/nieuws/2021/03/10/sexy-op-kantoor-is-gewoon-gevaarlijk-a4035062
54 N. Combrink (17 juli 2019), *Hoe de feministische taalstrijd vrouwen van kleur negeert.* OneWorld: https://www.oneworld.nl/lezen/opinie/hoe-de-feministische-taalstrijd-vrouwen-van-kleur-negeert/

Hoofdstuk 3

1 A. Jong (19 juni 2020), *You Can't Be What You Can't See: How to Get More Women in Tech.* The Muse: https://www.themuse.com/advice/you-cant-be-what-you-cant-see-how-to-get-more-women-in-tech
2 TechYourFuture, Windesheim & Saxion (z.d.), *De toolbox gender include IT.* Katapult: https://www.wijzijnkatapult.nl/ictinclusiefvrouwen/
3 C.A. Moss-Racusin, J.F. Dovidio, V.L. Brescoll, M.J. Graham & J. Handelsman (2012), 'Science faculty's subtle gender biases favor male students'. In: *Proceedings of the National Academy of Sciences, 109*(41), pp. 16474-16479: https://doi.org/10.1073/pnas.1211286109
4 M. Keswiel (6 maart 2020), *Startup zoekt medewerker die "harde pielemuis" krijgt van programmeren.* MT/Sprout: https://mtsprout.nl/startups-scaleups/startup-zoekt-medewerker-die-harde-pielemuis-krijgt-van-programmeren
5 EenVandaag (15 oktober 2019), *Lizzy werkt in de bouwsector, maar dat is niet dankzij de "stoere mannentaal" in de vacaturetekst*: https://eenvandaag.avrotros.nl/item/lizzy-werkt-in-de-bouwsector-maar-dat-was-niet-dankzij-de-stoere-mannentaal-in-de-vacaturetekst/
6 UWV (z.d.), *9 bizarre sollicitatievragen.* Werkblad Magazine.
7 E. Chang (2019), *Brotopia: Breaking Up the Boys' Club of Silicon Valley* (Reprint ed.). Portfolio.
8 S.S. Silbey (23 augustus 2016), *Why Do So Many Women Who Study Engineering Leave the Field?* Harvard Business Review: https://hbr.org/2016/08/why-do-so-many-women-who-study-engineering-leave-the-field
9 C. van Tongeren (13 mei 2009), *Liever geen vrouw als baas.* MT/Sprout: https://mtsprout.nl/management-leiderschap/liever-geen-vrouw-als-baas
10 *Factsheet ict beroepen 2019.* UWV: https://www.uwv.nl/overuwv/Images/factsheet-ict-beroepen-2019.pdf
11 CBS & SCP (december 2020), *Emancipatiemonitor 2020.* https://digitaal.scp.nl/emancipatiemonitor2020/hoe-doet-nederland-het-ten-opzichte-van-andere-eu-landen/
12 *Gelijke behandeling mannen en vrouwen – Socialezekerheidsstelsel, parlementaire geschiedenis 1980-2014.* Geraadpleegd op 12 juli 2021: https://www.socialezekerheidsstelsel.nl/id/vk9rnxkyzawb/gelijke_behandeling_mannen_en_vrouwen
13 C. Boström (10 september 2019), *Waarom Nederlandse vrouwen nog steeds massaal parttime werken.* Vrij Nederland: https://www.vn.nl/waarom-nederlandse-vrouwen-nog-steeds-massaal-parttime-werken/

14 S. van Gool (25 november 2020), *Opinie: Vrouwen werken te veel onbetaald.* De Volkskrant: https://www.volkskrant.nl/columns-opinie/opinie-vrouwen-werken-te-veel-onbetaald~b4e3d8e4/
15 L. van Loenen (19 oktober 2015), *De marktwaarde van een thuisblijfouder: € 72.297,78.* Famme: https://www.famme.nl/de-marktwaarde-van-een-thuis-blijfouder-e72-29778/
16 S. van Gool (25 november 2020), *Opinie: Vrouwen werken te veel onbetaald.* De Volkskrant: https://www.volkskrant.nl/columns-opinie/opinie-vrouwen-werken-te-veel-onbetaald~b4e3d8e4/
17 S. van Gool (25 november 2020), *Opinie: Vrouwen werken te veel onbetaald.* De Volkskrant: https://www.volkskrant.nl/columns-opinie/opinie-vrouwen-werken-te-veel-onbetaald~b4e3d8e4/
18 E. Posma (11 november 2020), *Liesbeth Staats over parttime werken: 'Wees je bewust van je keuze'.* Linda: https://mtsprout.nl/management-leiderschap/vrouwen-meer-risicomijdend-dan-mannen-niet-als-beslissingen-grote-sociale-gevolgen-hebben
19 WOMEN Inc. (5 oktober 2020), *Investeren in kinderopvang loont*: https://www.womeninc.nl/actueel/investeren-in-kinderopvang-loont
20 E. Posma (11 november 2020), *Liesbeth Staats over parttime werken: 'Wees je bewust van je keuze'.* Linda: https://www.linda.nl/persoonlijk/liesbeth-staats-parttime-werken-bewust-keuze
21 Centraal Bureau voor de Statistiek (8 maart 2019), *Evenveel vrouwen als mannen met hbo- of wo-diploma.* CBS: https://www.cbs.nl/nl-nl/nieuws/2019/10/evenveel-vrouwen-als-mannen-met-hbo-of-wo-diploma
22 D. Elshout (24 september 2019), *TU Eindhoven moet zich verantwoorden voor vacatures voor alleen vrouwen.* AD: https://www.ad.nl/werk/tu-eindhoven-moet-zich-verantwoorden-voor-vacatures-voor-alleen-vrouwen~acaeeeda/
23 P. de Lange (3 maart 2021), *Meer vrouwen aan de top: TU Eindhoven kan voorkeursbeleid bij vacatures voortzetten.* De Volkskrant: https://www.volkskrant.nl/nieuws-achtergrond/meer-vrouwen-aan-de-top-tu-eindhoven-kan-voorkeursbeleid-bij-vacatures-voortzetten~bb34287b/
24 R. Soudagar (5 december 2019), *Waarom er nú pas een vrouwenquotum komt in Nederland.* OneWorld: https://www.oneworld.nl/lezen/seks-gender/feminisme/waarom-er-nu-pas-een-vrouwenquotum-komt-in-nederland/
25 NOS (29 januari 2021), *Wet voor meer vrouwen in de bedrijfstop had beperkt effect.* NOS: https://nos.nl/artikel/2366429-wet-voor-meer-vrouwen-in-de-bedrijfstop-had-beperkt-effect
26 MT/Sprout (29 december 2020), *Vrouwen meer risicomijdend dan mannen? Niet als beslissingen grote sociale gevolgen hebben*: https://mtsprout.nl/management-leiderschap/vrouwen-meer-risicomijdend-dan-mannen-niet-als-beslissingen-grote-sociale-gevolgen-hebben
27 *Study: Firms with More Women in the C-Suite Are More Profitable* (8 februari 2016). Harvard Business Review: https://hbr.org/2016/02/study-firms-with-more-women-in-the-c-suite-are-more-profitable

28 H. Nauta (4 december 2019), *Een vrouw aan de top? Daar heeft een bedrijf twee jaar last van*. Trouw. https://hbr.org/2021/04/research-adding-women-to-the-c-suite-changes-how-companies-think
29 G.S. Reporter (14 augustus 2014), *Women CEOs: Why companies in crisis hire minorities – and then fire them*. The Guardian: https://www.theguardian.com/sustainable-business/2014/aug/05/fortune-500-companies-crisis-woman-ceo-yahoo-xerox-jc-penny-economy
30 C. Kammer (21 augustus 2019), *Meer vrouwen in de top heeft geen effect op winst*. NRC. https://www.nrc.nl/nieuws/2019/08/21/meer-vrouwen-in-de-top-heeft-geen-effect-op-winst-a3970737
31 S. Turban, D. Wu & L.T.Z. Zhang (12 februari 2019), *Research: When Gender Diversity Makes Firms More Productive*. Harvard Business Review: https://hbr.org/2019/02/research-when-gender-diversity-makes-firms-more-productive
32 J. Bouma (9 februari 2021), *Wopke Hoekstra is een 'gezinsman'. Wat is dat?* NRC: https://www.nrc.nl/nieuws/2021/02/09/is-het-een-vogel-is-het-een-vliegtuig-nee-het-is-wopke-a4031143
33 S. Turban, D. Wu & L.T.Z. Zhang (12 februari 2019), *Research: When Gender Diversity Makes Firms More Productive*. Harvard Business Review: https://hbr.org/2019/02/research-when-gender-diversity-makes-firms-more-productive
34 A.G. Franssen (3 december 2019), *Vrouwenquotum geen wondermiddel tegen ongelijkheid, blijkt in Noorwegen*. Trouw: https://www.trouw.nl/nieuws/vrouwenquotum-geen-wondermiddel-tegen-ongelijkheid-blijkt-in-noorwegen~bd5e3e9a/
35 A. Dujardin (2 juni 2017), *Hulp voor jonge ouders: wie kan het best minder gaan werken?* Trouw: https://www.trouw.nl/nieuws/hulp-voor-jonge-ouders-wie-kan-het-best-minder-gaan-werken~b9456c20/
36 P. van Agteren (1 april 2019), *Ook werkgever ziet nut niet meer van 40-urige werkweek*. AD: https://www.ad.nl/werk/ook-werkgever-ziet-nut-niet-meer-van-40-urige-werkweek~a43647f4/
37 Intermediair (2019), *Millennials over hun toekomst: leven lang leren en laat met pensioen*: https://www.intermediair.nl/werk-en-carriere/loopbaanontwikkeling/millennials-over-hun-toekomst-leven-lang-leren-en-laat-met-pensioen
38 Wikipedia, *Excuustruus*: https://nl.wikipedia.org/wiki/excuustruus
39 Redactie Joop (27 juni 2017), *Neelie Kroes noemt zichzelf sinds deze week een feminist*. Joop: https://joop.bnnvara.nl/videos/neelie-kroes-noemt-zich-sinds-deze-week-een-feminist
40 R.M. Kanter (1977), *Men and Women of the Corporation* (New Edition). Basic Books.
41 E. de Bruin & D. Pinedo (8 juli 2021), *Na een boze mail zijn meisjes nu ook welkom bij de voetbalclub*. NRC: https://www.nrc.nl/nieuws/2021/07/08/de-onstuitbare-opmars-van-het-meisjesvoetbal-a4050391
42 L.A. Liswood (2009), 'Beware of Noah's Ark'. In: *The Loudest Duck: Moving Beyond Diversity while Embracing Differences to Achieve Success at Work*. Wiley (pp. 2-3).

Deel 2

1 Centraal Bureau voor de Statistiek (27 december 2017). *Een op de zes werknemers maakt in twee jaar promotie.* CBS: https://www.cbs.nl/nl-nl/nieuws/2017/52/een-op-de-zes-werknemers-maakt-in-twee-jaar-promotie
2 J.C. Williams & R. Dempsey (2018), *What Works for Women at Work.* New York University Press.

Hoofdstuk 4

1 BrandedU (2019), *Wat iedereen kan leren van vrouwelijke leiders*: https://f.hubspotusercontent20.net/hubfs/6827378/Wat%20iedereen%20kan%20leren%20van%20vrouwelijke%20leiders.pdf
2 Y. Esser (20 september 2020), *Thuiswerken: hoe blijf je zichtbaar als niemand je ziet?* De Volkskrant: https://www.volkskrant.nl/werken/thuiswerken-hoe-blijf-je-zichtbaar-als-niemand-je-ziet~bd9d2a25/
3 London Business School (31 augustus 2012), *Want to get promoted Stay at your desk*: https://www.london.edu/news/want-to-get-promoted-stay-at-your-desk
4 M. Hubregtse (2019). *Profileren zonder opscheppen. Maak jezelf zichtbaar op een manier die bij je past.* De Vrije Uitgevers (p. 12).
5 Y. Esser (20 september 2020), *Thuiswerken: hoe blijf je zichtbaar als niemand je ziet?* De Volkskrant: https://www.volkskrant.nl/werken/thuiswerken-hoe-blijf-je-zichtbaar-als-niemand-je-ziet~bd9d2a25/
6 A. Vainer (27 april 2018), *It's not bragging if it's based on facts! We just launched a new topic on #digitalgarage to help you learn* [Tweet]. Twitter: https://twitter.com/annavainer/status/989855220757823489
7 P. Fielding-Singh, D. Magliozzi & S. Ballakrishnen (28 augustus 2018), *Why Women Stay Out of the Spotlight at Work.* Harvard Business Review: https://hbr.org/2018/08/why-women-stay-out-of-the-spotlight-at-work
8 BrandedU (2020), *Vrouwen, laat jezelf zien en wees een rolmodel.* Intermediair: https://www.intermediair.nl/emancipatie-en-diversiteit/vrouwen-op-de-arbeidsmarkt/personal-branding-vrouwen-brandedu-nancy-poleon
9 M.C. Pol (5 februari 2019), *Helpt dit boek je aan een topcarrière?* De Volkskrant: https://www.volkskrant.nl/kijkverder/v/2019/vijf-topvrouwen-lazen-bestseller-nice-girls-dont-get-the-corner-office-zin-of-onzin/
10 S. David (2017), *Emotional Agility: Get Unstuck, Embrace Change and Thrive in Work and Life.* Adfo Books.
11 J.K. Swim & L.J. Sanna (1996), 'He's Skilled, She's Lucky: A Meta-Analysis of Observers' Attributions for Women's and Men's Successes and Failures'. In: *Personality and Social Psychology Bulletin*, *22*(5), pp. 507-519: https://doi.org/10.1177/0146167296225008
12 J.C. Williams & R. Dempsey (2018), *What Works for Women at Work.* New York University Press (p. 45).
13 Y. Vriesinga (28 december 2017), *Elke dag even je successen opschrijven.* NRC: https://www.nrc.nl/nieuws/2017/12/28/een-dagboek-vol-successen-a1586327

14 M.C. Pol (5 februari 2019), *Helpt dit boek je aan een topcarrière?* De Volkskrant: https://www.volkskrant.nl/kijkverder/v/2019/vijf-topvrouwen-lazen-bestseller-nice-girls-dont-get-the-corner-office-zin-of-onzin/

Hoofdstuk 5

1 M. Verhoeven (7 oktober 2014), *F*ck die onzekerheid!* Intermediair: https://www.intermediair.nl/werk-en-carriere/op-de-werkvloer/f-ck-die-onzekerheid
2 J. Kuhl (10 januari 2020), *Women don't brag enough at work – here's why they should.* NBC News: https://www.nbcnews.com/know-your-value/feature/women-don-t-brag-enough-work-here-s-why-they-ncna1113466
3 J. Bennett (22 april 2014), *It's Not You, It's Science: How Perfectionism Holds Women Back.* Time: https://time.com/70558/its-not-you-its-science-how-perfectionism-holds-women-back/
4 R. Saujani (2019), *Brave, Not Perfect: Fear Less, Fail More, and Live Bolder.* Currency (pp. 15-18).
5 J. Bouma (13 december 2018), *Ik wil minder brave meisjes.* NRC: https://www.nrc.nl/nieuws/2018/12/13/ik-wil-minder-brave-meisjes-a3060568
6 M. Straatman (9 maart 2020), *Waarom voelen we ons eigenlijk de godganse dag schuldig?* SAAR Magazine: https://www.saarmagazine.nl/schuldgevoel-de- hele-dag/
7 L. van Gelder (4 december 2014), *VU-hoogleraar Jelle Jolles: "Jongens- en meisjesbrein kan even goed worden".* Het Parool: https://www.parool.nl/nieuws/vu-hoogleraar-jelle-jolles-jongens-en-meisjesbrein-kan-even-goed-worden~b822a102
8 J. Bouma (13 december 2018), *Ik wil minder brave meisjes.* NRC: https://www.nrc.nl/nieuws/2018/12/13/ik-wil-minder-brave-meisjes-a3060568
9 R. Burn-Callander (16 mei 2019), *Imposter syndrome: women's silent career killer.* The Telegraph: https://www.telegraph.co.uk/business/women-entrepreneurs/imposter-syndrome-women-careers/
10 P.R. Clance & S.A. Imes (1978), 'The imposter phenomenon in high achieving women: Dynamics and therapeutic intervention'. In: *Psychotherapy: Theory, Research & Practice*, *15*(3), pp. 241-247: https://doi.org/10.1037/h0086006
11 N. Gommers (z.d.), *Interview Artie Debidien.* SER: https://www.ser.nl/nl/thema/topvrouwen/best-practices/uitgelicht/2020/artie-debidien
12 Topvrouwen.nl (2019), *Interview Carla Moonen.* SER: https://www.ser.nl/nl/thema/topvrouwen/best-practices/uitgelicht/2019/carla-moonen
13 S. de Joode & P. van der Lee (17 maart 2021), *Imposter syndroom: bang om door de mand te vallen.* Psychologie Magazine: https://www.psychologiemagazine.nl/artikel/imposter-syndroom-altijd-bang-om-door-de-mand-te-vallen/
14 K. Kay & C. Shipman (27 augustus 2015), *The Confidence Gap.* The Atlantic: https://www.theatlantic.com/magazine/archive/2014/05/the-confidence-gap/359815/
15 Anna Fels (2008), *Vrouwen & Ambitie. nieuwe keuzes, hardnekkige taboes.* Uitgeverij Réunion.

16 T. Jacobs (24 april 2019), *Men Are Judged Based on Their Potential; Women Are Judged Based on Their Past Performance*. Pacific Standard: https://psmag.com/economics/men-are-judged-based-on-their-potential-women-are-judged-based-on-their-past-performance
17 M.I. Norton, J.A. Vandello & J.M. Darley (2004), 'Casuistry and Social Category Bias'. In: *Journal of Personality and Social Psychology*, *87*(6), pp. 817-831: https://doi.org/10.1037/0022-3514.87.6.817
18 J.C. Williams & R. Dempsey (2018), *What Works for Women at Work*. New York University Press. (p. 29).
19 L. Bradshaw (8 november 2011), *Why Luck Has Nothing To Do With It*. Forbes: https://www.forbes.com/sites/lesliebradshaw/2011/11/08/why-luck-has-nothing-to-do-with-it/
20 Wikipedia, *Cheerleader effect*: https://en.wikipedia.org/wiki/Cheerleader_effect
21 A. Huffington (19 mei 2019), *We need to accept that we won't always make the right decisions, that we'll screw up royally sometimes–understanding that failure* [Tweet]. Twitter: https://twitter.com/ariannahuff/status/1130172552352063489

Hoofdstuk 6

1 *Spreekwoorden en gezegden met "een-vrouw-is-duizend-mannen-te-erg"*. Ensie: https://www.ensie.nl/spreekwoord/een-vrouw-is-duizend-mannen-te-erg
2 A. Sassen (1971), *Een vrouw is duizend mannen te erg*. DBNL: https://www.dbnl.org/tekst/_tab001197101_01/_tab001197101_01_0005.php
3 L. Walsh (31 oktober 2014), *Women in Leadership: 'Bossy' Rants*. Workforce.com: https://www.workforce.com/news/women-in-leadership-bossy-rants
4 S.J. Correll & C. Simard (29 april 2016), *Research: Vague Feedback Is Holding Women Back*. Harvard Business Review: https://hbr.org/2016/04/research-vague-feedback-is-holding-women-back
5 J. Stoker (20 augustus 2019), *De stereotypes van een 'goede' leider en een 'goede' vrouw zijn volstrekt verschillend*. AOG: https://www.aog.nl/stereotypes-goede-leider-goede-vrouw/
6 T. Halpin (8 juni 2020), *Why women are always left doing office housework*. ABC Everyday: https://www.abc.net.au/everyday/why-women-are-always-left-doing-the-workplace-housework/11448624
7 N. Gommers (2020), *Interview Bianca Nijhof*. SER: https://www.ser.nl/nl/thema/topvrouwen/best-practices/uitgelicht/2020/bianca-nijhof

Hoofdstuk 7

1 Wikipedia, *Old boys network*: https://nl.wikipedia.org/wiki/Old_boys_network
2 Silke Foth (2006), *Op de ladder door het glazen plafond. Dagelijkse tips en trucs voor vrouwen op het werk*. Business Contact (p. 17).
3 M. Heemskerk-Seeverens (8 maart 2019), *Women Leadership Event: "Stop met mutsen en vier je successen"*. Accountant: https://www.accountant.nl/discussie/debat/2019/3/women-leadership-event-stop-met-mutsen-en-vier-je-successen/#

4 Silke Foth (2006), *Op de ladder door het glazen plafond. Dagelijkse tips en trucs voor vrouwen op het werk*. Business Contact (p. 61).
5 Silke Foth (2006), *Op de ladder door het glazen plafond. Dagelijkse tips en trucs voor vrouwen op het werk*. Business Contact (p. 153-162).
6 J. Bennett (2017), *Feminist Fight Club*. Harper Wave (pp. 6-45).
7 M. de Ruiter (19 maart 2021), *Waarom premier Rutte (net als veel andere mannen) eerder vrouwen onderbreekt dan mannen*. De Volkskrant: https://www.volkskrant.nl/wetenschap/waarom-premier-rutte-net-als-veel-andere-mannen-eerder-vrouwen-onderbreekt-dan-mannen~b505ed17/
8 A. Grant (18 februari 2021), *Who won't shut up in meetings? Men say it's women. It's not.* Washington Post: https://www.washingtonpost.com/outlook/2021/02/18/men-interrupt-women-tokyo-olympics/
9 E. Spencer (8 oktober 2020), *Mr. Vice President, I'm Speaking*. Forbes: https://www.forbes.com/sites/erinspencer1/2020/10/08/mr-vice-president-im-speaking/
10 NOS (12 maart 2021), *Vrouwelijke ministers vertellen openlijk hoe hun het woord werd ontnomen*. NOS: https://nos.nl/artikel/2372382-vrouwelijke-ministers-vertellen-openlijk-hoe-hun-het-woord-werd-ontnomen
11 J. Eilperin (25 oktober 2016), *How a White House women's office strategy went viral*. Washington Post: https://www.washingtonpost.com/news/power-post/wp/2016/10/25/how-a-white-house-womens-office-strategy-went-viral/
12 R. Solnit (2015), *Men Explain Things to Me*. Adfo Books.
13 K. Goodwin (29 juli 2018), *Mansplaining, explained in one simple chart* [Grafiek]. BBC: https://www.bbc.com/worklife/article/20180727-mansplaining-explained-in-one-chart
14 E.C. Fericy (4 september 2016), *10 (Mostly Sarcastic) Strategies to Help You Deal With Mansplainers*. The Huffington Post: https://www.huffpost.com/entry/10-mostly-sarcastic-strategies-to-help-you-deal-with-mansplainers_b_8085912
15 M. Portas (2019), 'The rock? Or the hard place?' In: *Work Like a Woman* (p. 66), Macmillan Publishers.
16 A. Horstman (30 april 2020), *"Jij schroomt niet om je eigen twee gadgets in de strijd te gooien"*. TechGirl: https://www.techgirl.nl/jij-schroomt-niet-om-je-eigen-twee-gadgets-in-de-strijd-te-gooien/
17 J. Groen (11 juli 2017), *Seksuele intimidatie in de ict: "Ben je ongesteld of zo?"* Opzij: https://www.opzij.nl/2017/07/11/seksuele-intimidatie-ict-ongesteld-zo/
18 Y. Esser (11 november 2020), *De loonkloof: deze vrouwen kregen aanmerkelijk minder salaris dan hun mannelijke collega*. De Volkskrant: https://www.volkskrant.nl/werken/de-loonkloof-deze-vrouwen-kregen-aanmerkelijk-minder-salaris-dan-hun-mannelijke-collega~b9bfa6bd/
19 L. van Hees (11 november 2020). *Equal Pay Day: vanaf 15.53 uur werken vrouwen voor "niets"*. Eva Jinek: https://www.evajinek.nl/onderwerpen/artikel/5196313/loonkloof-equal-pay-day-14-procent-fnv
20 *CBS Monitor loonverschillen mannen en vrouwen 2018*. CBS: https://www.cbs.nl/nl-nl/maatwerk/2020/48/monitor-loonverschillen-mannen-en-vrouwen-2018

21 S. van Gool & C. van Beveren (6 september 2020), *In dit tempo duurt het nog 61 jaar voordat vrouwen en mannen evenveel verdienen.* Trouw: https://www.trouw.nl/opinie/in-dit-tempo-duurt-het-nog-61-jaar-voordat-vrouwen-en-mannen-evenveel-verdienen~b7e2cf1b/
22 A. van den Breemer & S. Frijters (19 november 2019), *De loonkloof: waarom vrouwen nog steeds minder verdienen dan mannen.* De Volkskrant: https://www.volkskrant.nl/kijkverder/v/2019/de-loonkloof-waarom-vrouwen-nog-steeds-minder-verdienen-dan-mannen/
23 Y. Esser (11 november 2020), *De loonkloof: deze vrouwen kregen aanmerkelijk minder salaris dan hun mannelijke collega.* De Volkskrant: https://www.volkskrant.nl/werken/de-loonkloof-deze-vrouwen-kregen-aanmerkelijk-minder-salaris-dan-hun-mannelijke-collega~b9bfa6bd/
24 P. van Agteren (22 maart 2019), *Na je veertigste ben je over je top heen (qua inkomen dan).* AD: https://www.ad.nl/werk/na-je-veertigste-ben-je-over-je-top-heen-qua-inkomen-dan~abecd7a7/
25 A. van den Breemer & S. Frijters (19 november 2019), *De loonkloof: waarom vrouwen nog steeds minder verdienen dan mannen.* De Volkskrant: https://www.volkskrant.nl/kijkverder/v/2019/de-loonkloof-waarom-vrouwen-nog-steeds-minder-verdienen-dan-mannen/
26 L. Staats (2020), *Waarom werken vrouwen niet?* NPO3: https://www.npo3.nl/waarom-werken-vrouwen-niet/KN_1717390
27 BNNVARA (16 juli 2019), *Bijna 40 procent van alle huwelijken eindigt in echtscheiding – Pauw.* BNNVARA: https://www.bnnvara.nl/pauw/artikelen/bijna-40-procent-van-alle-huwelijken-eindigt-in-echtscheiding
28 Emancipatiemonitor 2020 (11 december 2020). *Hoeveel vrouwen zijn economisch zelfstandig?* CBS & SCP: https://digitaal.scp.nl/emancipatiemonitor2020/hoeveel-vrouwen-zijn-economisch-zelfstandig/
29 WOMEN Inc. (31 maart 2021), *De WerkUrenBerekenaar laat je zien wat meer of minder uur werken onder de streep betekent!* WOMEN Inc: https://www.womeninc.nl/actueel/de-werkurenberekenaar-laat-je-zien-wat-meer-of-minder-uur-werken-onder-de-streep-betekent
30 Nibud (18 maart 2019), *Nibud: meer dan helft van budget op aan vaste lasten:* https://www.nibud.nl/nieuws/nibud-meer-dan-helft-van-budget-op-aan-vaste-lasten/

Hoofdstuk 8

1 M. Rao (13 september 2020), *How to Overcome 'Queen Bee' Syndrome?* Ceoworld Magazine: https://ceoworld.biz/2020/09/13/how-to-overcome-queen-bee-syndrome/
2 D. Borrel & M. Deelen (2020), *Krabben.* Nijgh & van Ditmar (p. 3).
3 Y. Esser (29 juni 2020), *Vrouwen, help elkaar omhoog op de werkvloer. Daar word je zelf ook succesvoller van.* De Volkskrant: https://www.volkskrant.nl/werken/vrouwen-help-elkaar-omhoog-op-de-werkvloer-daar-word-je-zelf-ook-succesvoller-van~b881dcb5/
4 BBC (4 januari 2018), *Queen bees: Do women hinder the progress of other women?* BBC News: https://www.bbc.com/news/uk-41165076

5 L. Sharkey (12 december 2019), *Why do so many female bosses have "queen bee syndrome"?* Metro: https://metro.co.uk/2018/05/24/evolution-or-sexism-why-are-so-many-female-bosses-queen-bees-7548191/
6 L. Bouyeure (29 november 2019), *Meer vrouwen aan de top zou kunnen helpen tegen 'queen bee'-gedrag.* De Volkskrant: https://www.volkskrant.nl/nieuws-achtergrond/meer-vrouwen-aan-de-top-zou-kunnen-helpen-tegen-queen-bee-gedrag~ba540d07/
7 The Economist (17 februari 2018), *Ten years on from Norway's quota for women on corporate boards*: https://www.economist.com/business/2018/02/17/ten-years-on-from-norways-quota-for-women-on-corporate-boards
8 S.K. Johnson & D.R. Hekman (23 maart 2016), *Women and Minorities Are Penalized for Promoting Diversity.* Harvard Business Review: https://hbr.org/2016/03/women-and-minorities-are-penalized-for-promoting-diversity
9 D.R. Hekman, S.K. Johnson, M.D. Foo & W. Yang (2017), 'Does diversity-valuing behavior result in diminished performance ratings for non-white and female leaders?' In: *Academy of Management Journal, 60*(2), pp. 771-797.
10 V. Luu (23 juli 2019), *If You Don't Have a Career Sponsor, Here's How To Attract One.* Medium: https://medium.com/management-matters/if-you-dont-have-a-career-sponsor-here-s-how-to-attract-one-2d46914f5052
11 K.T. May (18 februari 2014), *Video: How wolves can alter the course of rivers.* Blog: https://blog.ted.com/video-how-wolves-can-alter-the-course-of-rivers/
12 E.H. Radinger (2018), *De wijsheid van wolven*, Lev.
13 A. Wambach (2019), *Wolfpack.* Adfo Books (pp. 11-14).
14 Ava DuVernay (z.d.), *The First Black Woman to Direct a Film Nominated For a Best Picture Oscar.* Time: https://time.com/collection/firsts/4899130/avaduvernay-firsts/

Hoofdstuk 9

1 M.C. Pol (5 februari 2019), *Helpt dit boek je aan een topcarrière?* De Volkskrant: https://www.volkskrant.nl/kijkverder/v/2019/vijf-topvrouwen-lazen-bestseller-nice-girls-dont-get-the-corner-office-zin-of-onzin/
2 J.C. Williams & R. Demsey (2018), *What works for Women at work.* New York University Press (pp. 261-273).
3 David A. Matsa & Amalia R. Miller (mei 2011), 'Chipping Away at the Glass Ceiling'. In: *American Economic Review*, Vol. 101, nr. 3.
4 Linda A. Bell (2005), *Women-led firms and the Gender Gap in Top Executive Jobs.* IZA: http://ftp.iza.org/dp1689.pdf
5 J.C. Williams & R. Demsey (2018), *What works for Women at work.* New York University Press (pp. 281).
6 D. Quinn (21 februari 2019), *Start Your 'F*ck Off Fund' Today.* Sunday Edit: https://edit.sundayriley.com/build-a-fuck-off-fund/
7 *Factsheet ict beroepen 2019.* UWV: https://www.uwv.nl/overuwv/Images/factsheet-ict-beroepen-2019.pdf
8 J.C. Wong (15 september 2017), *Women considered better coders – but only if they hide their gender.* The Guardian: https://www.theguardian.com/technology/2016/feb/12/women-considered-better-coders-hide-gender-github

9 T. Wheeler (2017), *Women in Tech.* Adfo Books (p. 37).
10 G. Laakmann McDowell (2015), *Cracking the Coding Interview* (6th edition). Careercup.
11 B.C. Gunia, R.I. Swaab, N. Sivanathan & A.D. Galinsky (2013), 'The Remarkable Robustness of the First-Offer Effect'. In: *Personality and Social Psychology Bulletin*, 39(12), pp. 1547-1558: https://doi.org/10.1177/0146167213499236
12 T. Wheeler (2017), *Women in Tech.* Adfo Books (p. 64).
13 T. Wheeler (2017), *Women in Tech.* Adfo Books (p. 68).
14 CBS (september 2020), *Genderscan van ondernemerschap in Nederland*: https://www.cbs.nl/nl-nl/maatwerk/2020/36/genderscan-van-ondernemerschap-in-nederland
15 *The State of Dutch Tech 2020 Report.* Techleap: https://www.techleap.nl/reports/the-state-of-dutch-tech-2020-report/
16 A. IJzendoorn (31 juli 2019), *Woman of the Week: ondernemer Janneke Niessen.* Harper's Bazaar: https://www.harpersbazaar.com/nl/women-of-the-year/a28530473/woman-of-the-week-ondernemer-janneke-niessen/
17 J. Beernink (18 november 2019), *Op zoek naar vrouwelijke tegenhangers Mark Zuckerberg.* Tubantia: https://www.tubantia.nl/jaap-beernink/op-zoek-naar-vrouwelijke-tegenhangers-mark-zuckerberg~acd4f3b4
18 K. Visbeen (12 juli 2019), *Investeerder Eva de Mol over waarom er minder geïnvesteerd wordt in start-ups van vrouwen.* Linda: https://www.linda.nl/nieuws/investeerder-eva-de-mol-ondernemer/

Deel 3

1 Mary Portas (2019), *Work like a women. A Manifesto For Change.* Transworld Publishers (p. 145).

Hoofdstuk 10

1 E. Shevinsky (2015), 'That's it - I'm finished defending sexism in tech'. In: *Lean Out: The Struggle for Gender Equality in Tech and Start-Up Culture.* OR Books (p. 69).
2 M. Kosoff (11 april 2017), *Mitt Romney's "Binders Full of Women" Are Real – and They Weigh 15 Pound.* Vanity Fair: https://www.vanityfair.com/news/2017/04/mitt-romneys-binders-full-of-women
3 Hersenonderzoek.nl. (28 mei 2020), *Mannen overschatten zichzelf systematisch*: https://hersenonderzoek.nl/resultaten-onderzoek-navigeren-kun-je-leren-mannen-overschatten-zichzelf-systematisch/
4 J.C. Williams & R. Dempsey (2018), *What Works for Women at Work.* New York University Press (pp. 28-29).
5 Overheid (1 januari 2021), *Wetten.nl - Regeling - Arbeidsomstandighedenbesluit - BWBR0008498*: https://wetten.overheid.nl/BWBR0008498/2021-01-01/#Hoofdstuk3_Afdeling1_Paragraaf5_Artikel3.24
6 *Onderzoek: het is belabberd gesteld met de kolfruimtes in Nederland.* Ouders van Nu: https://www.oudersvannu.nl/nieuws/kolven-op-de-werkvloer/
7 *Voeden kan hier.* Voedingscentrum: https://www.voedingscentrum.nl/voedenkanhier

8 R. Oosterhoff (22 juni 2017), *Australische politica geeft dochter borstvoeding tijdens toespraak*. AD: https://www.ad.nl/buitenland/australische-politica-geeft-dochter-borstvoeding-tijdens-toespraak~a0601d05
9 NOS (24 september 2018), *Nieuw-Zeelandse premier neemt baby mee naar VN-vergadering*. NOS: https://nos.nl/artikel/2251962-nieuw-zeelandse-premier-neemt-baby-mee-naar-vn-vergadering
10 S. Sandberg (2014), *Lean in* (4e ed.). Lev (pp. 13-14).
11 V. Waldersee (17 mei 2017), *Apple's five billion dollar office space doesn't have childcare. WTF?* Economy: https://www.ecnmy.org/engage/apples-five-billion-dollar-office-space-doesnt-have-childcare-wtf/
12 Better Allies® (1 november 2019), *Don't Blame the Fish, and Other Actions for Allies*. Better Allies: https://betterallies.medium.com/dont-blame-the-fish-and-other-actions-for-allies-521e4f5ee781

Hoofdstuk 11

1 E. Shevinsky (2015), 'What we don't say'. In: *Lean Out: The Struggle for Gender Equality in Tech and Start-Up Culture*. OR Books (p. 36).
2 E. Shevinsky (2015), 'The other side of diversity'. In: *Lean Out: The Struggle for Gender Equality in Tech and Start-Up Culture*. OR Books (p. 176).
3 The Mack Institute for Innovation Management (1 februari 2018), *"The Conversation We've Been Having On Gender Equality Isn't Working"*: https://mackinstitute.wharton.upenn.edu/2018/diversity-sarah-kaplan/
4 M. Cox (8 juli 2021), *Dr. Monica Cox* [Tweet]: Twitter. https://twitter.com/DrMonicaCox/status/1413136017754783752?
5 E. Reuben, P. Sapienza & L. Zingales (2014), 'How stereotypes impair women's careers in science'. In: *Proceedings of the National Academy of Sciences, 111*(12), pp. 4403-4408: https://doi.org/10.1073/pnas.1314788111
6 A. Sterk (16 juni 2021), *Vrouwen in financiële sector: 'middelmatige' mannen hinderen carrière*. NRC: https://www.nrc.nl/nieuws/2021/06/16/middelmatige-mannelijke-managers-hinderen-de-carrieres-van-vrouwen-in-de-financiele-sector-a4047624
7 B. Tiggelaar (17 april 2020), *Een epidemie van zelfoverschatting*. NRC: https://www.nrc.nl/nieuws/2020/04/17/een-epidemie-van-zelfoverschatting- a3997100
8 I. Bohnet (18 juli 2016), *How to Take the Bias Out of Interviews*. Harvard Business Review: https://hbr.org/2016/04/how-to-take-the-bias-out-of-interviews
9 Channelpro (maart 2021), *Ruim helft tech-vrouwen zag afgelopen twee jaar gendergelijkheid verbeteren*. ITchannelPRO: https://itchannelpro.nl/ruim-helft-tech-vrouwen-zag-afgelopen-twee-jaar-gendergelijkheid-verbeteren/
10 A. Bilic (8 juli 2021), *Diversiteit is meer dan kleur en seksuele oriëntatie*. NRC: https://www.nrc.nl/nieuws/2021/07/08/diversiteit-is-meer-dan-kleur-en-seksuele-orientatie-a4050250
11 B. Mols (31 januari 2021), 'De bestorming van het Capitool is ook software'. NRC: https://www.nrc.nl/nieuws/2021/01/31/de-bestorming-van-het-capitool-is-ook-software-a4029907
12 http://hedy-beta.herokuapp.com/

13 UNESCO (2020), *Boosting gender equality in science and technology*: https://unevoc.unesco.org/pub/boosting_gender_equality_in_science_and_technology.pdf
14 B. Mols (31 januari 2021), *'De bestorming van het Capitool is ook software'*. NRC: https://www.nrc.nl/nieuws/2021/01/31/de-bestorming-van-het-capitool-is-ook-software-a4029907
15 R. Bouwman (18 januari 2021), *Je kunt niet alles worden wat je wilt en zeker niet met een kunstopleiding*. De Volkskrant: https://www.volkskrant.nl/columns-opinie/je-kunt-niet-alles-worden-wat-je-wilt-en-zeker-niet-met-een-kunstopleiding~b73597f2/
16 NOS (19 januari 2021), *Wat zijn de gevolgen van gratis kinderopvang?* NOS: https://nos.nl/artikel/2365081-wat-zijn-de-gevolgen-van-gratis-kinderopvang.html
17 WOMEN Inc. (2020), *Het werkt niet* [Infographic]: https://www.womeninc.nl/het-werk-niet/wp-content/uploads/sites/17/2020/10/Infographic-Het-Werkt-Niet-met-links-1.pdf
18 PGGM (13 februari 2020), *Minder deeltijdwerk in de zorg kan helpen krapte op de arbeidsmarkt te verlichten*: https://www.pggm.nl/persberichten/minder-deeltijdwerk-in-de-zorg-kan-helpen-krapte-op-de-arbeidsmarkt-te-verlichten/
19 F. Groen (11 november 2020), *De loonkloof tussen mannen en vrouwen: hoe kan het dat vrouwen nog steeds minder verdienen?* Cosmopolitan: https://www.cosmopolitan.com/nl/lifestyle/a28114908/loonkloof-mannen-vrouwen-inkomen/
20 M. de Ruiter (20 november 2020), *De man neemt íéts meer zorgtaken op zich sinds de coronacrisis*. De Volkskrant: https://www.volkskrant.nl/nieuwsachtergrond/de-man-neemt-iets-meer-zorgtaken-op-zich-sinds-de-coronacrisis~b998eaf6/
21 WOMEN Inc. (15 juli 2021), *Partnerinterview: ABN AMRO*. Inclusief Werkgeverschap: https://www.inclusiefwerkgeverschap.nl/2021/06/15/partnerinterview-abn-amro/
22 Kaspersky (2021), *Women in tech report*: https://media.kasperskydaily.com/wp-content/uploads/sites/85/2021/01/18101159/Kaspersky-Women-in-Tech-2021-Report-V2-Final.pdf
23 S. Young (12 juli 2020), *10 of Malala Yousafzai's most inspiring quotes*. The Independent: https://www.independent.co.uk/life-style/women/malala-yousafzai-inspiring-quotes-women-education-peace-feminist-a9614561.html